Antony C. Sutton

Wall Street et la révolution bolchevique

Antony C. Sutton
(1925-2002)

Économiste et essayiste américain d'origine britannique, chercheur à Stanford au sein de la fondation Hoover de 1968 à 1973. Il enseigna l'économie à l'UCLA. Il étudia à Londres, Göttingen et UCLA et fut titulaire d'un doctorat en sciences de l'Université de Southampton, en Angleterre.

Wall Street et la révolution bolchevique

Wall Street and the Bolshevik Revolution (1974)

Traduit de l'américain par Le Retour aux Sources

Publié par Le Retour aux Sources

www.leretourauxsources.com

© Le Retour aux Sources – 2021

Tous droits réservés. Aucune partie de cette publication ne peut être reproduite par quelque moyen que ce soit sans la permission préalable de l'éditeur. Le code de la propriété intellectuelle interdit les copies ou reproductions destinées à une utilisation collective. Toute représentation ou reproduction intégrale ou partielle faite par quelque procédé que ce soit, sans le consentement de l'éditeur, de l'auteur ou de leur ayants cause, est illicite et constitue une contrefaçon sanctionnée par les articles L-335-2 et suivants du Code de la propriété intellectuelle.

ANTONY C. SUTTON 11

WALL STREET ET LA RÉVOLUTION BOLCHÉVIQUE 13

PRÉFACE 17

CHAPITRE I 19

LES ACTEURS DE LA SCÈNE RÉVOLUTIONNAIRE 19

CHAPITRE II 24

TROTSKY QUITTE NEW YORK POUR ACCOMPLIR LA RÉVOLUTION 24

    WOODROW WILSON PROCURE UN PASSEPORT À TROTSKY 28

    LES DOCUMENTS DU GOUVERNEMENT CANADIEN SUR LA LIBÉRATION DE TROTSKY 31

    LES SERVICES DE RENSEIGNEMENT MILITAIRE CANADIENS EXAMINENT TROTSKY 35

    LES INTENTIONS ET LES OBJECTIFS DE TROTSKY 39

CHAPITRE III 43

LÉNINE ET L'AIDE ALLEMANDE À LA RÉVOLUTION BOLCHÉVIQUE 43

    LES DOCUMENTS SISSON 46

    BRAS DE FER À WASHINGTON 49

CHAPITRE IV 53

WALL STREET ET LA RÉVOLUTION MONDIALE 53

    BANQUIERS AMÉRICAINS ET PRÊTS TSARISTES 57

    OLOF ASCHBERG EST À NEW YORK EN 1916 61

    OLOF ASCHBERG ET LA RÉVOLUTION BOLCHÉVIQUE 63

    LA NYA BANKEN ET GUARANTY TRUST REJOIGNENT RUSKOMBANK 65

    GUARANTY TRUST ET L'ESPIONNAGE ALLEMAND AUX ÉTATS-UNIS, 1914-1917 69

    GARANTY TRUST, MINOTTO ET CAILLAUX 72

CHAPITRE V 77

LA MISSION DE LA CROIX-ROUGE AMÉRICAINE EN RUSSIE - 1917 77

    MISSION DE LA CROIX-ROUGE AMÉRICAINE EN RUSSIE, 1917 79

Mission de la Croix-Rouge américaine en Roumanie 85
Le rôle de Thompson dans la Russie de Kerensky 88
Thompson donne un million de dollars aux bolcheviks 89
Le promoteur minier socialiste Raymond Robins 90
La Croix-Rouge internationale et la révolution 93

Chapitre VI 95

Consolidation et exportation de la Révolution 95

Une consultation avec Lloyd George 98
Les intentions et les objectifs de Thompson 102
Thompson retourne aux États-Unis 105
Les ambassadeurs non officiels : Robins, Lockhart et Sadoul 107
Exporter la révolution : Jacob H. Rubin 112
Exporter la révolution : Robert Minor 113

Chapitre VII 121

Les bolcheviks retournent à New York 121

Descente de police sur le bureau soviétique à New York 122
Des entreprises alliées au bureau soviétique 127
Les banquiers européens aident les bolcheviks 130

Chapitre VIII 133

120 Broadway, New York City 133

American International Corporation 135
L'influence de l'AIC sur la Révolution 140
La Banque de Réserve Fédérale de New York 144
L'alliance industrielle américano-russe 145
John Reed : le révolutionnaire de l'establishment 146
John Reed et le magazine Metropolitan 147

Chapitre IX 154

Le Guaranty Trust s'installe en Russie 154

WALL STREET VIENT EN AIDE AU PROFESSEUR LOMONOSSOFF 155

TOUTES LES CONDITIONS SONT RÉUNIES POUR L'EXPLOITATION COMMERCIALE DE LA RUSSIE 163

L'ALLEMAGNE ET LES ÉTATS-UNIS SE BATTENT POUR FAIRE DES AFFAIRES EN RUSSIE 166

L'OR SOVIÉTIQUE ET LES BANQUES AMÉRICAINES 168

MAX MAY DE GUARANTY TRUST DEVIENT DIRECTEUR DE RUSKOMBANK 171

CHAPITRE X 173

J.P. MORGAN DONNE UN COUP DE MAIN À L'ENNEMI 173

LES AMÉRICAINS UNIS POUR COMBATTRE LE COMMUNISME 174

UNITED AMERICANS DÉVOILE DES "RÉVÉLATIONS SURPRENANTES" SUR LES ROUGES 175

CONCLUSIONS CONCERNANT UNITED AMERICANS 176

MORGAN ET ROCKEFELLER AIDENT KOLCHAK 177

CHAPITRE XI 180

L'ALLIANCE DES BANQUIERS ET DE LA RÉVOLUTION 180

RÉSUMÉ DES PREUVES 180

L'EXPLICATION DE L'ALLIANCE CONTRE NATURE 183

LE PLAN MARBURG 186

ANNEXE I 191

DIRECTEURS DES GRANDES BANQUES, ENTREPRISES ET INSTITUTIONS MENTIONNÉES DANS CE LIVRE (EN 1917-1918) 191

ANNEXE II 196

LA THÉORIE DE LA CONSPIRATION JUIVE DE LA RÉVOLUTION BOLCHÉVIQUE 196

ANNEXE III 202

DOCUMENTS SÉLECTIONNÉS DANS LES ARCHIVES GOUVERNEMENTALES DES ÉTATS-UNIS ET DE LA GRANDE-BRETAGNE 202

DOCUMENT N°1 203

DOCUMENT N°2 204

Document n°3 204

Document n°4 207

Document n°5 210

Document n°7 214

Document n°8 215

Document n°9 219

Document n°10 220

BIBLIOGRAPHIE SÉLECTIVE **223**

Déjà parus **227**

ANTONY C. SUTTON

"Si quelqu'un l'emporte sur lui, deux lui résisteront, et un cordon triple ne se rompra pas rapidement" (Ecclésiaste 4:12).

Professeur Sutton (1925-2002).

Bien qu'il ait été un auteur prolifique, le professeur Sutton restera à jamais gravé dans les mémoires pour sa grande trilogie : *Wall St. et la révolution bolchévique, Wall St. et l'ascension d'Hitler, Wall St. et FDR.*

Le professeur Sutton a quitté l'Angleterre pluvieuse et nuageuse pour la Californie ensoleillée en 1957. Il était une voix qui pleurait dans le désert académique alors que la plupart des universités américaines avaient vendu leur âme pour l'argent de la Fondation Rockefeller.

Bien sûr, il est venu dans ce pays en croyant que c'était la terre des libertés et la patrie des braves.

ANTONY C. SUTTON est née à Londres en 1925 et a fait ses études dans les universités de Londres, de Gottingen et de Californie. Citoyen américain depuis 1962, il a été chercheur à la Hoover Institution for War, Revolution and Peace à Stanford, Californie, de 1968 à 1973, où il a réalisé la monumentale étude en trois volumes, *Western Technology and Soviet Economic Development.*

En 1974, le professeur Sutton a publié *National Suicide: Military Aid to the Soviet Union*, une étude à succès sur l'assistance technologique et financière occidentale, principalement américaine, fournie à l'URSS. *Wall Street et l'ascension d'Hitler* est son quatrième livre exposant le rôle des initiés des entreprises américaines dans le financement du socialisme international. Les deux autres livres de cette série sont *Wall Street et la révolution bolchévique* et *Wall Street et FDR*.

Le professeur Sutton a contribué à des articles dans *Human Events, The Review of the News, Triumph, Ordnance, National Review*, et de nombreuses autres revues.

WALL STREET ET LA RÉVOLUTION BOLCHÉVIQUE

À ces libertaires russes inconnus, également connus sous le nom de Verts, qui en 1919 ont combattu les Rouges et les Blancs dans leur tentative d'obtenir une Russie libre et volontaire.

ANTONY SUTTON

PRÉFACE

Depuis le début des années 20, de nombreux pamphlets et articles, et même quelques livres, ont cherché à établir un lien entre les "banquiers internationaux" et les "révolutionnaires bolchéviques". Ces tentatives ont été rarement étayées par des preuves solides, et jamais elles n'ont été argumentées dans le cadre d'une méthodologie scientifique. En effet, certaines des "preuves" utilisées dans ces efforts ont été frauduleuses, certaines n'ont pas été pertinentes, beaucoup ne peuvent être vérifiées. L'examen du sujet par des auteurs universitaires a été soigneusement évité, probablement parce que l'hypothèse heurte la dichotomie nette entre capitalistes et communistes (tout le monde sait, bien sûr, que ce sont des ennemis acharnés). En outre, comme beaucoup de choses qui ont été écrites frisent l'absurde, une solide réputation académique pourrait facilement être ruinée et ces travaux tournés en ridicule. Cela est en général une raison suffisante pour éviter le sujet.

Heureusement, le fichier décimal du Département d'État, en particulier la section 861.00, contient une documentation complète appuyant notre hypothèse. Lorsque les preuves contenues dans ces documents officiels sont fusionnées avec des preuves non officielles provenant de biographies, de documents personnels et même de sources historiques plus conventionnelles, une histoire vraiment fascinante émerge.

Nous constatons qu'il existait un lien entre *certains* banquiers internationaux de New York et de *nombreux* révolutionnaires, dont les bolcheviks. Ces banquiers - qui sont ici identifiés - avaient un intérêt financier dans le succès de la révolution bolchévique et l'encourageaient.

Les détails concernant les qui, pourquoi - et combien - constituent l'histoire racontée dans ce livre.

Mars 1974

Antony C. Sutton

CHAPITRE I

LES ACTEURS DE LA SCÈNE RÉVOLUTIONNAIRE

> *Monsieur le Président : Je suis en sympathie avec la forme de gouvernement soviétique qui convient le mieux au peuple russe...*
>
> Lettre au président Woodrow Wilson (17 octobre 1918) de William Lawrence Saunders, président de l'Ingersoll-Rand Corp. et directeur de l'American International Corp ; et vice-président de la Banque de Réserve Fédérale de New York.

L'image d'illustration figurant au début de ce livre a été dessinée par le caricaturiste Robert Minor en 1911 pour le *St. Louis Post-Dispatch*. Minor était un artiste et un écrivain talentueux qui, en plus d'être un révolutionnaire bolchévique, s'est fait arrêter en Russie en 1915 pour subversion présumée, et a ensuite été soutenu par d'éminents financiers de Wall Street. La caricature de Minor montre un Karl Marx barbu et rayonnant, debout à Wall Street, le *socialisme* sous le bras et acceptant les félicitations des sommités financières J.P. Morgan, George W. Perkins, partenaire de Morgan, John D. Rockefeller, John D. Ryan de la National City Bank et Teddy Roosevelt - bien identifié par ses célèbres dents - en arrière-plan. Wall Street est décorée par des drapeaux rouges. Les acclamations de la foule et les chapeaux jetés en l'air suggèrent que Karl Marx devait être un type assez populaire dans le quartier financier de New York.

Robert Minor rêvait-il ? Au contraire, nous verrons que Minor était sur la bonne voie en décrivant une alliance enthousiaste passée entre Wall Street et le socialisme marxiste. Les personnages du dessin de Minor - Karl Marx (qui symbolise les futurs révolutionnaires Lénine et Trotsky), J. P. Morgan, John D. Rockefeller - et Robert Minor lui-même, jouent également un rôle important dans ce livre.

Les contradictions suggérées par la caricature de Minor ont été balayées sous le tapis de l'histoire parce qu'elles ne correspondent pas au concept généralement admis de la gauche et de la droite politiques. Les bolcheviks sont à l'extrémité gauche du spectre politique et les financiers de Wall Street sont à l'extrémité droite ; par conséquent, nous raisonnons implicitement, les deux groupes n'ont rien en commun et toute alliance entre les deux est absurde. Les facteurs contraires à cet arrangement conceptuel soigné sont généralement rejetés comme des observations bizarres ou des erreurs malheureuses. L'histoire moderne possède une telle dualité intrinsèque et il est certain que si trop de faits gênants ont été rejetés et balayés sous le tapis, il s'agit d'une histoire inexacte.

D'autre part, on peut observer que l'extrême droite et l'extrême gauche du spectre politique conventionnel sont toutes deux absolument collectivistes. Le national-socialisme (par exemple, le fasciste) et le socialisme international (par exemple, le communiste) recommandent tous deux des systèmes politico-économiques totalitaires basés sur le pouvoir politique brutal et sans entraves et sur la coercition individuelle. Les deux systèmes exigent un contrôle monopolistique de la société. Alors que le contrôle monopolistique des industries était autrefois l'objectif de J. P. Morgan et de J. D. Rockefeller, à la fin du XIXe siècle, les stratèges de Wall Street ont compris que le moyen le plus efficace d'obtenir un monopole incontesté était de "faire de la politique" et de faire travailler la société pour le compte des monopolistes - au nom du bien public et de l'intérêt général. Cette stratégie a été détaillée en 1906 par Frederick C. Howe dans ses *Confessions d'un Monopoliste.*[1] Howe, d'ailleurs, est aussi une figure de l'histoire de la révolution bolchévique.

Par conséquent, une autre façon de présenter les idées politiques et les systèmes politico-économiques serait de mesurer le degré de liberté individuelle par rapport au degré de contrôle politique centralisé. Dans un tel ordre de chose, l'État providence et le socialisme se trouvent au même bout du spectre. Nous voyons donc que les tentatives de contrôle monopolistique de la société peuvent revêtir des étiquettes différentes tout en possédant des caractéristiques communes.

Par conséquent, l'idée que tous les capitalistes sont les ennemis acharnés et inébranlables de tous les marxistes et socialistes, constitue un obstacle majeur à toute compréhension approfondie de l'histoire récente.

---

[1] "Ce sont les règles des grandes entreprises. Elles ont supplanté les enseignements de nos parents et se réduisent à une simple maxime : "Obtenez un monopole ; laissez la société travailler pour vous ; et rappelez-vous que la meilleure de toutes les affaires est la politique, car une subvention législative, une franchise, une subvention ou une exonération fiscale valent plus qu'un filon de Kimberly ou de Comstock, car elle ne nécessite aucun travail, ni mental ni physique, pour son exploitation" (Chicago : Public Publishing, 1906), p. 157.

Cette idée erronée est née avec Karl Marx et a sans aucun doute été utile à ses objectifs. En fait, cette idée est absurde. Il y a eu une alliance continue, bien que cachée, entre les capitalistes politiques internationaux et les socialistes révolutionnaires internationaux - à leur avantage mutuel. Cette alliance est passée inaperçue en grande partie parce que les historiens - à quelques exceptions notables près - ont un préjugé marxiste inconscient et sont donc enfermés dans l'impossibilité de l'existence d'une telle alliance. Le lecteur ouvert d'esprit doit prendre en compte deux indices : les capitalistes monopolistes sont les ennemis acharnés de la libre entreprise ; et, étant donné les faiblesses de la planification centrale socialiste, l'État socialiste totalitaire est un marché captif parfait pour les capitalistes monopolistes, si une alliance peut être conclue avec les fourrier du pouvoir socialiste. Supposons - et ce n'est qu'une hypothèse pour l'instant - que les capitalistes monopolistes américains soient capables de s'emparer d'une Russie socialiste par le biais d'une économie planifiée la réduisant ainsi au statut de colonie productiviste entre leurs mains ? Ne serait-ce pas là l'extension internationaliste logique, au XXe siècle, des monopoles de la compagnie des chemins de fer Morgan et du monopole pétrolier du consortium Rockefeller de la fin du XIXe siècle ?

Hormis Gabriel Kolko, Murray Rothbard et les révisionnistes, les historiens n'ont pas été attentifs à une telle combinaison d'événements. Les recherches historiques, à de rares exceptions près, ont été réduites à souligner la dichotomie entre capitalistes et socialistes. L'étude monumentale de George Kennan sur la Révolution russe maintient constamment la fiction d'un antagonisme[2] Wall Street-Bolchevik. L'ouvrage *Russia Leaves the War* fait une seule référence fortuite à la firme J.P. Morgan et aucune référence à la Guaranty Trust Company. Pourtant, les deux organisations sont mentionnées de manière évidente dans les dossiers du Département d'État, auxquels il est fréquemment fait référence dans ce livre, et toutes deux font partie du faisceau de preuves présenté ici. Ni le "banquier bolchévique" Olof Aschberg ni la Nya Banken de Stockholm ne sont mentionnés dans Kennan, mais tous deux ont pourtant joué un rôle central dans le financement bolchévique. De plus, dans des circonstances mineures, mais cruciales, du moins pour *notre* argumentation, Kennan s'avère être en fait complètement dans l'erreur. Par exemple, Kennan indique que le directeur de la Federal Reserve Bank, William Boyce Thompson, a quitté la Russie le 27 novembre 1917. Cette date de départ rendrait physiquement impossible

---

[2] George F. Kennan, *Russia Leaves the War* (New York : Atheneum, 1967) ; et *Decision to Intervene, Soviet-American Relations, 1917-1920* (Princeton, N.J. : Princeton University Press, 1958).

la présence de Thompson à Petrograd le 2 décembre 1917 pour transmettre une demande de financement d'un million de dollars à Morgan à New York. Thompson quitta en fait Petrograd le 4 décembre 1918, deux jours après avoir envoyé le câble à New York. Puis, Kennan déclare que le 30 novembre 1917, Trotsky a prononcé un discours devant le Soviet de Petrograd dans lequel il a observé : "Aujourd'hui, j'avais ici, au Smolny Institute, deux Américains étroitement liés aux éléments capitalistes américains". Selon Kennan, il est "difficile d'imaginer" qui ces deux Américains "auraient pu être, si ce n'est Robins et Gumberg". Mais en fait, Alexander Gumberg était russe, pas américain. De plus, comme Thompson était encore en Russie le 30 novembre 1917, les deux Américains qui ont rendu visite à Trotsky étaient plus que probablement Raymond Robins, un promoteur minier devenu bienfaiteur, et Thompson, de la Banque de Réserve Fédérale de New York.

La bolchevisation de Wall Street était connue dans les milieux bien informés dès 1919. Le journaliste financier Barron a enregistré une conversation avec le magnat du pétrole E. H. Doheny en 1919 et a spécifiquement nommé trois financiers éminents, William Boyce Thompson, Thomas Lamont et Charles R. Crane :

> À bord du S.S. Aquitania, vendredi soir, 1er février 1919.
>
> Il a passé la soirée avec les Dohenys dans leur suite. M. Doheny a dit : Si vous croyez en la démocratie, vous ne pouvez pas croire au socialisme. Le socialisme est le poison qui détruit la démocratie. La démocratie est synonyme d'opportunités pour tous. Le socialisme permet d'espérer qu'un homme peut quitter son travail et s'en sortir. Le bolchevisme est le véritable fruit du socialisme et si vous lisez les témoignages intéressants présentés devant la commission du Sénat vers la mi-janvier, qui ont montré tous ces pacifistes et artisans de paix comme des sympathisants allemands, socialistes et bolchéviques, vous verrez qu'une majorité des professeurs de collège aux États-Unis enseignent le socialisme et le bolchevisme et que cinquante-deux professeurs de collège faisaient partie de soi-disant comités de paix en 1914. Le président Eliot de Harvard enseigne le bolchevisme. Les pires bolchéviques des États-Unis ne sont pas seulement des professeurs d'université, dont le président Wilson fait partie, mais aussi des capitalistes et des épouses de capitalistes, et aucun d'entre eux ne semble savoir de quoi ils parlent. William Boyce Thompson enseigne le bolchevisme et il pourrait encore convertir Lamont de J.P. Morgan & Company. Vanderlip est un bolcheviste, tout comme Charles R. Crane. De nombreuses femmes rejoignent le mouvement et ni elles, ni leurs maris, ne savent ce que c'est, ni à quoi il mène. Henry Ford en est un autre, tout comme la plupart des cent historiens que Wilson a emmenés à l'étranger avec lui, dans l'idée stupide que l'histoire peut

enseigner aux jeunes les démarcations appropriées des races, des peuples et des nations sur le plan géographique.³

En bref, c'est une histoire de la révolution bolchévique et de ses conséquences, mais une histoire qui s'écarte de l'approche conceptuelle habituelle du carcan des capitalistes contre les communistes. Notre histoire postule un partenariat entre le capitalisme monopoliste international et le socialisme révolutionnaire international pour leur bénéfice mutuel. Le coût humain final de cette alliance est retombé sur les épaules de chaque Russe et de chaque Américain. L'esprit d'entreprise a été discrédité et le monde a été propulsé vers une planification socialiste débilitante en raison de ces manœuvres monopolistiques dans le monde de la politique et de la révolution.

C'est aussi une histoire qui reflète la trahison de la Révolution russe. Les tsars et leur système politique corrompu ont été éjectés pour être remplacés par les nouveaux intermédiaires d'un autre système politique corrompu. Là où les États-Unis auraient pu exercer leur influence dominante pour faire naître une Russie libre, ils ont cédé aux ambitions de quelques financiers de Wall Street qui, pour leurs propres bénéfices, pouvaient accepter une Russie tsariste centralisée ou une Russie marxiste centralisée, mais pas une Russie libre décentralisée. Et les raisons de ces affirmations se dévoileront au fur et à mesure que nous développerons l'histoire sous-jacente et, jusqu'à présent, inédite de la Révolution russe et de ses suites.⁴

---

³ Arthur Pound et Samuel Taylor Moore, *They Told Barron* (New York : Harper & Brothers, 1930), pp. 13-14.

⁴ Il existe une histoire parallèle, et également inconnue, en ce qui concerne le mouvement Makhanovite qui a combattu à la fois les "Blancs" et les "Rouges" pendant la guerre civile de 1919-20 (voir Voline, *The Unknown Revolution* [New York : Libertarian Book Club, 1953]). Il y avait aussi le mouvement "Vert", qui a combattu à la fois les Blancs et les Rouges. L'auteur n'a jamais vu une seule mention isolée des Verts dans l'histoire de la révolution bolchévique. Pourtant, l'Armée verte était forte d'au moins 700 000 hommes !

CHAPITRE II

TROTSKY QUITTE NEW YORK POUR ACCOMPLIR LA RÉVOLUTION

Vous aurez une révolution, une terrible révolution. Le cours qu'elle prendra dépendra en grande partie de ce que M. Rockefeller dira à M. Hague de faire. M. Rockefeller est un symbole de la classe dirigeante américaine et M. Hague est un symbole de ses outils politiques.

Léon Trotsky, dans le New York Times, 13 décembre 1938.

(Hague était un homme politique du New Jersey)

En 1916, l'année précédant la révolution russe, l'internationaliste Léon Trotsky est expulsé de France, officiellement en raison de sa participation à la conférence de Zimmerwald, mais aussi sans doute à cause d'articles incendiaires écrits pour *Nashe Slovo*, un journal de langue russe imprimé à Paris. En septembre 1916, Trotsky a été poliment escorté à travers la frontière espagnole par la police française. Quelques jours plus tard, la police madrilène arrête l'internationaliste et le place dans une "cellule de première classe", coûtant une peseta par jour. Trotsky a ensuite été emmené à Cadix, puis à Barcelone pour être finalement placé à bord du navire à vapeur de la Compagnie transatlantique espagnole, le *Monserrat*. Trotsky et sa famille ont traversé l'océan Atlantique et ont débarqué à New York le 13 janvier 1917.

D'autres trotskistes ont également traversé l'Atlantique vers l'ouest. En effet, un groupe trotskiste a acquis une influence immédiate suffisante au Mexique pour rédiger la Constitution de Querétaro pour le gouvernement révolutionnaire de Carranza en 1917, donnant au Mexique la distinction douteuse d'être le premier gouvernement au monde à adopter une constitution de type soviétique.

Comment Trotsky, qui ne connaissait que l'allemand et le russe, a-t-il survécu dans l'Amérique capitaliste ? Selon son autobiographie, *Ma vie*, "Ma seule profession à New York était celle d'un socialiste révolutionnaire". En d'autres termes, Trotsky a écrit des articles occasionnels pour *Novy Mir*, la revue socialiste russe de New York. Pourtant, nous savons que l'appartement de la famille Trotsky à New York était équipé d'un réfrigérateur et d'un téléphone et, selon Trotsky, la famille voyageait occasionnellement en limousine avec chauffeur. Ce mode de vie a laissé les deux jeunes Trotsky perplexes. Lorsqu'ils entraient dans un salon de thé, les garçons demandaient anxieusement à leur mère : "Pourquoi le chauffeur n'entre-t-il pas ?[5] Le niveau de vie élégant est également en contradiction avec les revenus déclarés de Trotsky. Les seuls fonds que Trotsky admet avoir reçus en 1916 et 1917 sont de 310$, et, déclare Trotsky, "j'ai réparti les 310$ entre cinq émigrants qui retournaient en Russie". Pourtant, Trotsky avait payé une cellule de première classe en Espagne, la famille Trotsky avait voyagé à travers l'Europe jusqu'aux États-Unis, ils avaient acquis un excellent appartement à New York - en payant le loyer trois mois à l'avance - et ils avaient l'usage d'une limousine avec chauffeur. Tout cela grâce aux gains d'un révolutionnaire appauvri pour quelques articles dans le journal russophone à faible tirage du *Nashe Slovo* à Paris et du *Novy Mir* à New York !

Joseph Nedava estime les revenus de Trotsky en 1917 à 12 dollars par semaine, "complétés par quelques frais de conférence".[6] Trotsky a passé trois mois à New York en 1917, de janvier à mars, ce qui lui a permis de tirer 144 dollars de *Novy Mir* et, disons, 100 dollars de plus en frais de conférence, pour un total de 244 dollars. Sur ces 244 dollars, Trotsky a pu donner 310 dollars à ses amis, payer l'appartement à New York, subvenir aux besoins de sa famille - et récupérer les 10 000 dollars qui lui avaient été confisqués en avril 1917 par les autorités canadiennes de Halifax. Trotsky prétend que ceux qui ont dit qu'il avait d'autres sources de revenus sont des "calomniateurs" qui répandent des "calomnies stupides" et des "mensonges", mais à moins que Trotsky n'ait joué aux courses à l'hippodrome jamaïcain de New York, cela est tout bonnement impossible. Il est évident que Trotsky disposait d'une source de revenus non déclarée.

Quelle était cette source ? Dans *The Road to Safety*, l'auteur Arthur Willert dit que Trotsky gagnait sa vie en travaillant comme électricien pour les studios de cinéma Fox. D'autres écrivains ont cité d'autres

---

[5] Léon Trotsky, *My Life* (New York : Scribner's, 1930), chap. 22.

[6] Joseph Nedava, *Trotsky and the Jews* (Philadelphie : Jewish Publication Society of America, 1972), p. 163.

occupations, mais rien ne prouve que Trotsky s'occupait contre rémunération autrement qu'en écrivant et en parlant.

La plupart des enquêtes se sont concentrées sur le fait vérifiable que lorsque Trotsky a quitté New York en 1917 pour Petrograd, afin d'organiser la phase bolchévique de la révolution, il est parti avec 10 000 dollars. En 1919, la commission Overman du Sénat américain a enquêté sur la propagande bolchévique financée par de l'argent allemand aux États-Unis et a incidemment touché à la source des 10 000 dollars de Trotsky. L'examen du colonel Hurban, attaché de Washington à la légation tchèque, par la commission Overman a donné les résultats suivants :

> **COL. HURBAN** : Trotsky a peut-être pris de l'argent à l'Allemagne, mais Trotsky le niera. Lénine ne le niera pas. Milioukov a prouvé qu'il avait reçu 10 000 dollars de certains Allemands pendant son séjour en Amérique. Milioukov avait la preuve, mais il l'a nié. Trotsky l'a fait, bien que Milioukov ait eu la preuve.
>
> **SÉNATEUR OVERMAN** : On a accusé Trotsky d'avoir obtenu 10 000$ ici.
>
> **COL. HURBAN** : Je ne me souviens pas combien c'était, mais je sais que c'était une question entre lui et Milioukov.
>
> **SÉNATEUR** : Milioukov l'a prouvé, n'est-ce pas ?
>
> **COL. HURBAN** : Oui, monsieur.
>
> **SÉNATEUR OVERMAN** : Savez-vous d'où il les a obtenus ?
>
> **COL. HURBAN** : Je me souviens que c'était 10 000 dollars ; mais ce n'est pas grave. Je vais parler de leur propagande. Le gouvernement allemand connaissait la Russie mieux que quiconque, et ils savaient qu'avec l'aide de ces gens, ils pouvaient détruire l'armée russe.
>
> (À 17 h 45, la sous-commission s'ajourne jusqu'à demain, mercredi 19 février, à 10 h 30)[7]

Il est tout à fait remarquable que la commission se soit brusquement ajournée avant que la *source des* fonds de Trotsky ne soit inscrite au dossier du Sénat. Lorsque l'interrogatoire a repris le lendemain, Trotsky et ses 10 000 dollars n'intéressaient plus la commission Overman. Nous développerons plus tard les preuves concernant le financement des activités allemandes révolutionnaires aux États-Unis par les institutions

---

[7] États-Unis, Sénat, *Brewing and Liquor Interests and German and Bolshevik Propaganda* (Sous-commission du pouvoir judiciaire), 65e Cong. 1919.

financières de New York ; les origines des 10 000 dollars de Trotsky seront alors mises en lumière.

Un montant de 10 000 dollars d'origine allemande est également mentionné dans le télégramme officiel britannique adressé aux autorités navales canadiennes à Halifax, qui demandent que Trotsky et sa troupe en route pour la révolution soient débarqués du S.S. *Kristianiafjord* (voir plus loin). Nous apprenons également d'un rapport de la Direction britannique du renseignement[8] que Gregory Weinstein, qui en 1919 allait devenir un membre éminent du Bureau soviétique à New York, a collecté des fonds pour Trotsky à New York. Ces fonds provenaient d'Allemagne et étaient acheminés par le *Volkszeitung*, un quotidien germanophone de New York et subventionné par le gouvernement allemand.

Alors que les fonds de Trotsky sont officiellement déclarés allemands, Trotsky était activement engagé dans la politique américaine juste avant de quitter New York pour la Russie et la révolution. Le 5 mars 1917, les journaux américains ont fait leur une sur la possibilité croissante d'une guerre avec l'Allemagne ; le soir même, Trotsky a proposé une résolution lors de la réunion du parti socialiste du comté de New York "engageant les socialistes à encourager les grèves et à résister au recrutement en cas de guerre avec l'Allemagne".[9] Léon Trotsky a été qualifié par le *New York Times* de "révolutionnaire russe en exil". Louis C. Fraina, qui a coparrainé la résolution Trotsky, a ensuite - sous un pseudonyme - écrit un livre non critique sur l'empire financier Morgan intitulé *House of Morgan*[10]. La proposition Trotsky-Fraina a été rejetée par la faction Morris Hillquit, et le parti socialiste a ensuite voté contre la résolution.[11]

Plus d'une semaine plus tard, le 16 mars, au moment de la déposition du tsar, Léon Trotsky a été interviewé dans les bureaux de *Novy Mir*.

---

[8] Rapport spécial n° 5, *The Russian Soviet Bureau in the United States,* 14 juillet 1919, Scotland House, Londres Copie S.W.I. dans le fichier décimal du State Dept. américain, 316-23-1145.

[9] *New York Times*, 5 mars 1917.

[10] Lewis Corey, *House of Morgan: A Social Biography of the Masters of Money* (New York : G. W. Watt, 1930).

[11] Morris Hillquit. (anciennement Hillkowitz) avait été l'avocat de la défense de Johann Most, après l'assassinat du président McKinley, et en 1917, il était l'un des dirigeants du parti socialiste de New York. Dans les années 1920, Hillquit s'est imposé dans le monde bancaire new-yorkais en devenant directeur et avocat de l'International Union Bank. Sous le président Franklin D. Roosevelt, Hillquit a contribué à l'élaboration des codes de l'ARN pour l'industrie de l'habillement.

L'interview contenait une déclaration prophétique sur la révolution russe :

> "... le comité qui a pris la place du ministère déchu en Russie ne représente pas les intérêts ou les buts des révolutionnaires, il sera probablement éphémère et se retirera en faveur d'hommes qui seraient plus sûrs de faire avancer la démocratisation de la Russie".[12]

Les "hommes qui seraient plus sûrs de faire avancer la démocratisation de la Russie", c'est-à-dire les mencheviks et les bolcheviks, étaient alors en exil à l'étranger et devaient d'abord retourner en Russie. Le "comité" temporaire a donc été baptisé "gouvernement provisoire", un titre, il faut le noter, qui a été utilisé dès le début de la révolution en mars et qui n'a pas été appliqué a posteriori par les historiens.

WOODROW WILSON PROCURE UN PASSEPORT À TROTSKY

Le président Woodrow Wilson fut le bon génie qui a fourni à Trotsky un passeport pour retourner en Russie afin de "faire avancer" la révolution. Ce passeport américain était accompagné d'un permis d'entrée en Russie et d'un visa de transit britannique. Jennings C. Wise, dans *Woodrow Wilson : Disciple de la Révolution*, fait le commentaire pertinent suivant : "Les historiens ne doivent jamais oublier que Woodrow Wilson, malgré les efforts de la police britannique, a permis à Léon Trotsky d'entrer en Russie avec un passeport américain".

Le président Wilson a facilité le passage de Trotsky en Russie au moment même où des bureaucrates prudents du Département d'État, préoccupés par l'entrée de tels révolutionnaires en Russie, tentaient unilatéralement de durcir les procédures de circulation. La délégation de Stockholm a envoyé un câble au Département d'État le 13 juin 1917, juste *après le passage de* Trotsky à la frontière finno-russe : "La délégation a informé confidentiellement les bureaux des passeports russe, anglais et français à la frontière russe de Tornio, considérablement inquiets du passage de personnes suspectes porteuses de passeports américains".[13]

À ce câble, le Département d'État a répondu, le même jour, "Le ministre exerce un soin particulier dans la délivrance des passeports pour la Russie" ; le Département d'État a également autorisé des

---

[12] *New York Times*, 16 mars 1917.

[13] Fichier décimal du Département d'État américain, 316-85-1002.

dépenses de la mission diplomatique pour établir un bureau de contrôle des passeports à Stockholm et pour engager un "citoyen américain absolument fiable" pour un emploi de vérification.[14] Mais l'oiseau s'était envolé. Le menchevik Trotsky et les bolcheviks de Lénine étaient déjà en Russie et se préparaient à "faire avancer" la révolution. Le piège à passeports mis en place n'a guère attrapé que des proies de second ordre. Par exemple, le 26 juin 1917, Herman Bernstein, un journaliste new-yorkais réputé qui se rendait à Petrograd pour représenter le *New York Herald*, fut retenu à la frontière et se vit refuser l'entrée en Russie. Un peu plus tard, à la mi-août 1917, l'ambassade de Russie à Washington a demandé au Département d'État (et l'État a accepté) "d'empêcher l'entrée en Russie de criminels et d'anarchistes... dont un certain nombre se sont déjà rendus en Russie".[15]

Par conséquent, en vertu du traitement préférentiel accordé à Trotsky, lorsque le S.S. *Kristianiafjord* a quitté New York le 26 mars 1917, Trotsky était à bord et détenait un passeport américain - et en compagnie d'autres révolutionnaires trotskystes, de financiers de Wall Street, de communistes américains et d'autres personnes intéressantes, dont peu s'étaient embarqués pour des affaires légitimes. Ce mélange de passagers a été décrit par Lincoln Steffens, le communiste américain :

> La liste des passagers était longue et mystérieuse. Trotsky était dans l'entrepont avec un groupe de révolutionnaires ; il y avait un révolutionnaire japonais dans ma cabine. Il y avait beaucoup de Hollandais qui rentraient de Java en toute hâte, les seuls innocents à bord. Les autres étaient des messagers de guerre, deux de Wall Street vers l'Allemagne.[16]

Lincoln Steffens, se trouvait notamment à bord en route pour la Russie à l'invitation expresse de Charles Richard Crane, un bailleur de fonds et ancien président de la commission des finances du parti démocrate. Charles Crane, vice-président de la Crane Company, avait organisé la Westinghouse Company en Russie, était membre de la mission Root en Russie et avait effectué pas moins de vingt-trois visites en Russie entre 1890 et 1930. Richard Crane, son fils, était l'assistant confidentiel de Robert Lansing, alors secrétaire d'État. Selon l'ancien ambassadeur en Allemagne William Dodd, Crane "a beaucoup contribué

---

[14] Ibid.

[15] Ibid, 861.111/315.

[16] Lincoln Steffens, *Autobiography* (New York : Harcourt, Brace, 1931), p. 764. Steffens était l'"intermédiaire" de Crane et Woodrow Wilson.

à la révolution de Kerensky qui a fait place au communisme".[17] Les commentaires de Steffens dans son journal sur les conversations à bord du S.S. *Kristianiafjord* sont donc très pertinents : "... tous s'accordent à dire que la révolution n'en est qu'à sa première phase, qu'elle doit se développer. Crane et les radicaux russes à bord du navire pensent que nous serons à Petrograd pour finaliser la révolution.[18]

Crane est rentré aux États-Unis lorsque la révolution bolchévique (c'est-à-dire "la révolution finalisée") a été accomplie et, bien que simple citoyen, il a reçu des rapports de première main sur les progrès de la révolution bolchévique au fur et à mesure que des câbles étaient reçus au Département d'État. Par exemple, un mémorandum, daté du 11 décembre 1917, est intitulé "Copie du rapport sur le soulèvement maximaliste pour M. Crane". Il provient de Maddin Summers, consul général des États-Unis à Moscou, et la lettre d'accompagnement de Summers se lit en partie comme suit :

> J'ai l'honneur de vous faire parvenir ci-joint une copie de ce rapport [ci-dessus] en demandant qu'il soit envoyé pour les informations confidentielles de M. Charles R. Crane. Il est supposé que le Département n'aura aucune objection à ce que M. Crane voie le rapport.[19]

En bref, le tableau improbable et déroutant qui se dégage est que Charles Crane, ami et bailleur de fonds de Woodrow Wilson et financier et homme politique de premier plan, a joué un rôle connu dans la "première" révolution et s'est rendu en Russie au milieu de l'année 1917 en compagnie du communiste américain Lincoln Steffens, qui était en contact à la fois avec Woodrow Wilson et Trotsky. Ce dernier était à son tour porteur d'un passeport délivré sur ordre de Wilson et de 10 000 dollars provenant de sources allemandes supposées. À son retour aux États-Unis une fois la "révolution finalisée", Crane a eu accès à des documents officiels concernant la consolidation du régime bolchévique : Il s'agit d'un schéma d'événements imbriqués - bien que déroutants - qui justifie une enquête plus approfondie et suggère, bien que sans fournir de preuves à ce stade, un certain lien entre le financier Crane et le révolutionnaire Trotsky.

---

[17] William Edward *Dodd, Ambassador Dodd's Diary, 1933-1938* (New York : Harcourt, Brace, 1941), pp. 42-43.

[18] Lincoln Steffens, *The Letters of Lincoln Steffens* (New York : Harcourt, Brace, 1941), p. 396.

[19] Fichier décimal du département d'État américain, 861.00/1026.

LES DOCUMENTS DU GOUVERNEMENT CANADIEN SUR LA LIBÉRATION DE TROTSKY[20]

Les documents relatifs au bref séjour de Trotsky en détention canadienne sont désormais déclassifiés et disponibles dans les archives du gouvernement canadien. Selon ces archives, Trotsky a été arrêté par le personnel naval canadien et britannique du S.S. *Kristianiafjord* à Halifax, en Nouvelle-Écosse, le 3 avril 1917, inscrit comme prisonnier de guerre allemand, et interné à la maison d'arrêt pour prisonniers allemands d'Amherst, en Nouvelle-Écosse. Mme Trotsky, les deux garçons Trotsky et cinq autres hommes décrits comme des "socialistes russes" furent également interpellés et internés. Leurs noms sont consignés dans les dossiers canadiens sous le nom de : Nickita Muchin, Leiba Fisheleff, Konstantin Romanchanco, Gregor Teheodnovski, Gerchon Melintchansky et Leon Bronstein Trotsky (toutes les orthographes proviennent de documents canadiens originaux).

Le formulaire LB-1 de l'armée canadienne, sous le numéro de série 1098 (y compris les empreintes digitales), a été rempli pour Trotsky, avec la description suivante : "37 ans, exilé politique, journaliste de profession, né à Gromskty, Chuson, Russie, citoyen russe". Le formulaire a été signé par Léon Trotsky et son nom complet a été donné comme Léon Bromstein *(sic)* Trotsky.

Le groupe de Trotsky a été débarqué du S.S. *Kristianiafjord* sur instructions officielles reçues par télégramme du 29 mars 1917, depuis Londres, provenant vraisemblablement de l'Amirauté avec l'officier de contrôle naval, Halifax. Le câblogramme rapportait que Trotsky et son équipe se trouvaient sur le *"Christianiafjord" (sic)* et devaient être "interpellés et incarcérés en attendant les instructions". La raison donnée à l'officier de contrôle naval à Halifax était que "ce sont des socialistes russes qui partent dans le but d'entamer une révolution contre le gouvernement russe actuel pour laquelle Trotsky disposerait de 10.000 dollars fournis par les socialistes et les Allemands".

Le 1er avril 1917, l'officier de contrôle naval, le capitaine O. M. Makins, envoya une note confidentielle à l'officier général commandant à Halifax, selon laquelle il avait "examiné tous les passagers russes" à bord du S.S. *Kristianiafjord* et trouvé six hommes dans la section de seconde classe : "Ils sont tous socialistes déclarés, et bien qu'ils déclarent vouloir aider le nouveau gouvernement russe, ils pourraient bien être de

---

[20] Cette section est basée sur les dossiers du gouvernement canadien.

mèche avec les socialistes allemands en Amérique, et très probablement constituer un gros problème pour le gouvernement russe à l'heure actuelle." Le capitaine Makins a ajouté qu'il allait débarquer le groupe, ainsi que la femme et les deux fils de Trotsky, afin de les placer en détention à Halifax. Une copie de ce rapport fut transmise de Halifax au chef de l'état-major général à Ottawa le 2 avril 1917.

Le document suivant dans les dossiers canadiens est daté du 7 avril, du chef de l'état-major général, Ottawa, au directeur des opérations d'internement, et accuse-réception d'un courrier précédent (qui ne figure pas dans les dossiers) sur l'internement des socialistes russes à Amherst, en Nouvelle-Écosse : ".... à ce propos, je dois vous informer de la réception d'un long télégramme hier du consul général de Russie à MONTRÉAL, protestant contre l'arrestation de ces hommes, car ils étaient en possession de passeports délivrés par le consul général de Russie à NEW YORK, aux États-Unis".

La réponse à ce télégramme de Montréal était que les hommes étaient incarcérés "parce qu'on les soupçonnait d'être allemands" et qu'ils ne seraient libérés qu'après avoir prouvé leur nationalité et leur loyauté envers les Alliés. Aucun télégramme du consul général de Russie à New York ne figure dans les dossiers canadiens, et l'on sait que ce bureau était réticent à délivrer des passeports russes aux exilés politiques russes. Cependant, il y a un télégramme dans les dossiers d'un procureur de New York, N. Aleinikoff, à R. M. Coulter, alors ministre adjoint des Postes du Canada. Le bureau du ministre des Postes du Canada n'avait aucun lien avec l'internement des prisonniers de guerre ou les activités militaires. En conséquence, ce télégramme avait le caractère d'une intervention personnelle et non officielle. Il se lit comme suit :

> DR. R. M. COULTER, Ministère des postes. OTTAWA Des exilés politiques russes retournant en Russie ont été détenus dans le camp d'Amherst à Halifax. Veuillez enquêter sur les causes de la détention et donner les noms de tous les détenus. Toute confiance au champion de la liberté que vous êtes pour intercéder en leur faveur. Câblez PCV SVP.
> NICHOLAS ALEINIKOFF

Le 11 avril, Coulter a câblé à Aleinikoff, "Télégramme reçu. Je vous écris cet après-midi. Vous devriez le recevoir demain soir. R. M. Coulter." Ce télégramme a été envoyé par le Canadian Pacific Railway Telegraph, mais a été facturé au ministère des Postes. Normalement, un télégramme d'affaires privées est facturé au destinataire, car il ne s'agissait pas d'une affaire officielle. La réponse de Coulter à Aleinikoff est intéressante, car, après avoir confirmé que le groupe de Trotsky était bien détenu à Amherst, elle déclare qu'ils sont soupçonnés de faire de la propagande contre le gouvernement russe actuel et "sont supposés être des agents de l'Allemagne". Coulter ajoute ensuite : "... ils ne sont pas ce qu'ils prétendent" ; le groupe Trotsky est "... non pas détenu par le Canada, mais par les autorités impériales". Après avoir assuré à Aleinikoff que les détenus seraient bien traités, Coulter ajoute que toute information "en leur faveur" serait transmise aux autorités militaires. L'impression générale de la lettre est que, bien que Coulter soit sympathique et pleinement conscient des liens pro-allemands de Trotsky, il ne veut pas s'impliquer. Le 11 avril, Arthur Wolf envoie un télégramme à Coulter depuis le 134 East Broadway, à New York. Bien qu'envoyé de New York, ce télégramme, après avoir été accusé de réception, a également été transmis au ministère des Postes.

Cependant, la réaction de Coulter en dit davantage que la sympathie détachée qui transparaît dans sa lettre à Aleinikoff. Cette correspondance au nom de Trotsky doit être considérée à la lumière du fait que ces lettres provenaient de deux résidents américains de la ville de New York et concernaient une affaire militaire canadienne ou impériale d'importance internationale. En outre, Coulter, en tant que ministre des Postes adjoint, était un fonctionnaire canadien d'une certaine importance. Réfléchissez un instant à ce qui arriverait à quelqu'un qui interviendrait de la même manière dans les affaires américaines ! Dans l'affaire Trotsky, nous avons deux résidents américains qui correspondent avec un ministre des Postes canadien afin d'intervenir en faveur d'un révolutionnaire russe incarcéré.

L'action ultérieure de Coulter suggère également quelque chose de plus qu'une intervention occasionnelle. Après avoir pris connaissance des télégrammes Aleinikoff et Wolf, Coulter écrit au major général Willoughby Gwatkin du ministère de la Milice et de la Défense à Ottawa - un homme d'une grande influence dans l'armée canadienne - et joint des copies des télégrammes Aleinikoff et Wolf :

> Ces hommes ont été hostiles à la Russie à cause de la façon dont les Juifs ont été traités, et sont maintenant fortement en faveur de l'administration actuelle, pour autant que je sache. Ce sont tous deux des hommes responsables. Ce sont tous deux des hommes de bonne réputation, et je vous envoie leurs télégrammes pour ce qu'ils valent, et pour que vous puissiez les représenter auprès des autorités anglaises si vous le jugez bon.

De toute évidence, Coulter en sait - ou laisse entendre qu'il en sait - beaucoup sur Aleinikoff et Wolf. Sa lettre était en fait une recommandation adressée à Londres. Gwatkin était bien connu à

Londres, et avait en fait été mis à disposition du Canada par le War Office[21] de Londres.[22]

Aleinikoff a ensuite envoyé une lettre à Coulter pour le remercier :

> pour l'intérêt que vous avez porté au sort des exilés politiques russes... Vous me connaissez, cher Dr Coulter, et vous connaissez aussi mon dévouement à la cause de la liberté russe... Heureusement, je connais M. Trotsky, M. Melnichahnsky et M. Chudnowsky... intimement.

On peut noter en passant que si Aleinikoff connaissait Trotsky "intimement", il savait probablement aussi que Trotsky avait déclaré son intention de retourner en Russie pour renverser le gouvernement provisoire et instaurer la "révolution finalisée". Dès réception de la lettre d'Aleinikoff, Coulter l'a immédiatement (16 avril) transmise au général de division Gwatkin, ajoutant qu'il avait fait connaissance avec Aleinikoff "en relation avec l'action du Département sur les documents américains en langue russe" et qu'Aleinikoff travaillait "sur les mêmes lignes que M. Wolf... qui était un prisonnier évadé de Sibérie".

Auparavant, le 14 avril, Gwatkin avait envoyé un mémorandum à son homologue naval du Comité interministériel militaire canadien répétant que les internés étaient des socialistes russes disposant de "10 000 dollars fournis par les socialistes et les Allemands". Le paragraphe de conclusion précisait "D'autre part, il y a ceux qui déclarent qu'un acte d'injustice flagrant a été commis." Puis le 16 avril, le vice-amiral C. E. Kingsmill, directeur du service naval, a pris l'intervention de Gwatkin au pied de la lettre. Dans une lettre au capitaine Makins, l'officier de contrôle de la marine à Halifax, il a déclaré : "Les autorités de la Milice demandent qu'une décision quant à leur (c'est-à-dire les six Russes) sort soit prise rapidement." Une copie de ces instructions a été transmise à Gwatkin qui, à son tour, en a informé le vice-ministre des Postes, le général Coulter. Trois jours plus tard, Gwatkin a fait pression. Dans un mémorandum du 20 avril au secrétaire de la marine, il écrit : "Pouvez-vous dire, s'il vous plaît, si le bureau de contrôle naval a pris une décision ou non ?"

Le même jour (20 avril), le capitaine Makins a écrit à l'amiral Kingsmill pour lui expliquer les raisons de l'expulsion de Trotsky ; il a refusé de subir des pressions pour prendre une décision, déclarant : "Je vais envoyer un câble à l'amirauté pour l'informer que les autorités de la

---

[21] Bureau de la Guerre. NdT.

[22] Les mémorandums de Gwatkin dans les dossiers du gouvernement canadien ne sont pas signés, mais paraphés avec une marque ou un symbole indéchiffrable. La marque a été identifiée comme étant celle de Gwatkin parce qu'une lettre de Gwatkin (celle du 21 avril) portant cette marque cryptique a été reconnue.

milice demandent une décision rapide quant à leur libération. Cependant, le lendemain, le 21 avril, Gwatkin écrivit à Coulter : "Nos amis les socialistes russes doivent être libérés ; et des dispositions sont prises pour leur passage en Europe." L'ordre donné à Makins de libérer Trotsky provient de l'Amirauté, à Londres. Coulter a reconnu l'information, "qui plaira énormément à nos correspondants de New York".

Si nous pouvons, d'une part, conclure que Coulter et Gwatkin étaient intensément intéressés par la libération de Trotsky, nous ne savons pas, d'autre part, pourquoi. Il y a peu de choses dans la carrière de Coulter ou de Gwatkin qui pourraient expliquer l'envie de libérer le menchevik Léon Trotsky.

Le Dr Robert Miller Coulter était un médecin de parents écossais et irlandais, un libéral, un franc-maçon et un Odd Fellow[23]. Il a été nommé vice-maître de poste du Canada en 1897. Son seul mérite est d'avoir été délégué à la Convention de l'Union postale universelle en 1906 et délégué en Nouvelle-Zélande et en Australie en 1908 pour le projet "All Red". All Red n'avait rien à voir avec les révolutionnaires rouges ; il s'agissait seulement d'un projet de navires à vapeur rapides tout rouge c'est-à-dire tout britannique, entre la Grande-Bretagne, le Canada et l'Australie.

Le Major General Willoughby Gwatkin est issu d'une longue tradition militaire britannique (Cambridge puis Staff College). Spécialiste de la mobilisation, il a servi au Canada de 1905 à 1918. Au vu des seuls documents contenus dans les dossiers canadiens, on ne peut que conclure que leur intervention en faveur de Trotsky est un mystère.

LES SERVICES DE RENSEIGNEMENT MILITAIRE CANADIENS EXAMINENT TROTSKY

Nous pouvons aborder le cas de la libération de Trotsky sous un autre angle : Le renseignement canadien. Le lieutenant-colonel John Bayne MacLean, éminent éditeur et homme d'affaires canadien, fondateur et président de la MacLean Publishing Company, à Toronto, a dirigé de nombreuses revues professionnelles canadiennes, dont le *Financial Post*.

---

[23] Société de bienfaisance, d'entraide et de solidarité, sur le mode maçonnique du Rotary club.

MacLean était également associé de longue date aux services de renseignement de l'armée canadienne.[24]

En 1918, le colonel MacLean a écrit pour son propre magazine *MacLean's* un article intitulé "Pourquoi avons-nous laissé partir Trotsky ? Comment le Canada a perdu une occasion d'écourter la guerre".[25] L'article contenait des informations détaillées et inhabituelles sur Léon Trotsky, bien que la dernière moitié de l'article se perde en conjectures en évoquant des sujets à peine connexes. Nous avons deux indices sur l'authenticité de l'information. Tout d'abord, le colonel MacLean était un homme intègre qui jouissait d'excellentes relations dans les services de renseignement du gouvernement canadien. Deuxièmement, les documents gouvernementaux publiés depuis par le Canada, la Grande-Bretagne et les États-Unis confirment dans une large mesure la déclaration de MacLean. Certaines déclarations de MacLean restent à confirmer, mais les informations disponibles au début des années 70 ne sont pas nécessairement incompatibles avec l'article du colonel MacLean.

L'argument initial de MacLean est que "certains politiciens ou fonctionnaires canadiens sont les principaux responsables de la prolongation de la guerre [Première Guerre mondiale], des grandes pertes en vies humaines, des blessures et des souffrances de l'hiver 1917 et des grandes campagnes de 1918".

De plus, déclare MacLean, ces personnes faisaient (en 1919) tout leur possible pour empêcher le Parlement et le peuple canadien d'être informés sur les faits en question. Les rapports officiels, y compris ceux de Sir Douglas Haig, démontrent que sans la rupture avec la Russie en 1917, la guerre aurait été terminée un an plus tôt, et que "l'homme principalement responsable de la défection de la Russie était Trotsky... agissant selon les instructions allemandes".

Qui était Trotsky ? Selon MacLean, Trotsky n'était pas russe, mais allemand. Aussi étrange que cette affirmation puisse paraître, elle coïncide avec d'autres bribes d'informations des services de renseignement : à savoir que Trotsky parlait mieux l'allemand que le russe, et qu'il était l'exécutif russe du "Bund" allemand. Selon MacLean,

---

[24] H.J. Morgan, *Canadian Men and Women of the Times*, 1912, 2 vol. (Toronto : W. Briggs, 1898-1912).

[25] Juin 1919, p. 66a-666. La bibliothèque publique de Toronto en possède un exemplaire ; le numéro de *MacLean's dans* lequel l'article du colonel MacLean a paru n'est pas facile à trouver et un résumé est fourni ci-dessous.

Trotsky avait été "ostensiblement" expulsé de Berlin en août 1914[26]; il est finalement arrivé aux États-Unis où il a organisé les révolutionnaires russes, ainsi que les révolutionnaires de l'Ouest du Canada, qui "étaient en grande partie des Allemands et des Autrichiens voyageant en tant que Russes". MacLean continue :

> À l'origine, les Britanniques ont découvert, par l'intermédiaire d'associés russes, que Kerensky,[27] Lénine et quelques dirigeants de moindre importance étaient pratiquement à la solde des Allemands dès 1915 et ils ont découvert en 1916 les liens avec Trotsky qui vivait alors à New York. À partir de ce moment, il fut surveillé de près par... l'équipe de déminage. Au début de 1916, un fonctionnaire allemand s'embarqua pour New York. Des agents des services de renseignements britanniques l'accompagnaient. Il fut retenu à Halifax, mais sur leurs instructions, on lui fit parvenir de nombreuses excuses pour le retard nécessaire. Après de nombreuses manœuvres, il arriva dans un petit bureau de journal sale dans les bidonvilles et y trouva Trotsky, à qui il donna d'importantes instructions. De juin 1916 à sa remise aux Britanniques, la brigade antiterroriste de New York n'a jamais perdu le contact avec Trotsky. Ils ont découvert que son vrai nom était Braunstein et qu'il était allemand et non russe.[28]

Une telle activité allemande dans les pays neutres est confirmée dans un rapport du Département d'État (316-9-764-9) décrivant l'organisation des réfugiés russes à des fins révolutionnaires.

Poursuivant, MacLean déclare que Trotsky et quatre associés ont navigué à bord du "S.S. *Christiania" (sic), et que* le 3 avril, ils ont fait leur rapport au "Capitaine Making" *(sic)* et ont été débarqués du navire à Halifax sous la direction du Lieutenant Jones. (En fait, un groupe de neuf personnes, dont six hommes, ont été débarquées du S.S. *Kristianiafjord*. Le nom de l'officier de contrôle naval à Halifax était le capitaine O. M. Makins, R.N. Le nom de l'officier qui a intercepté le groupe de Trotsky ne figure pas dans les documents du gouvernement canadien ; Trotsky a dit qu'il s'agissait de "Machen"). Encore une fois, selon MacLean, l'argent de Trotsky venait "de sources allemandes à New York". Aussi :

---

[26] Voir aussi Trotsky, *My Life*, p. 236.

[27] Voir l'annexe 3.

[28] Selon son propre témoignage, Trotsky n'est arrivé aux États-Unis qu'en janvier 1917. Le vrai nom de Trotsky était Bronstein ; il a inventé le nom "Trotsky". "Bronstein" est allemand et "Trotsky" est polonais plutôt que russe. Son prénom est généralement "Leon" ; cependant, le premier livre de Trotsky, publié à Genève, porte l'initiale "N" et non "L".

En général, l'explication donnée est que la libération a été faite à la demande de Kerensky, mais des mois auparavant, des officiers britanniques et un Canadien servant en Russie, qui pouvait parler la langue russe, avaient signalé à Londres et à Washington que Kerensky était au service de l'Allemagne.[29]

Trotsky a été libéré "à la demande de l'ambassade britannique à Washington... [qui] agissait à la demande du Département d'État américain, qui agissait pour quelqu'un d'autre." Les fonctionnaires canadiens "ont été chargés d'informer la presse que Trotsky était un citoyen américain voyageant avec un passeport américain ; que sa libération était spécialement demandée par le Département d'État de Washington". De plus, écrit MacLean, à Ottawa, "Trotsky bénéficiait d'une forte influence clandestine. Son pouvoir était si grand que des ordres ont été donnés pour lui accorder toute l'attention nécessaire."

La thèse du reportage de MacLean est, de toute évidence, que Trotsky avait des relations intimes avec l'état-major allemand et travaillait probablement pour lui. Si de telles relations ont été établies à propos de Lénine - dans la mesure où Lénine a été subventionné et où son retour en Russie a été facilité par les Allemands - il semble certain que Trotsky a été aidé de la même manière. Les fonds de 10 000 dollars de Trotsky à New York provenaient de sources allemandes, et un document récemment déclassifié dans les dossiers du Département d'État américain se lit comme suit :

> 9 mars 1918 à : Consul américain, Vladivostok de Polk, Secrétaire d'État par intérim, Washington D.C.
>
> Pour vos informations confidentielles et une attention rapide : Voici la substance du message du 12 janvier de Von Schanz de la Banque Impériale Allemande à Trotsky, citant Consentement de la banque impériale à l'appropriation par le personnel général du crédit de cinq millions de roubles pour l'envoi du commissaire adjoint de la marine Kudrisheff en Extrême-Orient.

Ce message suggère une certaine liaison entre Trotsky et les Allemands en janvier 1918, époque à laquelle Trotsky proposait une alliance avec l'Ouest. Le Département d'État ne donne pas la provenance du télégramme, mais seulement qu'il provient de l'état-major du Collège de guerre. Le Département d'État a bien considéré que le message était authentique et a agi sur la base d'une authenticité supposée. Il est conforme au thème général de l'article du colonel MacLean.

---

[29] Voir l'annexe 3 ; ce document a été obtenu en 1971 auprès du ministère britannique des Affaires étrangères, mais était apparemment connu de MacLean.

LES INTENTIONS ET LES OBJECTIFS DE TROTSKY

Par conséquent, nous pouvons en déduire la séquence d'événements suivante : Trotsky a voyagé de New York à Petrograd avec un passeport fourni par l'intervention de Woodrow Wilson, et avec l'intention déclarée de "faire avancer" la révolution. Le gouvernement britannique a été la source immédiate de la libération de Trotsky en avril 1917, mais il se peut que des "pressions" aient été exercées. Lincoln Steffens, un communiste américain, a servi de lien entre Wilson et Charles R. Crane et entre Crane et Trotsky. En outre, alors que Crane n'avait aucune position officielle, son fils Richard était l'assistant confidentiel du secrétaire d'État Robert Lansing, et Crane senior recevait des rapports rapides et détaillés sur les progrès de la révolution bolchévique. De plus, l'ambassadeur William Dodd (ambassadeur américain en Allemagne à l'époque hitlérienne) a déclaré que Crane avait joué un rôle actif dans la phase Kerensky de la révolution ; les lettres de Steffens confirment que Crane ne voyait la phase Kerensky que comme une étape d'une révolution en cours.

Le point intéressant, cependant, n'est pas tant la communication entre des personnes dissemblables comme Crane, Steffens, Trotsky et Woodrow Wilson que l'existence d'au moins un certain accord sur la procédure à suivre - c'est-à-dire que le gouvernement provisoire était considéré comme "provisoire" et que la "révolution finalisée" devait suivre.

D'autre part, l'interprétation des intentions de Trotsky doit être prudente : il était adepte du double jeu. Les documents officiels montrent clairement des actions contradictoires. Par exemple, la Division des affaires d'Extrême-Orient du Département d'État américain a reçu le 23 mars 1918 deux rapports émanant de Trotsky ; l'un est contradictoire avec l'autre. Un rapport, daté du 20 mars et provenant de Moscou, a été publié dans le journal russe *Russkoe Slovo*. Le rapport citait une interview de Trotsky dans laquelle il déclarait que toute alliance avec les États-Unis était impossible :

> La Russie des Soviétiques ne peut pas s'aligner... avec l'Amérique capitaliste, car ce serait une trahison Il est possible que les Américains cherchent un tel rapprochement avec nous, poussés par leur antagonisme envers le Japon, mais en tout cas il ne peut être question d'une alliance de notre part, de quelque nature que ce soit, avec une nation bourgeoise.[30]

L'autre rapport, également originaire de Moscou, est un message daté du 17 mars 1918, trois jours plus tôt, et de l'ambassadeur Francis :

---

[30] Fichier décimal du département d'État américain, 861.00/1351.

"Trotsky demande cinq officiers américains comme inspecteurs de l'armée organisée pour la défense demande aussi des hommes et du matériel pour les opérations ferroviaires."[31]

Cette demande adressée aux États-Unis est bien sûr incompatible avec le rejet de toute "alliance".

Avant de quitter Trotsky, il convient de mentionner les procès-spectacles staliniens des années 1930 et, en particulier, les accusations et le procès de 1938 contre le "bloc antisoviétique de droite et trotskiste". Ces parodies forcées du processus judiciaire, rejetées presque unanimement en Occident, peuvent éclairer les intentions de Trotsky.

Le point essentiel de l'accusation stalinienne était que les trotskistes étaient des agents rémunérés du capitalisme international. K. G. Rakovsky, un des accusés de 1938, a dit, ou a été amené à dire, "Nous étions l'avant-garde de l'agression étrangère, du fascisme international, et pas seulement en URSS, mais aussi en Espagne, en Chine et dans le monde entier". Les réquisitions du "tribunal" contiennent la déclaration suivante : "Il n'y a pas un seul homme au monde qui ait apporté autant de chagrin et de malheur aux gens que Trotsky. Il est le plus vil agent du fascisme..."[32]

S'il ne s'agit peut-être que d'insultes verbales couramment échangées entre les communistes internationaux des années 1930 et 1940, il convient également de noter que les fils conducteurs de l'autoaccusation sont conformes aux preuves présentées dans ce chapitre. De plus, comme nous le verrons plus tard, Trotsky a réussi à obtenir le soutien des capitalistes internationaux, qui, soit dit en passant, étaient également des partisans de Mussolini et d'Hitler.[33]

Tant que nous considérons tous les révolutionnaires internationaux et tous les capitalistes internationaux comme des ennemis implacables les uns des autres, nous passons à côté d'un point crucial : il y a effectivement eu une certaine coopération opérationnelle entre les

---

[31] Fichier décimal du département d'État américain, 861.00/1341.

[32] *Rapport des procédures judiciaires dans l'affaire du "Bloc de droite et de trotskistes" antisoviétique* entendue devant le Collège militaire de la Cour suprême de l'URSS (Moscou : Commissariat du peuple à la justice de l'URSS, 1938), p. 293.

[33] Voir : Thomas Lamont des Morgans a été un des premiers partisans de Mussolini.

capitalistes internationaux, y compris les fascistes. Et il n'y a aucune raison a priori de rejeter Trotsky en tant que membre de cette alliance.

Cette réévaluation provisoire et limitée sera mise en lumière lorsque nous examinerons l'histoire de Michael Gruzenberg, le principal agent bolchévique en Scandinavie qui, sous le pseudonyme d'Alexander Gumberg, était également conseiller confidentiel de la Chase National Bank à New York et, plus tard, de Floyd Odium de l'Atlas Corporation. Ce double rôle était connu et accepté par les Soviétiques et ses employeurs américains. L'histoire de Gruzenberg est une histoire de révolution internationale alliée au capitalisme international.

Les observations du colonel MacLean selon lesquelles Trotsky exerçait "une forte influence clandestine" et que son "pouvoir était si grand que des ordres ont été donnés qu'il doit être pris en considération" ne sont pas du tout contradictoires avec l'intervention de Coulter-Gwatkin en faveur de Trotsky ; ou, d'ailleurs, avec ces événements ultérieurs, les accusations staliniennes dans les procès-spectacles trotskistes des années 1930. Elles ne sont pas non plus incompatibles avec l'affaire Gruzenberg. D'autre part, le seul lien direct connu entre Trotsky et la banque internationale est celui de son cousin Abram Givatovzo, qui était banquier privé à Kiev avant la révolution russe et à Stockholm après la révolution. Alors que Givatovzo professait l'anti-bolchevisme, il agissait en fait au nom des Soviétiques en 1918 dans les transactions monétaires.

Est-il possible qu'une toile internationale soit tissée à partir de ces événements ? Il y a d'abord Trotsky, un révolutionnaire internationaliste russe ayant des liens avec l'Allemagne, qui suscite l'assistance de deux supposés partisans du gouvernement du prince Lvov en Russie (Aleinikoff et Wolf, des Russes résidants à New York). Ces deux personnes déclenchent l'action d'un vice-maître de poste canadien libéral, qui à son tour intervient auprès d'un général de l'armée britannique de premier plan au sein de l'état-major canadien. Tous ces liens sont vérifiables.

En bref, les allégeances ne sont pas toujours ce qu'elles sont supposées, ou ce qu'elles paraissent être. Nous pouvons cependant supputer que Trotsky, Aleinikoff, Wolf, Coulter et Gwatkin, en agissant pour un objectif commun limité, avaient également un but commun plus élevé que l'allégeance nationale ou l'étiquette politique. Il n'y a pas de preuve absolue qu'il en soit ainsi. Il ne s'agit, pour l'instant, que d'une supposition logique basée sur des faits. Une loyauté plus élevée que celle forgée par un besoin immédiat commun aurait ainsi dépassé le cadre de l'amitié entre ces hommes, bien que cela mette l'imagination à rude épreuve lorsque nous réfléchissons à une telle combinaison de solidarité transnationale. Elle peut également avoir été favorisée par d'autres motifs. Le tableau est encore incomplet.

CHAPITRE III

LÉNINE ET L'AIDE ALLEMANDE À LA RÉVOLUTION BOLCHÉVIQUE

> *Ce n'est que lorsque les bolcheviks ont reçu de nous un flux constant de fonds par divers canaux et sous diverses étiquettes qu'ils ont pu construire leur organe principal, la Pravda, mener une propagande énergique et étendre sensiblement la base initialement étroite de leur parti.*
>
> Von Kühlmann, ministre des Affaires étrangères,
> devant le kaiser, 3 décembre 1917

En avril 1917, Lénine et un groupe de 32 révolutionnaires russes, pour la plupart bolchéviques, ont pris le train de la Suisse à travers l'Allemagne, la Suède et Petrograd, en Russie. Ils étaient en route pour rejoindre Léon Trotsky afin de "compléter la révolution". Leur transit à travers l'Allemagne a été approuvé, facilité et financé par l'état-major allemand. Le transit de Lénine vers la Russie faisait partie d'un plan approuvé par le commandement suprême allemand, apparemment pas immédiatement connu du kaiser, pour aider à la désintégration de l'armée russe et ainsi éliminer la Russie de la Première Guerre mondiale. La possibilité que les bolcheviks puissent se retourner contre l'Allemagne et l'Europe n'a pas été envisagée par l'état-major allemand. Le général Hoffman a écrit : "Nous ne connaissions ni ne prévoyions le danger que représentait pour l'humanité le voyage des bolcheviks en Russie."[34]

Au plus haut niveau, l'officier politique allemand qui a approuvé le voyage de Lénine en Russie était le chancelier Theobald von Bethmann-Hollweg, un descendant de la famille bancaire Bethmann de Francfort, qui a atteint une grande prospérité au XIXe siècle. Bethmann-Hollweg est nommé chancelier en 1909 et, en novembre 1913, il fait l'objet du

---

[34] Max Hoffman, *War Diaries and Other Papers* (Londres : M. Secker, 1929), 2:177.

premier vote de censure jamais voté par le Reichstag allemand sur un chancelier. C'est Bethmann-Hollweg qui, en 1914, a déclaré au monde entier que la garantie allemande à la Belgique n'était qu'un "bout de papier". Pourtant, sur d'autres questions de guerre - comme le recours à la guerre sous-marine sans restriction - Bethmann-Hollweg était ambivalent ; en janvier 1917, il déclara au kaiser : "Je ne peux donner à Votre Majesté ni mon accord à la guerre sous-marine sans restriction ni mon refus." En 1917, Bethmann-Hollweg avait perdu le soutien du Reichstag et avait démissionné - mais pas avant d'avoir approuvé le transit des révolutionnaires bolchéviques vers la Russie. Les instructions de transit de Bethmann-Hollweg passèrent par le secrétaire d'État Arthur Zimmermann - qui était immédiatement sous les ordres de Bethmann-Hollweg et qui s'occupait des détails opérationnels quotidiens avec les ministres allemands à Berne et à Copenhague - au ministre allemand à Berne au début du mois d'avril 1917. Le kaiser lui-même n'a eu connaissance du mouvement révolutionnaire qu'après le passage de Lénine en Russie.

Si Lénine lui-même ne connaissait pas la source précise du financement, il savait certainement que le gouvernement allemand fournissait certains fonds. Il existait cependant des liens intermédiaires entre le ministère allemand des Affaires étrangères et Lénine, comme le montre ce qui suit :

LE TRANSFERT DE LÉNINE EN RUSSIE EN AVRIL 1917

Décision finale	BETHMANN-HOLLWEG (Chancelier)
Intermédiaire I	ARTHUR ZIMMERMANN (Secrétaire d'État)
Intermédiaire II à Copenhague)	BROCKDORFF-RANTZAU (Ministre allemand
Intermédiaire III	ALEXANDER ISRAEL HELPHAND (alias PARVUS)
Intermédiaire IV	JACOB FURSTENBERG (alias GANETSKY)
	LENIN, en Suisse

De Berlin, Zimmermann et Bethmann-Hollweg ont communiqué avec le ministre allemand à Copenhague, Brockdorff-Rantzau. À son tour, Brockdorff-Rantzau a été en contact avec Alexander Israel Helphand (plus connu sous son pseudonyme, Parvus), qui se trouvait à

Copenhague.[35] Parvus était le lien avec Jacob Furstenberg, un Polonais descendant d'une famille riche, mais plus connu sous son pseudonyme, Ganetsky. Et Jacob Furstenberg était le lien immédiat avec Lénine.

Bien que le Chancelier Bethmann-Hollweg ait été l'autorité finale pour le transfert de Lénine, et bien que Lénine ait probablement été au courant des origines allemandes de l'assistance, Lénine ne peut être qualifié d'agent allemand. Le ministère allemand des Affaires étrangères a estimé que les actions probables de Lénine en Russie étaient conformes à leurs propres objectifs de dissolution de la structure du pouvoir existant en Russie. Pourtant, les deux parties avaient également des objectifs cachés : L'Allemagne voulait un accès prioritaire aux marchés d'après-guerre en Russie, et Lénine avait l'intention d'établir une dictature marxiste.

L'idée d'utiliser les révolutionnaires russes de cette manière remonte à 1915. Le 14 août de cette année-là, Brockdorff-Rantzau écrit au sous-secrétaire d'État allemand au sujet d'une conversation avec Helphand (Parvus), et recommande vivement d'employer Helphand, "un homme extraordinairement important dont je pense que nous devons utiliser les pouvoirs inhabituels pendant toute la durée de la guerre... [36]" Le rapport contenait un avertissement : "Il serait peut-être risqué de vouloir utiliser les pouvoirs situés derrière Helphand, mais ce serait certainement un aveu de notre propre faiblesse si nous devions refuser leurs services par crainte de ne pas pouvoir les diriger."[37]

Les idées de Brockdorff-Rantzau sur la direction ou le contrôle des révolutionnaires sont parallèles, comme nous le verrons, à celles des financiers de Wall Street. C'est J.P. Morgan et l'American International Corporation qui ont tenté de contrôler les révolutionnaires nationaux et étrangers aux États-Unis pour leurs propres fins.

Un document ultérieur[38] expose les conditions exigées par Lénine, dont la plus intéressante est le point numéro sept, qui permet aux "troupes

---

[35] Z. A. B. Zeman et W. B. Scharlau, *The Merchant of Revolution. The Life of Alexander Israel Helphand* (Parvus), 1867-1924 (New York : Oxford University Press, 1965).

[36] Z. A. B. Zeman, *L'Allemagne et la révolution en Russie, 1915-1918*. Documents provenant des archives du ministère allemand des Affaires étrangères (Londres : Oxford University Press, 1958).

[37] Ibid.

[38] Ibid, p. 6, doc. 6, rapportant une conversation avec l'intermédiaire estonien Keskula.

russes d'entrer en Inde" ; cela suggère que Lénine avait l'intention de poursuivre le programme tsariste expansionniste. Zeman mentionne également le rôle de Max Warburg dans la création d'une maison d'édition russe et annonce un accord datant du 12 août 1916, dans lequel l'industriel allemand Stinnes accepte de contribuer à hauteur de deux millions de roubles au financement d'une maison d'édition en Russie.[39]

En conséquence, le 16 avril 1917, un train de trente-deux personnes, dont Lénine, sa femme Nadezhda Krupskaya, Grigori Zinoviev, Sokolnikov et Karl Radek, quitta la gare centrale de Berne en direction de Stockholm. Lorsque le groupe a atteint la frontière russe, seuls Fritz Plattan et Radek se sont vu refuser l'entrée en Russie. Le reste a été autorisé à entrer. Plusieurs mois plus tard, ils sont suivis par près de 200 mencheviks, dont Martov et Axelrod.

Il est à noter que Trotsky, à New York à l'époque, disposait également des fonds dont on pouvait retracer les sources allemandes. En outre, Von Kuhlmann fait allusion à l'incapacité de Lénine à élargir la base de son parti bolchévique jusqu'à ce que les Allemands lui fournissent des fonds. Trotsky était un menchevik qui n'est devenu bolchévique qu'en 1917. Cela suggère que les fonds allemands étaient peut-être liés au changement d'étiquette du parti de Trotsky.

LES DOCUMENTS SISSON

Au début de 1918, Edgar Sisson, le représentant de Petrograd du Comité américain de l'information publique, a acheté un lot de documents russes prétendant prouver que Trotsky, Lénine et les autres révolutionnaires bolchéviques étaient non seulement à la solde du gouvernement allemand, mais aussi des agents de ce dernier.

Ces documents, appelés plus tard "documents Sisson", ont été expédiés aux États-Unis dans la plus grande hâte et le plus grand secret. À Washington, D.C., ils ont été soumis au National Board for Historical Service pour authentification. Deux éminents historiens, J. Franklin Jameson et Samuel N. Harper, ont témoigné de leur authenticité. Ces historiens ont divisé les documents de Sisson en trois groupes. En ce qui concerne le groupe I, ils ont conclu :

> Nous les avons soumis avec le plus grand soin à tous les tests applicables auxquels les étudiants en histoire sont habitués et... sur la base de ces

---

[39] Ibid, p. 92, n. 3.

investigations, nous n'hésitons pas à déclarer que nous ne voyons aucune raison de douter de l'authenticité de ces cinquante-trois documents.[40] Les historiens étaient moins confiants quant au matériel du groupe II. Ce groupe n'a pas été rejeté comme étant des faux, mais il a été suggéré qu'il s'agissait de copies de documents originaux. Bien que les historiens n'aient fait "aucune déclaration de confiance" sur le groupe III, ils n'étaient pas prêts à rejeter les documents comme étant de véritables faux.

Les documents Sisson ont été publiés par la commission de l'information publique, dont le président était George Creel, un ancien collaborateur du mensuel pro-bolchéviques *The Masses*. La presse américaine en général a accepté les documents comme authentiques. L'exception notable était le *New York Evening Post, qui* appartenait à l'époque à Thomas W. Lamont, un associé de la firme Morgan. Alors que seuls quelques extraits avaient été publiés, le *Post* a contesté l'authenticité de tous les documents.[41]

Nous savons maintenant que les documents de Sisson étaient presque tous des faux : seules une ou deux des petites circulaires allemandes étaient authentiques. Même un examen superficiel de l'en-tête allemand suggère que les faussaires étaient des faussaires exceptionnellement négligents qui savaient le public américain particulièrement crédule. Le texte allemand était parsemé de termes frisant le ridicule : par exemple, *Bureau* au lieu du mot allemand *Büro ; Central* à la place du *Zentral allemand ;* etc.

Le fait que ces documents soient des faux est la conclusion d'une étude exhaustive de George Kennan[42] et d'études réalisées dans les années 1920 par le gouvernement britannique. Certains documents étaient basés sur des informations authentiques et, comme l'observe Kennan, ceux qui les ont falsifiés ont certainement eu accès à des informations d'une qualité inhabituelle. Par exemple, les documents 1, 54, 61 et 67 mentionnent que la Nya Banken à Stockholm a servi d'intermédiaire pour les fonds bolchéviques en provenance d'Allemagne. Ce rôle a été confirmé par des sources plus fiables. Les documents 54, 63

---

[40] États-Unis, Committee on Public Information, *The German-Bolshevik Conspiracy*, War Information Series, no. 20, octobre 1918.

[41] *New York Evening Post,* 16-18 septembre, 21 ; 4 octobre 1918. Il est également intéressant, mais non concluant, que les bolcheviks aient eux aussi mis en doute l'authenticité des documents.

[42] George F. Kennan, "The Sisson Documents", *Journal of Modern History* 27-28 (1955-56) : 130-154.

et 64 mentionnent Furstenberg comme le banquier intermédiaire entre les Allemands et les Bolchéviques ; le nom de Furstenberg figure ailleurs dans des documents authentiques. Le document 54 de Sisson mentionne Olof Aschberg, et Olof Aschberg, selon ses propres déclarations, était le "banquier bolchévique". En 1917, Aschberg était le directeur de Nya Banken. D'autres documents de la série Sisson énumèrent des noms et des institutions, comme la Naptha-Industrial Bank allemande, la Disconto Gesellschaft, et Max Warburg, le banquier de Hambourg, mais les preuves tangibles sont plus difficiles à trouver. En général, les documents Sisson, bien qu'ils soient eux-mêmes des faux, sont néanmoins basés en partie sur des informations généralement authentiques.

Un aspect déroutant à la lumière de l'histoire de ce livre est que les documents ont été transmis à Edgar Sisson par Alexander Gumberg (alias Berg, de son vrai nom Michael Gruzenberg), l'agent bolchévique en Scandinavie et plus tard assistant confidentiel de la Chase National Bank et de Floyd Odium de la Atlas Corporation. Les bolchéviques, en revanche, ont répudié avec vigueur les documents de Sisson. Tout comme John Reed, le représentant américain à la direction de la troisième Internationale et dont le chèque de paie provenait du magazine *Metropolitan*, qui appartenait à J.P. Morgan.[43] Tout comme Thomas Lamont, l'associé de Morgan qui possédait le *New York Evening Post*. Il y a plusieurs explications possibles. Il est probable que les liens entre les intérêts de Morgan à New York et des agents tels que John Reed et Alexander Gumberg étaient très souples. Il pourrait s'agir d'une manœuvre de Gumberg visant à discréditer Sisson et Creel en mettant en circulation de faux documents ; ou peut-être Gumberg travaillait-il pour son propre intérêt.

Les documents de Sisson "prouvent" l'implication exclusive de l'Allemagne avec les bolcheviks. Ils ont également été utilisés pour "prouver" une théorie de conspiration judéo-bolchévique sur le modèle de celle des Protocoles de Sion. En 1918, le gouvernement américain a voulu unir l'opinion américaine derrière une guerre impopulaire avec l'Allemagne, et les Documents de Sisson ont "prouvé" de façon spectaculaire la complicité exclusive de l'Allemagne avec les Bolcheviks. Les documents ont également servi d'écran de fumée contre la connaissance par le public des événements qui seront décrits dans ce livre.

---

[43] John Reed, *The Sisson Documents* (New York : Liberator Publishing, s.d.).

Bras de fer à Washington[44]

Un examen des documents du dossier décimal du Département d'État suggère que le Département d'État et l'ambassadeur Francis à Petrograd étaient assez bien informés des intentions et des progrès du mouvement bolchévique. Au cours de l'été 1917, par exemple, le Département d'État a voulu empêcher le départ des États-Unis des "personnes nuisibles" (c'est-à-dire des révolutionnaires russes en transit), mais n'a pas pu le faire parce qu'ils utilisaient de nouveaux passeports russes et américains. Les préparatifs de la révolution bolchévique elle-même étaient bien connus au moins six semaines avant qu'elle ne se produise. Un rapport des dossiers du Département d'État indique, en ce qui concerne les forces de Kerensky, qu'il était "douteux que le gouvernement... puisse réprimer l'épidémie". La désintégration du gouvernement Kerensky a été signalée tout au long des mois de septembre et octobre, ainsi que les préparatifs bolchéviques en vue d'un coup d'État. Le gouvernement britannique a averti les résidents britanniques en Russie de partir au moins six semaines avant la phase bolchévique de la révolution.

Le premier rapport complet sur les événements de début novembre est parvenu à Washington le 9 décembre 1917. Ce rapport décrivait la nature discrète de la révolution elle-même, mentionnait que le général William V. Judson avait effectué une visite non autorisée à Trotsky, et signalait la présence d'Allemands à Smolny - le quartier général soviétique.

Le 28 novembre 1917, le président Woodrow Wilson ordonne de ne pas interférer avec la révolution bolchévique. Cette instruction répondait apparemment à une demande de l'ambassadeur Francis pour une conférence des Alliés, à laquelle la Grande-Bretagne avait déjà donné son accord. Le Département d'État a fait valoir qu'une telle conférence n'était pas pratique. Il y eut des discussions à Paris entre les Alliés et le colonel Edward M. House, qui les rapporta à Woodrow Wilson comme étant "des discussions longues et fréquentes au sujet de la Russie". Concernant une telle conférence, House déclara que l'Angleterre était "passivement disposée", la France "indifféremment contre" et l'Italie "activement disposée". Peu après, Woodrow Wilson approuva un câble rédigé par le secrétaire d'État Robert Lansing, qui apportait une aide financière au mouvement Kaledin (12 décembre 1917). Des rumeurs circulent

---

[44] Cette partie est basée sur la section 861.00 du fichier décimal du Département d'État américain, également disponible sous forme de liste 10 et 11 du microfilm 316 des Archives nationales.

également à Washington, selon lesquelles "des monarchistes travaillent avec les bolcheviks et ces derniers sont soutenus par divers événements et circonstances" ; le gouvernement Smolny est absolument sous le contrôle de l'état-major allemand ; et des rumeurs circulent ailleurs, selon lesquelles "beaucoup ou la plupart d'entre eux [c'est-à-dire les bolcheviks] viennent d'Amérique".

En décembre, le général Judson rendit à nouveau visite à Trotsky ; cette visite fut considérée comme un pas vers la reconnaissance par les États-Unis, bien qu'un rapport daté du 5 février 1918, de l'ambassadeur Francis à Washington, recommandait de ne pas la reconnaître. Un mémorandum émanant de Basil Miles à Washington soutenait que "nous devrions traiter avec toutes les autorités de Russie, y compris les bolcheviks". Et le 15 février 1918, le Département d'État a envoyé un câble à l'ambassadeur Francis à Petrograd, déclarant que le "Département souhaite que vous gardiez progressivement des contacts plus étroits et informels avec les autorités bolchéviques en utilisant des canaux qui éviteront toute reconnaissance officielle".

Le lendemain, le secrétaire d'État Lansing a transmis à l'ambassadeur de France à Washington, J. J. Jusserand, les informations suivantes "Il est déconseillé de prendre toute mesure qui pourrait contrarier à l'heure actuelle l'un des divers éléments du peuple qui contrôle maintenant le pouvoir en Russie... "[45]

Le 20 février, l'ambassadeur Francis a envoyé un câble à Washington pour signaler la fin prochaine du gouvernement bolchévique. Deux semaines plus tard, le 7 mars 1918, Arthur Bullard rapporta au Colonel House que l'argent allemand subventionnait les Bolcheviks et que cette subvention était plus importante que ce que l'on pensait. Arthur Bullard (du Comité américain de l'information publique) a fait valoir "nous devrions être prêts à aider tout gouvernement national honnête. Mais les hommes, l'argent ou le matériel envoyés aux dirigeants actuels de la Russie seront utilisés contre les Russes au moins autant que contre les Allemands".[46]

Un autre message de Bullard au colonel House a suivi : "Je déconseille vivement d'apporter une aide matérielle à l'actuel gouvernement russe. Des éléments sinistres semblent prendre le contrôle des Soviets."

---

[45] Fichier décimal du département d'État américain, 861.00/1117a. Le même message a été transmis à l'ambassadeur italien.

[46] Voir les articles d'Arthur Bullard à l'université de Princeton.

Mais certaines forces contraires semblaient être à la manœuvre. Dès le 28 novembre 1917, le colonel House a envoyé un télégramme au président Woodrow Wilson depuis Paris pour lui dire qu'il était "extrêmement important" que les commentaires des journaux américains préconisant que "la Russie soit traitée comme un ennemi" soient "supprimés". Puis le mois suivant, William Franklin Sands, secrétaire exécutif de l'American International Corporation contrôlée par Morgan et ami de Basil Miles mentionné précédemment a soumis un mémorandum qui décrivait Lénine et Trotsky comme faisant appel aux masses et qui exhortait les États-Unis à reconnaître la Russie. Même le socialiste américain Walling s'est plaint au Département d'État de l'attitude pro-soviétique de George Creel (du Comité américain de l'information publique), Herbert Swope et William Boyce Thompson (de la Banque de Réserve Fédérale de New York).

Le 17 décembre 1917, un journal moscovite publie un article sur l'attaque du colonel de la Croix-Rouge Raymond Robins et Thompson, alléguant un lien entre la révolution russe et les banquiers américains :

> Pourquoi s'intéressent-ils tant aux idées des Lumières ? Pourquoi l'argent a-t-il été donné aux révolutionnaires socialistes et non aux démocrates constitutionnels ? On pourrait supposer que ces derniers sont plus proches et plus chers au cœur des banquiers.

L'article poursuit en affirmant que cela est dû au fait que les capitaux américains considèrent la Russie comme un marché d'avenir et veulent donc y prendre pied. L'argent a été donné aux révolutionnaires parce que :

> les travailleurs et les paysans arriérés font confiance aux révolutionnaires sociaux. Au moment où l'argent a été passé, les révolutionnaires sociaux étaient au pouvoir et il était supposé qu'ils resteraient au contrôle en Russie pendant un certain temps.

Un autre rapport, daté du 12 décembre 1917 et relatif à Raymond Robins, détaille la "négociation avec un groupe de banquiers américains de la mission de la Croix-Rouge américaine" ; la "négociation" portait sur un paiement de deux millions de dollars. Le 22 janvier 1918, Robert L Owen, président de la Commission du Sénat américain sur les banques et la monnaie et lié aux intérêts de Wall Street, envoie une lettre à Woodrow Wilson recommandant la reconnaissance de facto de la Russie, l'autorisation d'un chargement de marchandises dont la Russie a un besoin urgent, la nomination de représentants en Russie pour contrebalancer l'influence allemande et l'installation d'un contingent militaire.

Cette approche a été constamment soutenue par Raymond Robins en Russie. Par exemple, le 15 février 1918, un câble de Robins de Petrograd à Davison de la Croix-Rouge à Washington (et à transmettre à William Boyce Thompson) argumentait qu'il fallait soutenir l'autorité bolchévique le plus longtemps possible, et que la nouvelle Russie révolutionnaire se tournerait vers les États-Unis, car elle avait "rompu avec l'impérialisme allemand". Selon Robins, les bolcheviks voulaient l'aide et la coopération des États-Unis ainsi que la réorganisation des chemins de fer, car "par une assistance généreuse et des conseils techniques pour la réorganisation du commerce et de l'industrie, l'Amérique pourrait exclure totalement le commerce allemand pendant le reste de la guerre".

En bref, la lutte acharnée à Washington reflète une lutte entre, d'une part, les diplomates de la vieille école (comme l'ambassadeur Francis) et les fonctionnaires de niveau inférieur du ministère, et, d'autre part, les financiers comme Robins, Thompson et Sands avec des alliés comme Lansing et Miles au département d'État et le sénateur Owen au Congrès.

CHAPITRE IV

WALL STREET ET LA RÉVOLUTION MONDIALE

Ce sur quoi vous, les gauchistes, et nous, qui avons des points de vue opposés, divergeons, ce n'est pas tant la fin que les moyens, pas tant ce qui devrait être réalisé que la manière dont cela devrait, et peut, être réalisé...

Otto H. Kahn, directeur de l'American International Corp. et partenaire de Kuhn, Loeb & Co. s'adressant à la Ligue pour la Démocratie Industrielle, à New York, le 30 décembre 1924

Avant la Première Guerre mondiale, la structure financière et commerciale des États-Unis était dominée par deux conglomérats : Standard Oil, ou l'entreprise Rockefeller, et le complexe industriel Morgan - sociétés financières et de transport. Le jeu d'alliances entre Rockefeller et Morgan dominait non seulement Wall Street, mais, par le biais de postes de directions imbriquées, la quasi-totalité du tissu économique des États-Unis.[47] Les intérêts de Rockefeller monopolisaient le pétrole et les industries connexes, et contrôlaient le trust du cuivre, le trust des fonderies et le gigantesque trust du tabac, en plus d'avoir une influence sur certaines propriétés de Morgan telles que l'U.S. Steel Corporation ainsi que sur des centaines de petits trusts industriels, des opérations de service public, des chemins de fer et des institutions bancaires. La National City Bank était la plus grande des banques gérant les intérêts de la Standard Oil-Rockefeller, mais le contrôle financier s'étendait à la United States Trust Company et à la Hanover National Bank ainsi qu'aux grandes compagnies d'assurance-vie - Equitable Life et Mutual of New York.

Les grandes entreprises de Morgan étaient dans l'acier, le transport maritime et l'industrie électrique ; elles comprenaient General Electric,

---
[47] John Moody, *The Truth about the Trusts* (New York : Moody Publishing, 1904).

le trust du caoutchouc et les chemins de fer. Comme Rockefeller, Morgan contrôlait des sociétés financières - la National Bank of Commerce et la Chase National Bank, la New York Life Insurance et la Guaranty Trust Company. Les noms J.P. Morgan et Guaranty Trust Company reviennent souvent dans ce livre. Au début du XXe siècle, la Guaranty Trust Company était dominée par les intérêts de Harriman. Lorsque l'aîné des Harriman (Edward Henry) est mort en 1909, Morgan et ses associés ont acheté la Guaranty Trust ainsi que la Mutual Life et la New York Life. En 1919, Morgan a également pris le contrôle de Equitable Life, et la Guaranty Trust Company a absorbé six autres sociétés de moindre importance. Ainsi, à la fin de la Première Guerre mondiale, le Guaranty Trust et le Bankers Trust étaient respectivement les premier et deuxième plus grands conglomérats des États-Unis, tous deux dominés par les intérêts de Morgan.[48]

Les financiers américains associés à ces groupes ont participé à des révolutions avant même 1917. L'intervention du cabinet d'avocats Sullivan & Cromwell de Wall Street dans la controverse du canal de Panama est enregistrée lors des audiences du Congrès en 1913. L'épisode est résumé par le membre du Congrès Rainey :

> Je soutiens que les représentants de ce gouvernement [États-Unis] ont rendu possible la révolution sur l'isthme de Panama. Sans l'intervention de ce gouvernement, une révolution n'aurait pas pu aboutir, et je soutiens que ce gouvernement a violé le traité de 1846. Je serai en mesure de prouver que la déclaration d'indépendance qui a été promulguée au Panama le 3 novembre 1903 a été conçue ici même à New York et apportée là-bas - préparée dans le bureau de Wilson (sic) Nelson Cromwell[49].

Le député Rainey a poursuivi en déclarant que seuls dix ou douze des plus grands révolutionnaires panaméens, plus "les officiers de la Panama Railroad & Steamship Co. qui étaient sous le contrôle de William Nelson Cromwell, de New York, et les fonctionnaires du département d'État à Washington", étaient au courant de la révolution imminente.[50] Le but de

---

[48] La J. P. Morgan Company a été fondée à Londres sous le nom de George Peabody and Co. en 1838. Elle n'a été constituée en société que le 21 mars 1940. La société a cessé d'exister en avril 1954 lorsqu'elle a fusionné avec la Guaranty Trust Company, alors sa plus importante filiale de banque commerciale, et est aujourd'hui connue sous le nom de Morgan Guarantee Trust Company of New York.

[49] États-Unis, Chambre, Commission des affaires étrangères, *L'histoire du Panama,* Audiences sur la résolution Rainey, 1913. p. 53.

[50] Ibid, p. 60.

la révolution était de priver la Colombie, dont le Panama faisait alors partie, de 40 millions de dollars de revenus et d'acquérir le contrôle du canal de Panama.

L'exemple le mieux documenté de l'intervention de Wall Street dans la révolution est l'opération d'un cabinet d'affaire new-yorkais dans la révolution chinoise de 1912, qui était dirigée par Sun Yat-sen. Bien que les gains finaux de cette institution restent flous, l'intention et le rôle du groupe de financement new-yorkais sont entièrement documentés jusqu'aux montants d'argent, aux informations sur les sociétés secrètes chinoises affiliées et aux listes d'expédition des armements à acheter. Le consortium de banquiers new-yorkais en faveur de la révolution menée par Sun Yat-sen comprenait Charles B. Hill, un avocat du cabinet Hunt, Hill & Betts. En 1912, le cabinet était situé au 165 Broadway, New York, mais en 1917, il a déménagé au 120 Broadway (voir le chapitre 8 pour l'importance de cette adresse). Charles B. Hill était directeur de plusieurs filiales de Westinghouse, dont Bryant Electric, Perkins Electric Switch et Westinghouse Lamp - toutes affiliées à Westinghouse Electric dont le bureau de New York était également situé au 120 Broadway. Charles R. Crane, organisateur des filiales de Westinghouse en Russie, a joué un rôle parfaitement identifié dans les première et deuxième phases de la révolution bolchévique.

Le travail du syndicat Hill de 1910 en Chine est consigné dans les papiers de Laurence Boothe à la Hoover Institution.[51] Ces documents contiennent plus de 110 articles connexes, y compris des lettres de Sun Yat-sen à l'attention de ses bailleurs de fonds américains. En échange de son soutien financier, Sun Yat-sen a promis au consortium Hill des concessions ferroviaires, bancaires et commerciales dans la nouvelle Chine révolutionnaire.

Un autre cas de révolution soutenu par les institutions financières de New York concerne celui du Mexique en 1915-16. Von Rintelen, un agent d'espionnage allemand aux États-Unis[52], a été accusé lors de son procès de mai 1917 à New York de tenter d'"ingérer" les États-Unis dans les affaires du Mexique et du Japon afin de détourner les munitions qui étaient alors destinées aux Alliés en Europe.[53] Le paiement des munitions qui ont été expédiées depuis les États-Unis au révolutionnaire mexicain

---

[51] Stanford, Calif. Voir également le *Los Angeles Times*, 13 octobre 1966.

[52] Plus tard codirecteur avec Hjalmar Schacht (le banquier d'Hitler) et Emil Wittenberg, de la Nationalbank für Deutschland.

[53] États-Unis, Sénat, commission des relations étrangères, *enquête sur les affaires mexicaines*, 1920.

Pancho Villa, a été effectué par l'intermédiaire de la Guaranty Trust Company. Le conseiller de Von Rintelen, Sommerfeld, a payé 380 000 dollars via la Guaranty Trust et la Mississippi Valley Trust Company à la Western Cartridge Company d'Alton, dans l'Illinois, pour les munitions expédiées à El Paso, pour être ensuite acheminées à Villa. C'était au milieu de l'année 1915. Le 10 janvier 1916, Villa assassine dix-sept mineurs américains à Santa Isabel et le 9 mars 1916, Villa effectue un raid sur Columbus, au Nouveau-Mexique, et tue dix-huit autres Américains.

L'implication de Wall Street dans ces raids à la frontière mexicaine a fait l'objet d'une lettre (6 octobre 1916) de Lincoln Steffens, un communiste américain, au colonel House, un "conseiller" de Woodrow Wilson :

> Mon cher colonel House :
>
> Juste avant mon départ de New York lundi dernier, on m'a dit de façon convaincante que "Wall Street" avait achevé les préparatifs d'un nouveau raid de bandits mexicains aux États-Unis : un raid si atroce et si bien planifié qu'il permettrait d'influer sur le cours des élections.[54]

Une fois au pouvoir au Mexique, le gouvernement Carranza a acheté des armes supplémentaires aux États-Unis. L'American Gun Company a passé un contrat pour expédier 5000 Mauser et une licence d'expédition a été délivrée par le War Trade Board pour 15 000 fusils et 15 000 000 de munitions. L'ambassadeur américain au Mexique, Fletcher, "a catégoriquement refusé de recommander ou de sanctionner l'envoi de toute munition, fusil, etc. à Carranza".[55] Cependant, l'intervention du secrétaire d'État Robert Lansing a permis de réduire ce délai à un retard temporaire, et "en peu de temps... [l'American Gun Company] sera autorisée à effectuer l'expédition et à livrer."[56]

Les raids des forces de Villa et de Carranza sur les États-Unis ont été rapportés par le *New York Times* et désignés comme la "Révolution du Texas" (une sorte de répétition de la révolution bolchévique) et ont été entrepris conjointement par les Allemands et les Bolcheviks. Le témoignage de John A. Walls, procureur du district de Brownsville, Texas, devant le Comité d'automne 1919 a fourni des preuves

---

[54] Lincoln Steffens, *The Letters of Lincoln Steffens* (New York : Harcourt, Brace, 1941, p. 386).

[55] États-Unis, Sénat, Commission des relations étrangères, *Investigation of Mexican Affairs*, 1920, pts. 2, 18, p. 681.

[56] Ibid.

documentaires du lien entre les intérêts bolchéviques aux États-Unis, l'activité allemande et les forces de Carranza au Mexique.[57] Par conséquent, le gouvernement Carranza, le premier au monde à disposer d'une constitution de type soviétique (rédigée par des trotskistes), était un gouvernement soutenu par Wall Street. La révolution de Carranza n'aurait probablement pas pu réussir sans les munitions américaines et Carranza ne serait pas resté au pouvoir aussi longtemps sans l'aide américaine.[58]

Une intervention similaire dans la révolution bolchévique de 1917 en Russie tourne autour du banquier et intermédiaire suédois Olof Aschberg. Logiquement, l'histoire commence par des prêts tsaristes prérévolutionnaires accordés par les grandes maisons bancaires de Wall Street.

BANQUIERS AMÉRICAINS ET PRÊTS TSARISTES

En août 1914, l'Europe est entrée en guerre. En vertu du droit international, les pays neutres (et les États-Unis l'étaient jusqu'en avril 1917) ne pouvaient pas contracter de prêts envers les pays belligérants. C'était une question de droit aussi bien que de moralité.

Lorsque la maison Morgan a émis des prêts de guerre pour la Grande-Bretagne et la France en 1915, J.P. Morgan a fait valoir qu'il ne s'agissait pas du tout de prêts de guerre, mais simplement d'un moyen de faciliter le commerce international. Une telle distinction avait en effet été faite de manière détaillée par le président Wilson en octobre 1914 ; il expliqua que la vente d'obligations aux États-Unis pour des gouvernements étrangers était en fait un prêt d'épargne aux gouvernements belligérants et ne finançait pas la guerre. D'autre part, l'acceptation de bons du Trésor ou d'autres effets de dette en paiement d'articles n'était qu'un moyen de faciliter le commerce et non de financer un effort de guerre.[59]

Des documents dans les dossiers du Département d'État démontrent que la National City Bank, contrôlée par les intérêts de Stillman et Rockefeller, et le Guaranty Trust, contrôlé par les intérêts de Morgan, ont conjointement levé des prêts substantiels pour la Russie belligérante avant l'entrée en guerre des États-Unis, et que ces prêts ont été levés alors

---

[57] *New York Times*, 23 janvier 1919.

[58] États-Unis, Sénat, Commission des relations étrangères, op. cit. p. 795-96.

[59] États-Unis, Sénat, Audiences devant le Comité spécial chargé d'enquêter sur l'industrie des munitions, 73-74e Cong. 1934-37, pt. 25, p. 76-66.

que le Département d'État a fait remarquer à ces entreprises qu'ils étaient contraires au droit international. En outre, les négociations pour les prêts ont été entreprises par le biais des moyens de communication officiels du gouvernement américain sous le couvert du "Green Cipher"[60] décidé par le Département d'État. Vous trouverez ci-dessous des extraits des câbles du Département d'État qui permettront d'étayer le dossier.

Le 94 mai 1916, l'ambassadeur Francis à Petrograd envoie le câble suivant au Département d'État à Washington pour qu'il soit transmis à Frank Arthur Vanderlip, alors président de la National City Bank à New York. Le câble a été envoyé en Green Cipher et a été chiffré et déchiffré par les agents du Département d'État américain à Petrograd et à Washington aux frais des contribuables (dossier 861.51/110).

> 563, mai 94, 13 heures
>
> Pour la Vanderlip National City Bank New York. Cinq. Nos avis précédents ont renforcé le crédit. Nous approuvons le plan câblé en tant qu'investissement sûr plus une spéculation très attrayante en roubles. En raison de la garantie du taux de change avons placé le taux un peu au-dessus du marché actuel. En raison de l'opinion défavorable créé par un long retard sur leur propre responsabilité avons offert de souscrire vingt-cinq millions de dollars. Nous pensons qu'une grande partie du tout devrait être conservée par la banque et les institutions alliées. En ce qui concerne la clause de respect, les cautionnements douaniers deviennent un privilège pratique sur plus de cent cinquante millions de dollars par an, ce qui constitue une sécurité absolue et garantit le marché même en cas de défaut. Nous considérons que l'option de trois [ans ?] sur les obligations est très précieuse et c'est pourquoi le montant du crédit en roubles devrait être augmenté par groupe ou par distribution à des amis proches. American International devrait prendre le bloc et nous informerions le gouvernement. Un groupe de réflexion devrait être formé immédiatement pour prendre et émettre des obligations... il devrait obtenir une garantie de coopération totale. Je vous suggère de voir Jack personnellement, de faire tout ce qui est en votre pouvoir pour les faire fonctionner, sinon, coopérez avec la garantie d'un nouveau groupe. Les opportunités ici au cours des dix prochaines années sont très grandes, grâce au financement public et industriel, et si cette transaction est conclue, il faudra sans aucun doute la mettre en place. Dans votre réponse, gardez à l'esprit la situation du câble.
>
> MacRoberts Rich à Francis, ambassadeur Américain[61]

---

[60] Le Code Vert, promulgué par le State Department à partir de 1910.

[61] Fichier décimal du Département d'État américain, 861.51/110 (316-116-682).

Il y a plusieurs points à noter à propos du câble ci-dessus pour comprendre l'histoire qui suit. Tout d'abord, notez la référence à American International Corporation, une société de Morgan, une référence qui revient sans cesse dans cette histoire. Deuxièmement, "garantie" fait référence à la Guaranty Trust Company. Troisièmement, "MacRoberts" est Samuel MacRoberts, vice-président et directeur exécutif de la National City Bank.

Le 24 mai 1916, l'ambassadeur Francis a télégraphié un message de Rolph Marsh du Guaranty Trust à Petrograd au Guaranty Trust à New York, toujours dans le cadre du Green Cipher spécial et en utilisant de nouveau les installations du Département d'État. Ce câble se lit comme suit :

> 565, 24 mai, 18 heures
>
> pour la Guaranty Trust Company New York : Trois.
>
> Olof et soi-même considèrent que la nouvelle proposition prend soin d'Olof et aidera plutôt que de nuire à votre prestige. Une telle coopération est nécessaire si l'on veut accomplir de grandes choses ici. Vous devez absolument vous arranger avec la ville pour envisager et agir conjointement dans toutes les grandes propositions. Les avantages décidés pour les deux empêchent de jouer l'un contre l'autre. Les représentants de la ville souhaitent ici (par écrit) une telle coopération. La proposition à l'étude élimine notre option de crédit au nom, mais nous considérons tous deux le crédit en roubles avec l'option d'obligation dans les propositions. Le deuxième paragraphe offre une merveilleuse opportunité de profit, nous vous recommandons vivement de l'accepter. Veuillez m'envoyer un câble me donnant pleine autorité pour agir en relation avec la ville. Considérez notre proposition divertissante comme une situation satisfaisante pour nous et nous permet de faire de grandes choses. Encore une fois, je vous recommande vivement d'accepter un crédit de 25 millions de roubles. Pas de perte possible et des avantages spéculatifs décisifs. Recommandez encore une fois d'avoir le vice-président sur le terrain. L'effet sera décidément bon. L'avocat résident n'a pas le même prestige et le même poids. Cela passe par l'ambassade par une réponse codée de la même manière. Voir le câble sur les possibilités.
>
> Rolph Marsh. Francis, ambassadeur américain
>
> Note: — Message d'entrée en code vert. SALLE TÉLÉGRAPHIQUE[62]

---

[62] Fichier décimal du Département d'État américain, 861.51/112.

"Olof" dans le câble était Olof Aschberg, banquier suédois et directeur de la Nya Banken à Stockholm. Aschberg s'était rendu à New York en 1915 pour s'entretenir avec la firme Morgan au sujet de ces prêts russes. En 1916, il se trouvait à Petrograd avec Rolph Marsh du Guaranty Trust et Samuel MacRoberts et Rich de la National City Bank (désignée comme "City" dans le câble) pour arranger des prêts pour le consortium Morgan-Rockefeller. L'année suivante, Aschberg, comme nous le verrons plus tard, sera connu sous le nom de "banquier bolchévique", et ses propres mémoires reproduisent les preuves de son droit au titre.

Les dossiers du Département d'État contiennent également une série de câbles entre l'ambassadeur Francis, le secrétaire d'État par intérim Frank Polk et le secrétaire d'État Robert Lansing concernant la légalité et l'opportunité de transmettre des câbles de la National City Bank et du Guaranty Trust aux frais de l'État. Le 25 mai 1916, l'ambassadeur Francis a envoyé les câbles suivants à Washington et s'est référé aux deux câbles précédents :

> 569, 25 mai, 13 heures
>
> Mes télégrammes 563 et 565 du 24 mai sont envoyés aux représentants locaux des institutions auxquelles ils s'adressent dans l'espoir de faciliter un prêt qui augmenterait largement le commerce international et bénéficierait grandement [aux relations diplomatiques ?] Les perspectives de succès sont prometteuses. Les représentants de Petrograd considèrent les conditions soumises comme très satisfaisantes, mais craignent que ces représentations auprès de leurs institutions n'empêchent l'octroi de prêts à la consommation si le gouvernement ici présent prenait connaissance de ces propositions.
>
> Francis, ambassadeur américain.[63]

La raison fondamentale citée par Francis pour faciliter les câbles est "l'espoir de faciliter un prêt qui augmenterait largement le commerce international". La transmission de messages commerciaux utilisant les installations du Département d'État avait été interdite et, le 1er juin 1916, Polk a envoyé un câble à Francis :

> 842
>
> Compte tenu de la réglementation du ministère contenue dans sa circulaire d'instruction télégraphique du 15 mars[64] 1915 (cessation de l'acheminement des messages commerciaux), veuillez expliquer pourquoi les messages de vos 563, 565 et 575 doivent être communiqués.

---

[63] Fichier décimal du Département d'État américain, 861.51/111.

[64] Écrit à la main entre parenthèses.

Ci-après, veuillez suivre attentivement les instructions du ministère.

Agir. Polk

861.51/112/110

Puis, le 8 juin 1916, le secrétaire d'État Lansing a étendu l'interdiction et a clairement déclaré que les prêts proposés étaient illégaux :

> 860 Votre 563, 565, 24 mai, g : 569 25.1 pm Avant de délivrer des messages à Vanderlip et Guaranty Trust Company, je dois m'enquérir s'ils font référence à des prêts du gouvernement russe de quelque nature que ce soit. Si c'est le cas, je regrette que le ministère ne puisse pas prendre parti à leur transmission, car une telle action le soumettrait à des critiques justifiées en raison de la participation de ce gouvernement à une opération de prêt par un belligérant dans le but de poursuivre ses opérations hostiles. Une telle participation est contraire à la règle acceptée du droit international selon laquelle les gouvernements neutres ne doivent pas prêter leur concours à l'obtention de prêts de guerre par des belligérants.

La dernière ligne du câble de Lansing, telle qu'elle a été écrite, n'a pas été transmise à Petrograd. La ligne se lisait ainsi : "Des dispositions ne peuvent-elles pas être prises pour envoyer ces messages par les canaux russes ?"

Comment pouvons-nous évaluer ces câbles et les parties concernées ?

Il est clair que les intérêts de Morgan-Rockefeller n'étaient pas entravés par le respect du droit international. Il y a une intention évidente dans ces câbles de fournir des prêts aux belligérants. Ces entreprises n'ont pas hésité à utiliser les installations du Département d'État pour mener les négociations. En outre, malgré les protestations, le Département d'État a permis aux messages de passer. Enfin, et ce qui est le plus intéressant pour les événements ultérieurs, Olof Aschberg, le banquier suédois, a été un participant et un intermédiaire de premier plan dans les négociations au nom de Guaranty Trust. Examinons donc de plus près le cas d'Olof Aschberg.

OLOF ASCHBERG EST À NEW YORK EN 1916

Olof Aschberg, le "banquier bolchévique" (ou "Bankier der Weltrevolution", comme on l'a appelé dans la presse allemande), était propriétaire de la Nya Banken, fondée en 1912 à Stockholm. Parmi ses codirecteurs figuraient des membres éminents de coopératives suédoises et des socialistes suédois, dont G. W. Dahl, K. G. Rosling et C. Gerhard

Magnusson.[65] En 1918, la Nya Banken est placée sur la liste noire des Alliés pour ses opérations financières au profit de l'Allemagne. En réponse à cette liste noire, la Nya Banken changea de nom pour devenir Svensk Ekonomiebolaget. La banque est restée sous le contrôle d'Aschberg, qui en était le principal propriétaire. L'agent de la banque à Londres était la British Bank of North Commerce, dont le président était le comte Grey, ancien associé de Cecil Rhodes. Parmi les autres associés d'Aschberg, on trouve Krassin, qui, jusqu'à la révolution bolchévique (où il changea de couleur pour devenir un bolchévique de premier plan), était le directeur russe de Siemens-Schukert à Petrograd ; Carl Furstenberg, ministre des finances du premier gouvernement bolchévique ; et Max May, vice-président chargé des opérations à l'étranger pour le Guaranty Trust of New York. Olof Aschberg avait une telle estime pour Max May qu'une photo de May est incluse dans le livre d'Aschberg.[66]

Durant l'été 1916, Olof Aschberg était à New York pour représenter la Nya Banken auprès de Pierre Bark, le ministre tsariste des finances. Selon le *New York Times* (4 août 1916), la principale activité d'Aschberg à New York consistait à négocier un prêt de 50 millions de dollars pour la Russie avec un groupe bancaire américain dirigé par la National City Bank de Stillman. Cette affaire a été conclue le 5 juin 1916 ; il en est résulté un crédit russe de 50 millions de dollars à New York au taux d'intérêt annuel de $7^{1/2}\%$ par an, et un crédit correspondant de 150 millions de roubles pour le groupe de la NCB en Russie. Le syndicat new-yorkais a ensuite fait volte-face et a émis des certificats à $6^{1/2}\%$ en son nom propre sur le marché américain pour un montant de 50 millions de dollars. Ainsi, le groupe NCB a réalisé un bénéfice sur le prêt de 50 millions de dollars à la Russie, l'a fait entrer sur le marché américain pour un autre bénéfice et a obtenu un crédit de 150 millions de roubles en Russie.

Lors de sa visite à New York au nom du gouvernement tsariste russe, Aschberg a fait quelques commentaires prophétiques concernant l'avenir de l'Amérique en Russie :

> L'ouverture au capital et à l'initiative américaine, avec le réveil apporté par la guerre, se fera à l'échelle du pays lorsque la lutte sera terminée. Il y a maintenant de nombreux Américains à Petrograd, des représentants d'entreprises commerciales, qui se tiennent au courant de la situation, et

---

[65] Olof Aschberg, *En Vandrande Jude Frän Glasbruksgatan* (Stockholm : Albert Bonniers Förlag, n.d.), pp. 98-99, qui est inclus dans *Memoarer* (Stockholm : Albert Bonniers Förlag, 1946). Voir également *Gästboken* (Stockholm : Tidens Förlag, 1955) pour d'autres informations sur Aschberg.

[66] Aschberg, p. 123.

dès que le changement interviendra, un énorme floraison du commerce américain avec la Russie devrait voir le jour.[67]

OLOF ASCHBERG ET LA RÉVOLUTION BOLCHÉVIQUE

Pendant que cette opération de prêt tsariste était lancée à New York, Nya Banken et Olof Aschberg acheminaient des fonds du gouvernement allemand vers les révolutionnaires russes, qui allaient finalement faire tomber le "comité Kerensky" et instaurer le régime bolchévique.

Les preuves du lien intime d'Olof Aschberg avec le financement de la révolution bolchévique proviennent de plusieurs sources, certaines de plus grandes valeurs que d'autres. La Nya Banken et Olof Aschberg sont cités de manière évidente dans les documents de Sisson (voir chapitre trois) ; cependant, George Kennan a systématiquement analysé ces documents et a montré qu'ils étaient faux, bien qu'ils soient probablement basés en partie sur des documents authentiques. D'autres preuves proviennent du colonel B. V. Nikitine, responsable du contre-espionnage au sein du gouvernement Kerensky, et consistent en vingt-neuf télégrammes transmis de Stockholm à Petrograd, et vice versa, concernant le financement des bolcheviks. Trois de ces télégrammes concernent des banques - les télégrammes 10 et 11 concernent Nya Banken, et le télégramme 14 concerne la Banque russo-asiatique de Petrograd. Le télégramme 10 se lit comme suit :

> Gisa Furstenberg Saltsjobaden. Les fonds très faibles ne peuvent pas aider si vraiment urgent donner 500, car dernier paiement possible perte énorme – capital initial irrécupérable - instruire Nya Banken câble 100 mille supplémentaires Sumenson.

Le télégramme 11 se lit comme suit :

> Kozlovsky Sergievskaya 81. Les premières lettres reçues - Nya Banken télégraphie par câble que Soloman utilise l'agence télégraphique locale se référant à Bronck Savelievich Avilov.

Fürstenberg était l'intermédiaire entre Parvus (Alexander I. Helphand) et le gouvernement allemand. À propos de ces transferts, Michael Futrell conclut :

> On a découvert qu'au cours des derniers mois, elle [Evegeniya Sumenson] avait reçu près d'un million de roubles de Furstenberg par

---

[67] *New York Times*, 4 août 1916.

l'intermédiaire de la Nya Banken à Stockholm, et que cet argent provenait de sources allemandes.[68]

Le télégramme 14 de la série Nikitine se lit comme suit : "Furstenberg Saltsjöbaden. Numéro 90 période cent mille dans Russo-Asiatique Sumenson." Le représentant américain pour la région russo-asiatique était la MacGregor Grant Company au 120 Broadway, New York City, et la banque était financée par Guaranty Trust aux États-Unis et la Nya Banken en Suède.

Une autre mention de la Nya Banken se trouve dans le document "Les accusations contre les bolcheviks", qui a été publié à l'époque de Kerensky. Il convient de noter en particulier dans ce document un document signé par Gregory Alexinsky, un ancien membre de la deuxième Douma d'État, qui fait référence à des transferts monétaires aux bolcheviks. Ce document se lit en partie comme suit :

> Selon les informations qui viennent d'être reçues, ces personnes de confiance à Stockholm étaient : le bolchévique Jacob Furstenberg, plus connu sous le nom de "Hanecki" (Ganetskii), et Parvus (Dr. Helphand) ; à Petrograd : l'avocat bolchévique, M. U. Kozlovsky, une parente de Hanecki-Sumenson, qui se livrait à des spéculations avec Hanecki, et d'autres. Kozlovsky est le principal destinataire de l'argent allemand, qui est transféré de Berlin par la "Disconto-Gesellschaft" à la "Via Bank" de Stockholm, et de là à la Banque de Sibérie à Petrograd, où son compte présente actuellement un solde de plus de 2 000 000 de roubles. La censure militaire a mis au jour un échange ininterrompu de télégrammes de nature politique et financière entre les agents allemands et les dirigeants bolchéviques [Stockholm-Petrograd].[69]

En outre, le State Dept. conserve un message de l'ambassade des États-Unis à Christiania (Oslo, 1925), en Norvège, daté du 21 février 1918 et portant le code vert suivant "Suis informé que des fonds bolchéviques sont déposés à Nya Banken, Stockholm, Légation Stockholm conseillée. Schmedeman."[70]

Enfin, Michael Furtell, qui a interrogé Olof Aschberg juste avant sa mort, conclut que des fonds bolchéviques ont bien été transférés d'Allemagne par l'intermédiaire de la Nya Banken et Jacob Furstenberg

---

[68] Michael Futrell, *Northern Underground* (Londres : Faber et Faber, 1963), p. 162.

[69] Voir Robert Paul Browder et Alexander F. Kerensky, *The Russian Provisional government, 1917* (Stanford, Calif. : Stanford University Perss, 1961), 3 : 1365. "Via Bank" est évidemment Nya Banken.

[70] Fichier décimal du Département d'État américain, 861.00/1130.

sous forme de paiement de marchandises expédiées. Selon Futrell, Aschberg lui a confirmé que Furstenberg avait une affaire commerciale avec la Nya Banken et que Furstenberg avait également envoyé des fonds à Petrograd. Ces déclarations sont authentifiées dans les mémoires d'Aschberg (voir page 70). En résumé, Aschberg, par l'intermédiaire de sa Nya Banken, était sans aucun doute un canal pour les fonds utilisés dans la révolution bolchévique, et le Guaranty Trust était indirectement lié par son association avec Aschberg et sa participation dans la MacGregor Grant Co. de New York, agent de la Russo-Asiatic Bank, autre véhicule de transfert.

LA NYA BANKEN ET GUARANTY TRUST REJOIGNENT RUSKOMBANK

Plusieurs années plus tard, à l'automne 1922, les Soviétiques ont créé leur première banque internationale. Elle était basée sur un conglomérat qui comprenait les anciens banquiers privés russes et quelques nouveaux investissements de banquiers allemands, suédois, américains et britanniques. Connue sous le nom de Ruskombank (Foreign Commercial Bank ou Banque du commerce extérieur), elle était dirigée par Olof Aschberg ; son conseil d'administration était composé de banquiers privés tsaristes, de représentants de banques allemandes, suédoises et américaines et, bien sûr, de représentants de l'Union soviétique. La délégation américaine de Stockholm a fait rapport à Washington sur cette question et a noté, en référence à Aschberg, que "sa réputation est mauvaise. Il était mentionné dans le document 54 des documents de Sisson et dans la dépêche n° 138 du 4 janvier 1921 d'une délégation à Copenhague".[71]

---

[71] Fichier décimal du Département d'État américain, 861.516/129, 28 août 1922. Un rapport du State Dept. de Stockholm, daté du 9 octobre 1922 (861.516/137), déclare à propos d'Aschberg : "J'ai rencontré M. Aschberg il y a quelques semaines et lors de la conversation qu'il a eue avec lui, il a déclaré en substance tout ce qui figurait dans ce rapport. Il m'a également demandé de lui demander s'il pouvait se rendre aux États-Unis et a donné comme références certaines des banques les plus importantes. À ce propos, je souhaite toutefois attirer l'attention du ministère sur le document 54 des documents de la Sisson, ainsi que sur de nombreuses autres dépêches que cette légation a écrites concernant cet homme pendant la guerre, dont la réputation et la position ne sont pas bonnes. Il travaille sans aucun doute en étroite collaboration avec les Soviétiques, et pendant toute la guerre il a été en étroite collaboration avec les Allemands" (U.S. State Dept.

Le consortium bancaire étranger impliqué dans la Ruskombank représentait principalement des capitaux britanniques. Il comprenait Russo-Asiatic Consolidated Limited, qui était l'un des plus grands créanciers privés de Russie, et qui s'est vu accorder 3 millions de livres par les Soviétiques pour compenser les dommages causés à ses propriétés en Union soviétique par la nationalisation. Le gouvernement britannique lui-même avait déjà acquis des intérêts substantiels dans les banques privées russes ; selon un rapport du Département d'État, "le gouvernement britannique est fortement investi dans le consortium en question".[72]

Le consortium a obtenu de vastes concessions en Russie et la banque avait un capital social de dix millions de roubles d'or. Un rapport du journal danois *National Titende* a déclaré que "des possibilités de coopération avec le gouvernement soviétique ont été créées là où cela aurait été impossible par des négociations politiques".[73] En d'autres termes, comme le dit le journal, les politiciens n'ont pas réussi à obtenir une coopération avec les Soviétiques, mais "il peut être considéré comme acquis que l'exploitation capitaliste de la Russie commence à prendre des formes plus définies".[74]

Début octobre 1922, Olof Aschberg rencontre à Berlin Emil Wittenberg, directeur de la Nationalbank fur Deutschland, et Scheinmann, directeur de la Banque d'État russe. Après avoir discuté de l'implication allemande dans la Ruskombank, les trois banquiers se sont rendus à Stockholm où ils ont rencontré Max May, vice-président de la Guaranty Trust Company. Max May a ensuite été désigné directeur de la division étrangère de la Ruskombank, en plus de Schlesinger, ancien directeur de la banque d'affaires de Moscou, Kalaschkin, ancien directeur de la Junker Bank, et Ternoffsky, ancien directeur de la banque sibérienne. La dernière banque avait été partiellement achetée par le gouvernement britannique en 1918. Le professeur Gustav Cassell de Suède a accepté d'être le conseiller de Ruskombank. Cassell a été cité dans un journal suédois *(Svenskadagbladet* du 17 octobre 1922) comme suit :

Decimal File, 861.516/137, Stockholm, 9 octobre 1922. Le rapport a été signé par Ira N. Morris).

[72] Ibid. 861.516/130, 13 septembre 1922.

[73] Ibid.

[74] Ibid.

> Le fait qu'une banque ait maintenant été créée en Russie pour s'occuper de questions purement financières est un grand pas en avant, et il me semble que cette banque a été créée pour faciliter une nouvelle vie économique en Russie. Ce dont la Russie a besoin, c'est d'une banque pour gérer son commerce intérieur et extérieur. S'il doit y avoir des affaires entre la Russie et d'autres pays, il doit y avoir une banque pour les traiter. Ce pas en avant doit être soutenu à tous égards par d'autres pays, et lorsqu'on m'a demandé mon avis, j'ai déclaré que j'étais prêt à le donner. Je ne suis pas favorable à une politique négative et je pense qu'il faut saisir toutes les occasions de contribuer à une reconstruction positive. La grande question est de savoir comment ramener les échanges russes à la normale. C'est une question complexe qui nécessitera une enquête approfondie. Pour résoudre ce problème, je suis naturellement plus que disposé à prendre part aux travaux. Laisser la Russie à ses propres ressources et à son propre sort est une folie.[75]

L'ancien bâtiment de la Siberian Bank à Petrograd servait de siège social à la Ruskombank, dont les objectifs étaient de lever des prêts à court terme dans les pays étrangers, d'introduire ces capitaux étrangers en Union soviétique et, de manière générale, de faciliter le commerce extérieur russe. Il a ouvert ses portes le 1er décembre 1922 à Moscou et employait environ 300 personnes.

En Suède, la Ruskombank était représentée par la Svenska Ekonomibolaget de Stockholm, la Nya Banken d'Olof Aschberg sous un nouveau nom, et en Allemagne par la Garantie und Creditbank fur Den Osten de Berlin. Aux États-Unis, la banque était représentée par la Guaranty Trust Company de New York. Lors de l'ouverture de la banque, Olof Aschberg a commenté :

> La nouvelle banque s'occupera de l'achat de machines et de matières premières en Angleterre et aux États-Unis et donnera des garanties pour l'exécution des contrats. La question des achats en Suède ne s'est pas encore posée, mais il est à espérer que ce sera le cas plus tard.[76]

En rejoignant Ruskombank, Max May de Guaranty Trust a fait une déclaration similaire :

> Les États-Unis, étant un pays riche avec des industries bien développées, n'ont pas besoin d'importer quoi que ce soit de l'étranger, mais... ils sont très intéressés par l'exportation de leurs produits vers d'autres pays et considèrent la Russie comme le marché le plus approprié à cette fin, en

---

[75] Ibid, 861.516/140, Stockholm, 23 octobre 1922.

[76] Ibid, 861.516/147, 8 décembre 1922.

prenant en considération les vastes exigences de la Russie dans tous les domaines de sa vie économique.[77]

May a déclaré que la Banque Commerciale Russe était "très importante" et qu'elle "financerait largement toutes les lignes des industries russes".

Dès le début, les opérations de la Ruskombank ont été limitées par le monopole soviétique du commerce extérieur. La banque avait des difficultés à obtenir des avances sur les marchandises russes déposées à l'étranger. Comme elles étaient transmises au nom des délégations commerciales soviétiques, une grande partie des fonds de la Ruskombank était bloquée dans des dépôts auprès de la Banque d'État russe. Finalement, au début de 1924, la Banque commerciale russe a fusionné avec le commissariat au commerce extérieur soviétique et Olof Aschberg a été démis de ses fonctions à la banque parce que, selon les allégations de Moscou, il avait fait un usage abusif des fonds bancaires. Son premier lien avec la banque était dû à son amitié avec Maxim Litvinov. Grâce à cette association, selon un rapport du Département d'État, Olof Aschberg a eu accès à d'importantes sommes d'argent afin d'effectuer des paiements sur des marchandises commandées par les Soviétiques en Europe :

> Ces sommes ont apparemment été placées dans l'Ekonomibolaget, une société bancaire privée, appartenant à M. Aschberg. Il est maintenant allégué qu'une grande partie de ces fonds a été utilisée par M. Aschberg pour faire des investissements pour son compte personnel et qu'il s'efforce maintenant de maintenir sa position dans la banque grâce à la possession de cet argent. Selon mon informateur, M. Aschberg n'a pas été le seul à profiter de ses opérations avec les fonds soviétiques, mais il a partagé les gains avec ceux qui sont responsables de sa nomination à la Banque de commerce russe, parmi lesquels Litvinoff.[78]

Ruskombank est alors devenue Vneshtorg, nom sous lequel elle est connue aujourd'hui.

Nous devons maintenant revenir sur nos pas et examiner les activités de l'associé new-yorkais d'Aschberg, la Guaranty Trust Company, pendant la Première Guerre mondiale, afin de jeter les bases d'un examen de son rôle dans l'ère révolutionnaire en Russie.

---

[77] Ibid, 861.516/144, 18 novembre 1922.

[78] Ibid, 861.316/197, Stockholm, 7 mars 1924.

GUARANTY TRUST ET L'ESPIONNAGE ALLEMAND AUX ÉTATS-UNIS, 1914-1917[79]

Pendant la Première Guerre mondiale, l'Allemagne a collecté des fonds considérables à New York pour l'espionnage et les opérations secrètes en Amérique du Nord et du Sud. Il est important d'enregistrer le flux de ces fonds, car il provient des mêmes entreprises - Guaranty Trust et American International Corporation - qui étaient impliquées dans la révolution bolchévique et ses suites. Sans parler du fait (souligné au chapitre trois) que le gouvernement allemand a également financé les activités révolutionnaires de Lénine.

Un résumé des prêts accordés par les banques américaines aux intérêts allemands pendant la Première Guerre mondiale a été remis au Comité Overman du Sénat américain de 1919 par les services de renseignements militaires américains. Le résumé était basé sur la déposition de Karl Heynen, qui est venu aux États-Unis en avril 1915 pour assister le Dr Albert dans les affaires commerciales et financières du gouvernement allemand. Le travail officiel de Heynen était le transport de marchandises des États-Unis vers l'Allemagne en passant par la Suède, la Suisse et la Hollande. En fait, il était impliqué dans ces opérations secrètes jusqu'au cou.

Selon Heynen, les principaux emprunts allemands contractés aux États-Unis entre 1915 et 1918 ont été les suivants : Le premier prêt, de 400 000 dollars, a été accordé vers septembre 1914 par les banquiers d'affaires Kuhn, Loeb & Co. Une garantie de 25 millions de marks a été déposée auprès de Max M. Warburg à Hambourg, la filiale allemande de Kuhn, Loeb & Co. Le capitaine George B. Lester des services de renseignements militaires américains a déclaré au Sénat que la réponse de Heynen à la question "Pourquoi êtes-vous allé chez Kuhn, Loeb & Co." était "nous considérions Kuhn, Loeb & Co. comme les banquiers naturels du gouvernement allemand et de la Reichsbank".

Le second prêt, de 1,3 million de dollars, ne provient pas directement des États-Unis, mais a été négocié par John Simon, un agent de la Suedeutsche Disconto-Gesellschaft, afin d'obtenir des fonds pour effectuer des expéditions vers l'Allemagne.

---

[79] Cette section est basée sur les audiences de la commission Overman, États-Unis, Sénat, *intérêts des brasseries et des alcools et propagande allemande et bolchévique*, Audiences devant la sous-commission du pouvoir judiciaire, 65e Cong. 1919, 2:2154-74.

Le troisième prêt a été accordé par la Chase National Bank (du groupe Morgan) pour un montant de trois millions de dollars. Le quatrième prêt a été accordé par la Mechanics and Metals National Bank pour un montant d'un million de dollars. Ces prêts ont financé des activités d'espionnage allemand aux États-Unis et au Mexique. Certains fonds ont été attribués à Sommerfeld, qui était conseiller auprès de Von Rintelen (un autre agent d'espionnage allemand) et qui a ensuite été associé à Hjalmar Schacht et Emil Wittenberg. Sommerfeld devait acheter des munitions destinées à être utilisées au Mexique. Il avait un compte auprès de la Guaranty Trust Company et, à partir de celui-ci, des paiements ont été effectués à la Western Cartridge Co. d'Alton, dans l'Illinois, pour des munitions qui ont été expédiées à El Paso pour être utilisées au Mexique par les bandits de Pancho Villa. Environ 400 000 dollars ont été dépensés pour les munitions, la propagande mexicaine et d'autres activités similaires.

Le comte Von Bernstorff, alors ambassadeur d'Allemagne, a raconté son amitié avec Adolf von Pavenstedt, un associé principal de la société Amsinck & Co, qui était contrôlée et, en novembre 1917, possédée par American International Corporation. American International figure en bonne place dans les chapitres suivants ; son conseil d'administration contient les noms clés de Wall Street : Rockefeller, Kahn, Stillman, du Pont, Winthrop, etc. Selon Von Bernstorff, Von Pavenstedt "connaissait intimement tous les membres de l'ambassade". Von Bernstorff[80] lui-même considérait Von Pavenstedt comme l'un des Allemands impériaux les plus respectés, "sinon le plus respecté de New York".[81] En effet, Von Pavenstedt a été "pendant de nombreuses années un chef de file du système d'espionnage allemand dans ce pays".[82] En d'autres termes, il ne fait aucun doute qu'Armsinck & Co, contrôlée par American International Corporation, était intimement associée au financement de l'espionnage allemand en temps de guerre aux États-Unis. Pour étayer la dernière déclaration de Von Bernstorff, il existe une photographie d'un chèque en faveur d'Amsinck & Co. daté du 8 décembre 1917 - quatre semaines seulement après le début de la révolution bolchévique en Russie - signé Von Papen (un autre opérateur d'espionnage allemand), et portant une vignette indiquant "frais de voyage sur Von W [c'est-à-dire Von

---

[80] Comte Von Bernstorff, *Mes trois années en Amérique* (New York : Scribner's, 1920), p. 261.

[81] Ibid.

[82] Ibid.

Wedell]". French Strothers,[83] qui a publié la photographie, a déclaré que ce chèque est la preuve que Von Papen "est devenu complice après coup d'un crime contre les lois américaines" ; il fait également peser sur Amsinck & Co. une accusation similaire.

Paul Bolo-Pasha, un autre agent d'espionnage allemand, et un éminent financier français anciennement au service du gouvernement égyptien, est arrivé à New York en mars 1916 avec une lettre d'introduction à Von Pavenstedt. Par l'intermédiaire de ce dernier, Bolo-Pasha a rencontré Hugo Schmidt, directeur de la Deutsche Bank à Berlin et son représentant aux États-Unis. Un des projets de Bolo-Pasha était d'acheter des journaux étrangers afin d'orienter leurs éditoriaux en faveur de l'Allemagne. Les fonds pour ce programme ont été arrangés à Berlin sous forme de crédit par la Guaranty Trust Company, le crédit étant ensuite mis à la disposition d'Amsinck & Co. Adolf von Pavenstedt, d'Amsinck, a à son tour mis les fonds à la disposition de Bolo-Pasha.

En d'autres termes, la Guaranty Trust Company et Amsinck & Co, une filiale de l'American International Corporation, étaient toutes deux directement impliquées dans la mise en œuvre de l'espionnage allemand et d'autres activités aux États-Unis. Ces sociétés peuvent établir des liens avec chacun des principaux opérateurs allemands aux États-Unis - le Dr Albert, Karl Heynen, Von Rintelen, Von Papan, le comte Jacques Minotto (voir ci-dessous) et Paul Bolo-Pasha.

En 1919, la commission Overman du Sénat a également établi que Guaranty Trust avait un rôle actif dans le financement des efforts allemands de la Première Guerre mondiale d'une manière "non neutre". Le témoignage de l'officier de renseignement américain Becker le montre clairement :

> Dans cette mission, Hugo Schmidt [de la Deutsche Bank] a été très largement assisté par certaines institutions bancaires américaines. C'était alors que nous étions neutres, mais ils ont agi au détriment des intérêts britanniques, et je dispose de données considérables sur l'activité de la Guaranty Trust Co. à cet égard, et j'aimerais savoir si la commission souhaite que j'y revienne.
>
> **SÉNATEUR NELSON** : C'est une succursale de la City Bank, n'est-ce pas ?
>
> MR. BECKER : Non.

---

[83] French Strothers, *Fighting Germany's Spies* (Garden City, N.Y. : Doubleday, Page, 1918), p. 152.

SÉNATEUR OVERMAN : Si elle était contraire aux intérêts britanniques, elle n'était pas neutre, et je pense que vous feriez mieux de nous en informer.

SÉNATEUR KING : S'agissait-il d'une transaction bancaire ordinaire ?

MR. BECKER : Ce serait une question d'opinion. Il s'agissait de camoufler l'échange afin de le faire paraître comme un échange neutre, alors qu'il s'agissait en réalité d'une opération allemande à Londres. Grâce aux opérations auxquelles la Guaranty Trust Co. a principalement participé entre le 1er août 1914 et l'entrée en guerre de l'Amérique, la Deutsche Banke, dans ses succursales en Amérique du Sud, a réussi à négocier 4 670 000 livres sterling de change à Londres en temps de guerre.

SÉNATEUR OVERMAN : Je pense que c'est suffisant.[84]

Ce qui est vraiment important, ce n'est pas tant que l'Allemagne ait reçu une aide financière, qui était illégale, mais que les directeurs de Guaranty Trust aient aidé financièrement les Alliés au même moment. En d'autres termes, Guaranty Trust finançait les deux parties du conflit. Cela soulève la question de la moralité.

GARANTY TRUST, MINOTTO ET CAILLAUX[85]

Le comte Jacques Minotto est un fil conducteur très improbable, mais vérifiable et persistant qui relie la révolution bolchévique en Russie aux banques allemandes, l'espionnage allemand de la Première Guerre mondiale aux États-Unis, la Guaranty Trust Company à New York, la révolution bolchévique française avortée et les procès d'espionnage Caillaux-Malvy qui y sont liés en France.

Jacques Minotto est né le 17 février 1891 à Berlin, d'un père autrichien descendant de la noblesse italienne et d'une mère allemande. Le jeune Minotto a fait ses études à Berlin, puis est entré à la Deutsche

---

[84] États-Unis, Sénat, Overman Committee, 2:2009.

[85] Cette section s'appuie sur les sources suivantes (ainsi que sur celles qui sont citées ailleurs) : Jean Bardanne, *Le Colonel Nicolai : espion de génie* (Paris : Éditions Siboney, s.d.) ; Cours de Justice, *Affaire Caillaux, Loustalot et Comby : Procédure générale d'interrogatoires* (Paris, 1919), p. 349-50, 937-46 ; Paul Vergnet, *L'Affaire Caillaux* (Paris 1918), en particulier le chapitre intitulé "Marx de Mannheim" ; Henri Guernut, Emile Kahn et Camille M. Lemercier, *Études documentaires sur L'Affaire Caillaux* (Paris, s.d.), p. 1012-15 ; et George Adam, *Treason and Tragedy: An Account of French War Trials* (Londres : Jonathan Cape, 1929).

Bank à Berlin en 1912. Presque immédiatement, Minotto est envoyé aux États-Unis comme assistant de Hugo Schmidt, directeur adjoint de la Deutsche Bank et de son représentant à New York. Après un an à New York, Minotto est envoyé par la Deutsche Bank à Londres, où il circule dans les cercles politiques et diplomatiques les plus importants. Au début de la Première Guerre mondiale, Minotto retourne aux États-Unis et rencontre immédiatement l'ambassadeur allemand, le comte Von Bernstorff, après quoi il entre au service de la Guaranty Trust Company à New York. À la Guaranty Trust, Minotto était sous les ordres directs de Max May, directeur de son département des affaires étrangères et associé du banquier suédois Olof Aschberg. Minotto n'était pas un petit fonctionnaire de banque. Les interrogatoires des procès Caillaux à Paris en 1919 ont établi que Minotto travaillait directement sous les ordres de Max May. Le 25 octobre 1914, Guaranty Trust envoie Jacques Minotto en Amérique du Sud pour faire un rapport sur la situation politique, financière et commerciale. Comme il l'a fait à Londres, Washington et New York, Minotto s'est installé ici dans les plus hauts cercles diplomatiques et politiques. L'un des objectifs de la mission de Minotto en Amérique latine était d'établir le mécanisme par lequel le Guaranty Trust pourrait servir d'intermédiaire pour la collecte de fonds allemande mentionnée précédemment sur le marché monétaire de Londres, qui fut ensuite refusée à l'Allemagne en raison de la Première Guerre mondiale. Minotto retourna aux États-Unis, renouvela son association avec le comte Von Bernstorff et le comte Luxberg, puis, en 1916, tenta d'obtenir un poste au sein des services de renseignements de la marine américaine.

Il a ensuite été arrêté pour activités pro-allemandes. Lorsqu'il a été arrêté, Minotto travaillait à l'usine de Chicago de son beau-père Louis Swift, de Swift & Co, des emballeurs de viande. Swift a constitué la garantie de la caution de 50 000 dollars nécessaire à la libération de Minotto, qui était représenté par Henry Veeder, l'avocat de Swift & Co. Louis Swift a lui-même été arrêté plus tard pour des activités pro-allemandes. Coïncidence intéressante et non négligeable, le "commandant" Harold H. Swift, frère de Louis Swift, était membre de la mission de la Croix-Rouge William Boyce Thompson à Petrograd en 1917 - c'est-à-dire l'un des groupes d'avocats et d'hommes d'affaires de Wall Street dont les liens intimes avec la révolution russe seront décrits plus tard. Helen Swift Neilson, sœur de Louis et Harold Swift, a été plus tard liée au Centre Abraham Lincoln "Unity", un groupe pro-communiste. Cela a établi un lien mineur entre les banques allemandes, les banques américaines, l'espionnage allemand et, comme nous le verrons plus tard, la révolution bolchévique.[86]

Joseph Caillaux était un célèbre (tristement célèbre selon certains) homme politique français. Il était également associé au comte Minotto dans les opérations de ce dernier en Amérique latine pour le compte de Guaranty Trust, et fut plus tard impliqué dans les célèbres affaires d'espionnage français de 1919, qui avaient des liens avec les bolchéviques. En 1911, Caillaux est devenu ministre des finances et, plus tard dans la même année, Premier ministre de la France. John Louis Malvy devient sous-secrétaire d'État dans le gouvernement Caillaux. Quelques années plus tard, Madame Caillaux assassine Gaston Calmette, rédacteur en chef du *Figaro*, un journal parisien très connu. Le ministère public a accusé Madame Caillaux d'avoir assassiné Calmette pour empêcher la publication de certains documents compromettants. Cette affaire a entraîné le départ de Caillaux et de son épouse de France. Le couple se rend en Amérique latine et y rencontre le comte Minotto, l'agent de la Guaranty Trust Company qui était en Amérique latine pour établir des intermédiaires pour la finance allemande. Le comte Minotto est socialement lié au couple Caillaux à Rio de Janeiro et à Sao Paulo, au Brésil, à Montevideo, en Uruguay, et à Buenos Aires, en Argentine. En d'autres termes, le comte Minotto a été un compagnon constant du couple Caillaux pendant leur séjour en Amérique latine.[87] De retour en France, Caillaux et son épouse ont séjourné à Biarritz en tant qu'invités de Paul Bolo-Pasha, qui était, comme nous l'avons vu, également un opérateur d'espionnage allemand aux États-Unis et en France.[88] Plus tard, en juillet 1915, le comte Minotto arrive en France d'Italie, rencontre le couple Caillaux ; la même année, le couple Caillaux visite à nouveau Bolo-Pasha à Biarritz. En d'autres termes, en 1915 et 1916, Caillaux établit une relation sociale continue avec le comte Minotto et Bolo-Pasha, tous deux agents d'espionnage allemand aux États-Unis.

Le travail de Bolo-Pasha en France va permettre à l'Allemagne de gagner en influence dans les journaux parisiens *Le Temps* et le *Figaro*. Bolo-Pasha se rend ensuite à New York, où il arrive le 24 février 1916. Il y négocie un prêt de deux millions de dollars et est associé à Von

---

[86] Cette relation est traitée en détail dans le rapport en trois volumes de la commission Overman de 1919. Voir la bibliographie.

[87] Voir Rudolph Binion, *Defeated Leaders* (New York : Columbia University Press, 1960).

[88] George Adam, *Treason and Tragedy: An Account of French War Trials* (Londres : Jonathan Cape, 1929).

Pavenstedt, l'éminent agent allemand de la société Amsinck & Co.[89] Severance Johnson, dans *The Enemy Within*, a relié Caillaux et Malvy à la révolution bolchévique française avortée de 1918, et déclare que si la révolution avait réussi, "Malvy aurait été le Trotsky de France si Caillaux avait été son Lénine".[90] Caillaux et Malvy ont formé un parti socialiste radical en France en utilisant des fonds allemands et ont été traduits en justice pour ces efforts subversifs. Les interrogatoires du tribunal dans les procès d'espionnage français de 1919 introduisent des témoignages concernant les banquiers de New York et leurs relations avec ces opérateurs d'espionnage allemands. Ils exposent également les liens entre le comte Minotto et Caillaux, ainsi que la relation de la Guaranty Trust Company avec la Deutsche Bank et la coopération entre Hugo Schmidt de la Deutsche Bank et Max May de la Guaranty Trust Company. L'interrogatoire français (page 940) contient l'extrait suivant de la déposition du comte Minotto à New York (page 10, et traduit du français) :

> QUESTION : Sous les ordres de qui étiez-vous à Guaranty Trust ?
>
> RÉPONSE : Sous les ordres de M. Max May.
>
> QUESTION : Il était vice-président ?
>
> RÉPONSE : Il a été vice-président et directeur du ministère des Affaires étrangères.

Plus tard, en 1922, Max May est devenu directeur de la Ruskombank soviétique et a représenté les intérêts de Guaranty Trust dans cette banque. L'interrogatoire français établit que le comte Minotto, un agent d'espionnage allemand, était employé par la Guaranty Trust Company ; que Max May était son supérieur hiérarchique ; et que Max May était également étroitement associé au banquier bolchévique Olof Aschberg. En bref : Max May de la Guaranty Trust était lié à la collecte illégale de fonds et à l'espionnage allemand aux États-Unis pendant la Première Guerre mondiale ; il était lié indirectement à la révolution bolchévique et directement à la création de Ruskombank, la première banque internationale en Union soviétique.

Il est trop tôt pour tenter d'expliquer cette activité internationale apparemment incohérente, illégale et parfois immorale. En général, il y a deux explications plausibles : la première, une recherche implacable de profits ; la seconde - qui rejoint les propos d'Otto Kahn de la Kuhn, Loeb & Co. et de l'American International Corporation dans l'épigraphe de ce

---

[89] Ibid.

[90] *The Enemy Within* (Londres : George Allen & Unwin, 1920).

chapitre - la réalisation de buts socialistes, buts qui "devraient et peuvent être réalisés" par des moyens non socialistes.

CHAPITRE V

LA MISSION DE LA CROIX-ROUGE AMÉRICAINE EN RUSSIE - 1917

> *Le pauvre M. Billings se croyait chargé d'une mission scientifique pour le secours de la Russie... En réalité, il n'était rien d'autre qu'une couverture - ce prétexte de mission de la Croix-Rouge n'était rien d'autre qu'un leurre.*
>
> Cornelius Kelleher, assistant de William Boyce Thompson
> (dans *Russia Leaves the War*, de George F. Kennan,)

Le projet de Wall Street en Russie en 1917 a utilisé la mission de la Croix-Rouge comme véhicule opérationnel. Guaranty Trust et National City Bank avaient tous deux des représentants en Russie au moment de la révolution. Frederick M. Corse, de la succursale de la National City Bank à Petrograd, était attaché à la mission de la Croix-Rouge américaine, dont on parlera plus tard. Guaranty Trust était représenté par Henry Crosby Emery. Emery a été temporairement détenu par les Allemands en 1918, puis a représenté Guaranty Trust en Chine.

Jusqu'en 1915 environ, la personne la plus influente au siège national de la Croix-Rouge américaine à Washington, D.C., était Mlle Mabel Boardman. Promotrice active et énergique, Mlle Boardman avait été la force motrice de l'entreprise de la Croix-Rouge, bien que sa dotation ait été assurée par de riches et éminentes personnalités, dont J. P. Morgan, Mme E. H. Harriman, Cleveland H. Dodge et Mme Russell Sage. La campagne de collecte de fonds de 1910, par exemple, pour un montant de 2 millions de dollars, n'a réussi que parce qu'elle était soutenue par ces riches résidents de New York. En fait, la majeure partie de l'argent provenait de la ville de New York. J.P. Morgan lui-même a contribué à hauteur de 100 000 dollars et sept autres contributeurs de la ville de New York ont amassé 300 000 dollars. Une seule personne en dehors de New York a contribué à hauteur de plus de 10 000 dollars, il s'agit de William J. Boardman, le père de Mlle Boardman. Henry P. Davison a été président du Comité de collecte de fonds de New York en 1910 et est devenu plus tard président du Conseil de guerre de la Croix-Rouge américaine. En d'autres termes, pendant la Première Guerre mondiale, la Croix-Rouge dépendait fortement de Wall Street, et plus particulièrement de la firme Morgan.

La Croix-Rouge n'a pas pu faire face aux exigences de la Première Guerre mondiale et a été en fait reprise par ces banquiers new-yorkais. Selon John Foster Dulles, ces hommes d'affaires "considéraient la Croix-Rouge américaine comme un bras virtuel du gouvernement, ils envisageaient d'apporter une contribution incalculable à la victoire de la guerre".[91] Ce faisant, ils ont tourné en dérision la devise de la Croix-Rouge : "Neutralité et humanité".

En échange de la collecte de fonds, Wall Street a demandé la création du Conseil de guerre de la Croix-Rouge et, sur la recommandation de Cleveland H. Dodge, l'un des bailleurs de fonds de Woodrow Wilson, Henry P. Davison, un associé de la J.P. Morgan Company, en est devenu le président. La liste des administrateurs de la Croix-Rouge commence alors à prendre l'apparence du *Who's Who* des dirigeants d'entreprises newyorkais : John D. Ryan, président de l'Anaconda Copper Company (voir frontispice) ; George W. Hill, président de l'American Tobacco Company ; Grayson M.P. Murphy, vice-président de la Guaranty Trust Company ; et Ivy Lee, expert en relations publiques pour les Rockefeller. Harry Hopkins, qui deviendra célèbre sous le président Roosevelt, devient l'assistant du directeur général de la Croix-Rouge à Washington, D.C.

La question d'une mission de la Croix-Rouge en Russie a été soulevée lors de la troisième réunion de ce Conseil de guerre reconstitué, qui s'est tenue dans le bâtiment de la Croix-Rouge, à Washington, D.C., le vendredi 29 mai 1917, à 11 heures. Le président Davison a été chargé d'étudier l'idée avec Alexander Legge de l'International Harvester Company. Par la suite, International Harvester, qui avait des intérêts considérables en Russie, a fourni 200 000 dollars pour aider au financement de la mission russe. Lors d'une réunion ultérieure, il fut fait savoir que William Boyce Thompson, directeur de la Banque de la Réserve Fédérale de New York, avait "offert de payer la totalité des frais de la commission" ; cette offre fut acceptée dans un télégramme : "Votre

---

[91] John Foster Dulles, *Croix-Rouge américaine* (New York : Harper, 1950).

désir de payer les frais de la commission à la Russie est très apprécié et, de notre point de vue, très important."[92]

Les membres de la mission n'ont reçu aucune rémunération. Toutes les dépenses ont été payées par William Boyce Thompson et les 200 000 dollars d'International Harvester ont apparemment été utilisés en Russie pour des subventions politiques. Nous savons, grâce aux dossiers de l'ambassade américaine à Petrograd, que la Croix-Rouge américaine a donné 4000 roubles au Prince Lvoff, président du Conseil des ministres, pour "l'aide aux révolutionnaires" et 10 000 roubles en deux versements à Kerensky pour "l'aide aux réfugiés politiques".

MISSION DE LA CROIX-ROUGE AMÉRICAINE EN RUSSIE, 1917

En août 1917, la mission de la Croix-Rouge américaine en Russie n'avait qu'un lointain rapport avec sa maison-mère américaine, et devait vraiment être la mission de la Croix-Rouge la plus inhabituelle de l'histoire. Toutes les dépenses, y compris celles des uniformes - les membres étaient tous des colonels, des majors, des capitaines ou des lieutenants - étaient payées de la poche de William Boyce Thompson. Un observateur contemporain a surnommé le groupe d'officiers "l'armée haïtienne" :

> La délégation de la Croix-Rouge américaine, une quarantaine de colonels, majors, capitaines et lieutenants, est arrivée hier. Elle est dirigée par le colonel (docteur) Billings de Chicago, et comprend le colonel William B. Thompson et de nombreux médecins et civils, tous avec des titres militaires ; nous avons surnommé l'unité "Haytian Army" parce qu'il n'y avait pas de soldats. Pour autant que je sache, ils ne sont venus remplir aucune mission clairement définie, en fait, le gouverneur Francis m'a dit il y a quelque temps qu'il avait insisté pour qu'ils ne soient pas autorisés à venir, car il y avait déjà trop de missions des différents alliés en Russie. Apparemment, cette Commission a imaginé qu'il y avait un besoin urgent de médecins et d'infirmières en Russie ; en fait, il y a actuellement un surplus de talents médicaux et d'infirmières, autochtones et étrangers dans le pays et de nombreux hôpitaux très vides dans les grandes villes.[93]

La mission ne comptait en fait que vingt-quatre personnes (et non quarante), ayant le grade militaire de lieutenant-colonel à lieutenant, et

---

[92] Procès-verbal du Conseil de guerre de la Croix-Rouge américaine (Washington, D.C., mai 1917)

[93] Journal de Gibbs, 9 août 1917. Société historique de l'État du Wisconsin.

était complétée par trois aides-soignants, deux photographes de cinéma et deux interprètes, sans grade. Seuls cinq (sur vingt-quatre) étaient des médecins ; en outre, il y avait deux chercheurs médicaux. La mission est arrivée par train à Petrograd via la Sibérie en août 1917. Les cinq médecins et aides-soignants y restèrent un mois, et rentrèrent aux États-Unis le 11 septembre. Le Dr Frank Billings, chef nominal de la mission et professeur de médecine à l'université de Chicago, aurait été dégoûté par les activités ouvertement politiques de la majorité de la mission. Les autres médecins étaient William S. Thayer, professeur de médecine à l'université Johns Hopkins ; D. J. McCarthy, membre de l'Institut Phipps pour l'Étude et la Prévention de la Tuberculose, à Philadelphie ; Henry C. Sherman, professeur de chimie alimentaire à l'université de Columbia ; C. E. A. Winslow, professeur de bactériologie et d'hygiène à l'école de médecine de Yale ; Wilbur E. Post, professeur de médecine au Rush Medical College ; le Dr Malcolm Grow, du corps de réserve des médecins militaires de l'armée américaine ; et Orrin Wightman, professeur de médecine clinique à l'hôpital polyclinique de New York. George C. Whipple était inscrit comme professeur d'ingénierie sanitaire à l'université de Harvard, mais était en fait partenaire de la société new-yorkaise Hazen, Whipple & Fuller, consultants en ingénierie. Ceci est significatif, car Malcolm Pirnie - dont la liste est plus lointaine - était inscrit comme ingénieur sanitaire assistant et employé comme ingénieur par Hazen, Whipple & Fuller.

La majorité de la mission, telle que décrite dans le tableau ci-après, était composée d'avocats, de financiers et de leurs assistants, issus du secteur financier de New York. La mission a été financée par William B. Thompson, décrit dans la circulaire officielle de la Croix-Rouge comme "commissaire et directeur commercial ; directeur de la Banque fédérale américaine de New York". Thompson a amené avec lui Cornelius Kelleher, décrit comme un attaché de la mission, mais en réalité secrétaire de Thompson et ayant la même adresse - 14 Wall Street, New York City. La publicité pour la mission a été assurée par Henry S. Brown, de la même adresse. Thomas Day Thacher était avocat chez Simpson, Thacher & Bartlett, un cabinet fondé par son père, Thomas Thacher, en 1884, et très impliqué dans la réorganisation et les fusions des chemins de fer. Thomas, en tant que junior, a d'abord travaillé pour l'entreprise familiale, puis est devenu l'assistant du procureur américain sous la direction de Henry L. Stimson, et est retourné à l'entreprise familiale en 1909. Le jeune Thacher était un ami proche de Felix Frankfurter et devint plus tard l'assistant de Raymond Robins, également à la mission de la Croix-Rouge. En 1925, il est nommé juge de district sous le président Coolidge, devient solliciteur général sous Herbert Hoover, et est directeur du William Boyce Thompson Institute.

La mission de la Croix-Rouge américaine en Russie en 1919

Membres de la communauté financière de Wall Street et leurs affiliations	Médecins	Les aides-soignants, les interprètes, etc.
Andrews (Liggett & Myers Tobacco)	Billings (médecin)	Brooks (aide-soignant)
Barr (Chase National Bank)	Grandir (médecin)	Clark (aide-soignant)
Brown (a/s de William B. Thompson)	McCarthy (recherche médicale ; médecin)	Rocchia (ordonnée)
Cochran (McCann Co.)	Poste (médecin)	
Kelleher (c/o William B. Thompson)	Sherman (chimie alimentaire)	Travis (films)
Nicholson (Swirl & Co.)	Thayer (médecin)	Wyckoff (films)
Pirnie (Hazen, Whipple & Fuller)		
Redfield (Stetson, Jennings & Russell)	Wightman (médecine)	Hardy (justice)
Robins (promoteur minier)	Winslow (hygiène)	Corne (transport)
Swift (Swift & Co.)		
Thacher (Simpson, Thacher & Bartlett)		
Thompson (Banque de Réserve Fédérale de N.Y.)		
Wardwell (Stetson, Jennings & Russell)		
Whipple (Hazen, Whipple & Fuller)		
Corse (Banque nationale de la ville)		

Magnuson (recommandé par l'agent confidentiel du colonel Thompson)		

Alan Wardwell, également commissaire adjoint et secrétaire du président, était avocat au cabinet Stetson, Jennings & Russell du 15 Broad Street, à New York, et H. B. Redfield était le secrétaire juridique de Wardwell. Le major Wardwell était le fils de William Thomas Wardwell, trésorier de longue date de la Standard Oil du New Jersey et de la Standard Oil de New York. L'aîné Wardwell était l'un des signataires du célèbre accord de trust de Standard Oil, membre du comité chargé d'organiser les activités de la Croix-Rouge pendant la guerre hispano-américaine, et directeur de la banque d'épargne de Greenwich. Son fils Alan a été directeur non seulement de la Greenwich Savings, mais aussi de la Bank of New York et de Trust Co. et de la Georgian Manganese Company (avec W. Averell Harriman, directeur de Guaranty Trust). En 1917, Alan Wardwell est affilié à Stetson, Jennings & Russell et rejoint ensuite Davis, Polk, Wardwell, Gardner & Read (Frank L. Polk est secrétaire d'État par intérim pendant la période de la révolution bolchévique). La commission Overman du Sénat a noté que Wardwell était favorable au régime soviétique bien que Poole, le responsable du Département d'État sur place, ait noté que "le major Wardwell a de tous les Américains l'expérience la plus complète de la terreur" (316-23-1449). Dans les années 1920, Wardwell s'est engagé avec la Chambre de commerce russo-américaine dans la promotion des objectifs commerciaux soviétiques.

Le trésorier de la mission était James W. Andrews, auditeur de la compagnie de tabac Liggett & Myers de St. Robert I. Barr, un autre membre, était inscrit comme commissaire adjoint ; il était vice-président de la Chase Securities Company (120 Broadway) et de la Chase National Bank. William Cochran, du 61 Broadway, à New York, était responsable de la publicité. Raymond Robins, un promoteur minier, a été inclus comme commissaire adjoint et décrit comme "un économiste social". Enfin, la mission comprenait deux membres de Swift & Company de Union Stockyards, Chicago. Les Swifts ont été précédemment mentionnés comme étant liés à l'espionnage allemand aux États-Unis pendant la Première Guerre mondiale. Harold H. Swift, commissaire adjoint, était l'assistant du vice-président de Swift & Company ; William G. Nicholson travaillait également pour Swift & Company, Union Stockyards.

Deux personnes ont été ajoutées officieusement à la mission après son arrivée à Petrograd : Frederick M. Corse, représentant de la National City

Bank à Petrograd ; et Herbert A. Magnuson, qui était "très fortement recommandé par John W. Finch, l'agent confidentiel en Chine du colonel William B. Thompson".[94]

Les documents Pirnie, déposés à la Hoover Institution, contiennent des informations de première main sur la mission. Malcolm Pirnie était un ingénieur employé par la firme Hazen, Whipple & Fuller, ingénieurs-conseils, de la 42e rue, à New York. Pirnie était un membre de la mission, figurant sur un manifeste en tant qu'ingénieur sanitaire adjoint. George C. Whipple, un associé de la firme, faisait également partie du groupe. Les documents de Pirnie comprennent un télégramme original de William B. Thompson, invitant l'ingénieur sanitaire adjoint Pirnie à le rencontrer, ainsi que Henry P. Davison, président du Conseil de guerre de la Croix-Rouge et associé de la firme J.P. Morgan, avant de partir pour la Russie. Le télégramme se lit comme suit :

> WESTERN UNION TELEGRAM New York, 21 juin 1917
>
> À Malcolm Pirnie
>
> J'aimerais beaucoup que vous dîniez avec moi au Metropolitan Club, Sixteenth Street and Fifth Avenue New York City, à huit heures demain soir, pour rencontrer M. H. P. Davison.
>
> W. B. Thompson, 14 Wall Street

Les dossiers n'élucident pas pourquoi Davison, partenaire de Morgan, et Thompson, directeur de la Banque de la Réserve Fédérale - deux des financiers les plus en vue de New York - ont souhaité dîner avec un ingénieur sanitaire adjoint sur le point de partir pour la Russie. Les dossiers n'expliquent pas non plus pourquoi Davison n'a pas pu par la suite rencontrer le Dr Billings et la commission elle-même, ni pourquoi il était nécessaire d'informer Pirnie de son incapacité à le faire. Mais on peut supposer que la couverture officielle de la mission - les activités de la Croix-Rouge - était d'un intérêt nettement moindre que les activités de Thompson-Pirnie, quelles qu'elles aient pu être. Nous savons que Davison a écrit au Dr Billings le 25 juin 1917 :

> Cher Docteur Billings :
>
> C'est une déception pour moi et pour mes associés du Conseil de guerre de ne pas avoir pu rencontrer dans un organe les membres de votre Commission...

---

[94] Rapport de Billings à Henry P. Davison, 22 octobre 1917, archives de la Croix-Rouge américaine.

Une copie de cette lettre a également été envoyée à l'ingénieur sanitaire adjoint Pirnie avec une lettre personnelle du banquier Morgan Henry P. Davison, qui disait :

> Mon cher M. Pirnie :
>
> Vous comprendrez, j'en suis sûr, tout à fait la raison de la lettre adressée au Dr Billings, dont vous trouverez copie ci-jointe, et l'accepterez dans l'esprit dans lequel elle est envoyée...

Le but de la lettre de Davison au Dr Billings était de présenter des excuses à la commission et à Billings pour ne pas avoir pu les rencontrer. Nous pouvons alors être fondés à supposer que des arrangements plus approfondis ont été pris par Davison et Pirnie concernant les activités de la mission en Russie et que ces arrangements étaient connus de Thompson. La nature probable de ces activités sera décrite plus loin.[95]

La mission de la Croix-Rouge américaine (ou peut-être devrions-nous l'appeler la mission de Wall Street en Russie) a également employé trois interprètes russo-anglais : Le capitaine Ilovaisky, un bolchévique russe ; Boris Reinstein, un russo-américain, plus tard secrétaire de Lénine et chef du Bureau de la propagande révolutionnaire internationale de Karl Radek, qui employait également John Reed et Albert Rhys Williams ; et Alexander Gumberg (alias Berg, de son vrai nom Michael Gruzenberg), qui était le frère de Zorin, un ministre bolchévique. Gumberg était également le principal agent bolchévique en Scandinavie. Il est ensuite devenu l'assistant confidentiel de Floyd Odlum de l'Atlas Corporation aux États-Unis, ainsi que le conseiller de Reeve Schley, vice-président de la Chase Bank.

Il faut le souligner en passant : Quelle a été l'utilité des traductions fournies par ces interprètes ? Le 13 septembre 1918, H. A. Doolittle, vice-consul américain à Stockholm, rendit compte au secrétaire d'État d'une conversation avec le capitaine Ilovaisky (qui était un "ami personnel proche" du colonel Robins de la mission de la Croix-Rouge) concernant une réunion entre le Soviet de Murman et les Alliés. La question d'inviter les Alliés à débarquer à Murman était en cours de discussion au Soviet, le major Thacher de la mission de la Croix-Rouge agissant pour les Alliés. Ilovaisky interpréta les vues de Thacher pour le compte du

---

[95] Les documents de Pirnie nous permettent également de fixer exactement les dates auxquelles les membres de la mission ont quitté la Russie. Dans le cas de William B. Thompson, cette date est cruciale pour l'argumentation de ce livre : Thompson a quitté Petrograd pour Londres le 4 décembre 1917. George F. Kennan déclare que Thompson a quitté Petrograd le 27 novembre 1917 *(Russia Leaves the War*, p. 1140).

Soviétique. "Ilovaisky parlait assez longuement en russe, soi-disant en traduisant pour Thacher, mais en réalité pour Trotsky..."que" les États-Unis ne permettraient jamais un tel débarquement et demandant instamment la reconnaissance rapide des Soviétiques et de leur politique."[96] Apparemment, Thacher a soupçonné qu'il était mal traduit et a exprimé son indignation. Cependant, "Ilovaisky télégraphia immédiatement le contenu au quartier général bolchévique et, par l'intermédiaire de leur bureau de presse, fit apparaître dans tous les journaux qu'elle émanait des remarques du major Thacher et qu'elle représentait l'opinion générale de tous les représentants américains véritablement accrédités".[97]

Ilovaisky a raconté à Maddin Summers, consul général des États-Unis à Moscou, plusieurs cas où lui (Ilovaisky) et Raymond Robins de la mission de la Croix-Rouge avaient manipulé la presse bolchévique, notamment "en ce qui concerne le rappel de l'ambassadeur, M. Francis". Il a admis qu'ils n'avaient pas été scrupuleux, "mais qu'ils avaient agi selon leurs idées de droit, indépendamment de la manière dont ils auraient pu entrer en conflit avec la politique des représentants américains accrédités".[98]

Telle fut la mission de la Croix-Rouge américaine en Russie en 1917.

MISSION DE LA CROIX-ROUGE AMÉRICAINE EN ROUMANIE

En 1917, la Croix-Rouge américaine a également envoyé une mission d'assistance médicale en Roumanie, combattant alors les puissances centrales comme alliée de la Russie. Une comparaison de la mission de la Croix-Rouge américaine en Russie avec celle envoyée en Roumanie suggère que la mission de la Croix-Rouge basée à Petrograd avait très peu de liens officiels avec la Croix-Rouge et encore moins avec l'assistance médicale. Alors que la mission de la Croix-Rouge en Roumanie a vaillamment défendu les deux principes d'"humanité" et de "neutralité" chers à la Croix-Rouge, la mission à Petrograd a fait fi de ces deux principes de manière flagrante.

---

[96] Fichier décimal du département d'État américain, 861.00/3644.

[97] Ibid.

[98] Ibid.

La mission de la Croix-Rouge américaine en Roumanie a quitté les États-Unis en juillet 1917 et s'est installée à Jassy. La mission se composait de trente personnes sous la direction du président Henry W. Anderson, un avocat de Virginie. Sur ces trente personnes, seize étaient soit des médecins, soit des chirurgiens. En comparaison, sur les vingt-neuf personnes de la mission de la Croix-Rouge en Russie, trois seulement étaient des médecins, bien que quatre autres membres soient issus d'universités et spécialisés dans des domaines liés à la médecine. Tout au plus, sept personnes pouvaient être classées comme médecins avec la mission en Russie, contre seize avec la mission en Roumanie. Il y avait à peu près le même nombre d'aides-soignants et d'infirmières dans les deux missions. La comparaison significative, cependant, est que la mission roumaine ne disposait que de deux avocats, un trésorier et un ingénieur. La mission russe comptait quinze juristes et hommes d'affaires. Aucun des avocats ou médecins de la mission roumaine ne venait de la région de New York, mais tous, sauf un (un "observateur" du ministère de la Justice à Washington, D.C.), des avocats et hommes d'affaires de la mission russe venaient de cette région. Ce qui veut dire que plus de la moitié du total de la mission russe provenait du district financier de New York. En d'autres termes, la composition relative de ces missions confirme que la mission en Roumanie avait un but légitime - pratiquer la médecine - alors que la mission russe avait un objectif non médical et strictement politique. De par son personnel, elle pouvait être classée comme une mission commerciale ou financière, mais de par ses actions, elle était un groupe d'action politique subversif.

Personnel des missions de la Croix-Rouge américaine en Russie et en Roumanie, 1917

MISSION DE LA CROIX ROUGE AMÉRICAINE en

Personnel	Russie	Roumanie
Médical (médecins et chirurgiens)	7	16
Les aides-soignants, les infirmières	7	10
Avocats et hommes d'affaires	15	4
TOTAL	29	30

SOURCES : Croix-Rouge américaine, Washington, D.C. Département d'État américain, ambassade de Petrograd, dossier de la Croix-Rouge, 1917.

La mission de la Croix-Rouge en Roumanie est restée à son poste à Jassy pendant le reste de l'année 1917 et jusqu'en 1918. Le personnel médical de la mission de la Croix-Rouge américaine en Russie - les sept médecins - démissionne par dégoût en août 1917, proteste contre les activités politiques du colonel Thompson et retourne aux États-Unis. Par conséquent, en septembre 1917, lorsque la mission roumaine a fait appel à Petrograd pour que des médecins et des infirmières américains viennent prêter main-forte dans les conditions de quasi crise à Jassy, il n'y avait pas de médecins ou d'infirmières américains en Russie disponibles pour se rendre en Roumanie.

Alors que la majeure partie de la mission en Russie a occupé son temps dans des manœuvres politiques internes, la mission en Roumanie s'est lancée dans des travaux de secours dès son arrivée. Le 17 septembre 1917, un câble confidentiel de Henry W. Anderson, président de la mission en Roumanie, à l'ambassadeur américain Francis à Petrograd, demande une aide immédiate et urgente sous la forme de 5 millions de dollars pour faire face à une catastrophe imminente en Roumanie. S'ensuivit une série de lettres, de câbles et de communications d'Anderson à Francis, appelant à l'aide, sans succès.

Le 28 septembre 1917, Vopicka, ministre américain en Roumanie, envoie un long télégramme à Francis, pour qu'il le relaie à Washington, et répète l'analyse d'Anderson sur la crise roumaine et le danger d'épidémies - et pire encore - à l'approche de l'hiver :

> L'argent considérable et les mesures héroïques requises empêchent un désastre de grande envergure... Inutile d'essayer de gérer la situation sans quelqu'un ayant autorité et accès au gouvernement... Avec une organisation adéquate pour s'occuper du transport, recevoir et distribuer les fournitures.

Vopicka et Anderson avaient les mains liées, car toutes les fournitures et les transactions financières roumaines étaient traitées par la mission de la Croix-Rouge à Petrograd - et Thompson et son équipe de quinze avocats et hommes d'affaires de Wall Street avaient apparemment des questions plus importantes que les affaires de la Croix-Rouge roumaine. Rien dans les dossiers de l'ambassade de Petrograd au Département d'État américain n'indique que Thompson, Robins ou Thacher se soit préoccupé à un moment quelconque en 1917 ou 1918 de la situation urgente en Roumanie. Les communications en provenance de Roumanie ont été adressées à l'ambassadeur Francis ou à l'un de ses collaborateurs à l'ambassade, et parfois par l'intermédiaire du consulat à Moscou.

En octobre 1917, la situation en Roumanie a atteint le point de crise. Le 5 octobre, Vopicka a envoyé un câble à Davison à New York (via Petrograd) :

> Le problème le plus urgent ici... Effet désastreux redouté... Pourriez-vous organiser une expédition spéciale... Il faut se dépêcher ou il est trop tard.

Puis, le 5 novembre, Anderson a envoyé un câble à l'ambassade de Petrograd disant que les retards dans l'envoi de l'aide avaient déjà "coûté plusieurs milliers de vies". Le 13 novembre, Anderson a envoyé un télégramme à l'ambassadeur Francis concernant le manque d'intérêt de Thompson pour les conditions de vie en Roumanie :

> La société Thompson, qui a été sollicitée, a fourni des détails sur tous les envois reçus, mais n'a pas obtenu les mêmes... Lui a également demandé de me tenir au courant des conditions de transport, mais n'a reçu que très peu d'informations.

Anderson a alors demandé à l'ambassadeur Francis d'intercéder en sa faveur afin que les fonds destinés à la Croix-Rouge roumaine soient traités sur un compte séparé à Londres, directement sous les ordres d'Anderson et soustraits au contrôle de la mission de Thompson.

LE RÔLE DE THOMPSON DANS LA RUSSIE DE KERENSKY

Que faisait alors la mission de la Croix-Rouge ? Thompson a certainement acquis une réputation de mener une vie opulente à Petrograd, mais apparemment il n'a entrepris que deux grands projets dans la Russie de Kerensky : le soutien à un programme de propagande américain et le soutien au Prêt Liberté russe. Peu après son arrivée en Russie, Thompson rencontre Madame Breshko-Breshkovskaya et David Soskice, le secrétaire de Kerensky, et accepte de verser deux millions de dollars à un comité d'éducation populaire afin qu'il puisse "avoir sa propre presse et ... engager un personnel de conférenciers, avec des illustrations cinématographiques" (861.00/ 1032) ; ceci dans le but de faire de la propagande pour inciter la Russie à poursuivre la guerre contre l'Allemagne. Selon Soskice, "un paquet de 50 000 roubles" a été remis à Breshko-Breshkovskaya avec la déclaration suivante : "C'est à vous de le dépenser selon votre bon jugement". 2.100.000 roubles supplémentaires ont été déposés sur un compte bancaire courant. Une lettre de J.P. Morgan au Département d'État (861.51/190) confirme que Morgan a envoyé 425 000 roubles à Thompson à sa demande de prêt pour les Russian Liberty Loan ; J.P. transmet également l'intérêt de la firme Morgan concernant "la sagesse de faire une souscription individuelle par l'intermédiaire de M. Thompson" au Russian Liberty Loan. Ces sommes ont été transmises par l'intermédiaire de la succursale de la National City Bank à Petrograd.

THOMPSON DONNE UN MILLION DE DOLLARS AUX BOLCHEVIKS

Mais l'aide apportée aux bolcheviks par Thompson d'abord, puis, après le 4 décembre 1917, par Raymond Robins, est d'une importance historique plus grande.

La contribution de Thompson à la cause bolchévique a été rapportée dans la presse américaine contemporaine. Le *Washington Post* du 2 février 1918 contenait les paragraphes suivants :

> IL DONNE UN MILLION AUX BOLCHEVIKS
>
> W. B. Thompson, donateur de la Croix-Rouge, croit que le parti est mal représenté. New York, 2 février (1918). William B. Thompson, qui était à Petrograd de juillet à novembre dernier, a fait une contribution personnelle de 1 000 000 de dollars aux Bolcheviks dans le but de diffuser leur doctrine en Allemagne et en Autriche.
>
> M. Thompson a eu l'occasion d'étudier les conditions de vie en Russie en tant que chef de la mission de la Croix-Rouge américaine, dont les dépenses ont également été largement couvertes par ses contributions personnelles. Il estime que les bolcheviks constituent la plus grande puissance contre le pro-germanisme en Russie et que leur propagande a sapé les régimes militaristes des Empires généraux.
>
> M. Thompson dénigre les critiques américaines à l'égard des Bolcheviks. Il estime qu'ils ont été mal représentés et a apporté une contribution financière à la cause en pensant que cet argent sera bien dépensé pour l'avenir de la Russie ainsi que pour la cause des Alliés.

La biographie de Hermann Hagedorn, *Le Magnat : William Boyce Thompson et son époque (1869-1930)* reproduit une photographie d'un câblogramme de J.P. Morgan à New York à W. B. Thompson, "Care American Red Cross, Hotel Europe, Petrograd". Le télégramme est daté, montrant qu'il a été reçu à Petrograd "8-Dek 1917" (8 décembre 1917), et se lit comme suit :

> New York Y757/5 24W5 Nil - Votre deuxième câble reçu. Nous avons payé un million de dollars à la National City Bank selon les instructions - Morgan.

La succursale de la National City Bank à Petrograd avait été exemptée du décret de nationalisation bolchévique - la seule banque russe étrangère ou nationale à avoir été ainsi exemptée. Hagedorn affirme que ce million de dollars versé sur le compte de la BNC de Thompson a été utilisé à des "fins politiques".

LE PROMOTEUR MINIER SOCIALISTE RAYMOND ROBINS[99]

William B. Thompson quitte la Russie au début du mois de décembre 1917 pour rentrer chez lui. Il passe par Londres, où, en compagnie de Thomas Lamont de la firme J.P. Morgan, il rend visite au Premier ministre Lloyd George, un épisode que nous reprenons dans le chapitre suivant. Son adjoint, Raymond Robins, se voit confier la responsabilité de la mission de la Croix-Rouge en Russie. L'impression générale que le colonel Robins a présentée dans les mois qui ont suivi n'a pas échappé à la presse. Selon les termes du journal russe *Russkoe Slovo*, Robins "représente d'une part le travail américain et d'autre part le capital américain, qui s'efforce par le biais des Soviétiques de gagner leurs marchés russes".[100]

Raymond Robins a commencé sa vie comme directeur d'une société de phosphate de Floride. À partir de ce poste, il a développé un gisement de kaolin, puis a prospecté le Texas et les territoires indiens à la fin du XIXe siècle. En se déplaçant vers le nord, en Alaska, Robins a fait fortune lors de la ruée vers l'or du Klondike. Puis, sans raison apparente, il se tourne vers le socialisme et le mouvement réformateur. En 1912, il est un membre actif du Parti progressiste de Roosevelt. Il a rejoint la mission de la Croix-Rouge américaine en Russie en 1917 en tant qu'"économiste social".

Il existe de nombreuses preuves, y compris les propres déclarations de Robins, que ses appels réformistes pour le bien social n'étaient guère plus que des couvertures pour l'acquisition d'un pouvoir et d'une richesse accrus, rappelant les suggestions de Frederick Howe dans *Confessions d'un Monopoliste*. Par exemple, en février 1918, Arthur Bullard se trouvait à Petrograd avec le Comité américain de l'information publique et s'était engagé à rédiger un long mémorandum pour le colonel Edward House. Ce mémorandum fut remis à Robins par Bullard pour

---

[99] Robins est l'orthographe correcte. Le nom est systématiquement orthographié "Robbins" dans les fichiers du département d'État.

[100] Fichier décimal du Département d'État américain, 316-11-1265, 19 mars 1918.

commentaires et critiques avant d'être transmis à House à Washington, D.C. Les commentaires très peu socialistes et impérialistes de Robins étaient que le manuscrit était "exceptionnellement discriminatoire, clairvoyant et bien fait", mais qu'il avait une ou deux réserves - en particulier, que la reconnaissance des Bolcheviks était attendue depuis longtemps, qu'elle aurait dû être effectuée immédiatement, et que si l'U.S. a ainsi reconnu les bolcheviks : "Je crois que nous serions maintenant en mesure de contrôler les ressources excédentaires de la Russie et que nous aurions des agents de contrôle en tout point de la frontière".[101]

Ce désir de "contrôler les ressources excédentaires de la Russie" était également évident pour les Russes. Cela ressemble-t-il à un réformateur social de la Croix-Rouge américaine ou à un promoteur minier de Wall Street engagé dans l'exercice pratique de l'impérialisme financier ?

En tout cas, Robins n'a pas caché son soutien aux bolchéviques.[102] À peine trois semaines après le début de la phase bolchévique de la Révolution, Robins envoie un câble à Henry Davison au siège de la Croix-Rouge : "Veuillez insister auprès du président sur la nécessité de poursuivre nos relations avec le gouvernement bolchévique." Il est intéressant de noter que ce télégramme était en réponse à un autre télégramme donnant instruction à Robins que "le président souhaite que les représentants des États-Unis ne communiquent pas directement avec le gouvernement bolchévique".[103] Plusieurs rapports du Département d'État se sont plaints de la nature partisane des activités de M. Robins. Par exemple, le 27 mars 1919, Harris, le consul américain à Vladivostok, a commenté une longue conversation qu'il avait eue avec Robins et a protesté contre les inexactitudes flagrantes dans le rapport de ce dernier. Harris écrivit : "Robins m'a déclaré qu'aucun prisonnier de guerre allemand et autrichien n'avait rejoint l'armée bolchévique jusqu'en mai 1918. Robbins savait que cette déclaration était absolument fausse". Harris a ensuite fourni les détails des preuves dont disposait Robins.[104]

Harris a conclu : "Robbins a délibérément déformé les faits concernant la Russie à l'époque et il le fait depuis".

---

[101] Mme Bullard, Département d'État américain, fichier décimal, 316-11-1265.

[102] La *New World Review* (automne 1967, p. 40) commente Robins, notant qu'il était "en sympathie avec les objectifs de la Révolution, bien que capitaliste"

[103] Ambassade de Petrograd, dossier de la Croix-Rouge.

[104] Fichier décimal du département d'État américain, 861.00/4168.

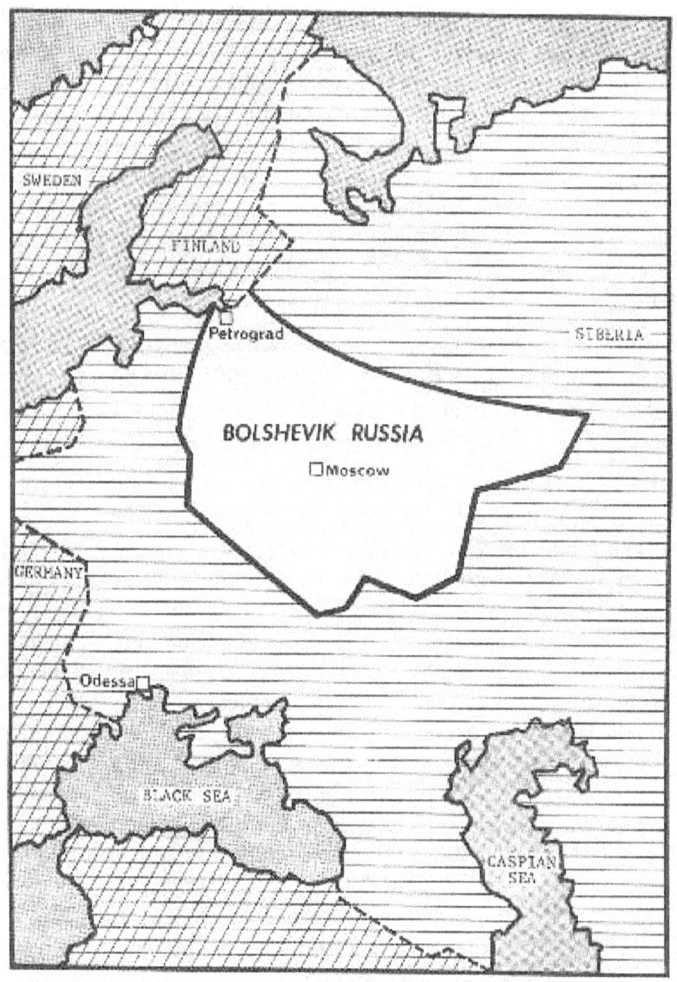

Limite de la zone contrôlée par les bolcheviks, en janvier 1918

À son retour aux États-Unis en 1918, Robins poursuit ses efforts en faveur des bolcheviks. Lorsque les dossiers du Bureau soviétique furent saisis par le Comité Lusk, on découvrit que Robins avait eu une "correspondance considérable" avec Ludwig Martens et d'autres membres du bureau. L'un des documents les plus intéressants saisis était une lettre de Santeri Nuorteva (alias Alexander Nyberg), le premier représentant soviétique aux États-Unis, adressée au "camarade Cahan", rédacteur en chef du *New York Daily Forward*. La lettre demandait aux fidèles du parti de préparer la voie à Raymond Robins :

(Au quotidien) AVANT le 6 juillet 1918

Cher camarade Cahan :

Il est de la plus haute importance que la presse socialiste lance immédiatement une campagne pour que le colonel Raymond Robins, qui vient de rentrer de Russie à la tête de la mission de la Croix-Rouge, soit entendu dans un rapport public au peuple américain. Le danger d'une intervention armée s'est considérablement accru. Les réactionnaires se servent de l'aventure tchécoslovaque pour provoquer une invasion. Robins dispose de tous les faits à ce sujet et sur la situation en Russie en général. Il adopte notre point de vue.

Je joins une copie de l'éditorial de Call qui présente une argumentation générale, ainsi que quelques faits concernant les Tchèques et les Slovaques.

Fraternellement,

PS&AU Santeri Nuorteva

LA CROIX-ROUGE INTERNATIONALE ET LA RÉVOLUTION

À l'insu de ses administrateurs, la Croix-Rouge a été utilisée de temps en temps comme véhicule ou couverture pour des activités révolutionnaires. L'utilisation des marques de la Croix-Rouge à des fins non autorisées n'est pas rare. Lorsque le tsar Nicolas a été déplacé de Petrograd à Tobolsk prétendument pour sa sécurité (bien que cette direction ait représenté un danger plutôt qu'une mise en sécurité), le train arborait les insignes de la Croix-Rouge japonaise. Les dossiers du Département d'État contiennent des exemples d'activités révolutionnaires sous couvert d'activités de la Croix-Rouge. Par exemple, un fonctionnaire russe de la Croix-Rouge (Chelgajnov) a été arrêté en Hollande en 1919 pour des actes révolutionnaires (316-21-107). Pendant la révolution bolchévique hongroise de 1918, dirigée par Bela Kun, des membres russes de la Croix-Rouge (ou des révolutionnaires opérant en tant que membres de la Croix-Rouge russe) ont été interpellés à Vienne et à Budapest. En 1919, l'ambassadeur des États-Unis à Londres a transmis par câble à Washington une nouvelle surprenante ; par l'intermédiaire du gouvernement britannique, il avait appris que "plusieurs Américains qui étaient arrivés dans ce pays dans l'uniforme de la Croix-Rouge et qui se disaient bolchéviques ... passaient par la France pour se rendre en Suisse afin de répandre la propagande bolchévique". L'ambassadeur a noté qu'environ 400 personnes de la Croix-Rouge américaine étaient arrivées à Londres en novembre et décembre 1918 ;

un quart d'entre elles sont retournées aux États-Unis et "le reste a insisté pour se rendre en France". Le 15 janvier 1918, un rapport ultérieur indiquait qu'un rédacteur en chef d'un journal ouvrier de Londres avait été approché à trois reprises par trois responsables différents de la Croix-Rouge américaine qui proposaient de prendre des commissions pour les Bolcheviks en Allemagne. Le rédacteur en chef avait suggéré à l'ambassade américaine de surveiller le personnel de la Croix-Rouge américaine. Le département d'État américain a pris ces rapports au sérieux et Polk a envoyé des câbles pour obtenir des noms, déclarant : "Si c'est vrai, je considère que c'est de la plus haute importance" (861.00/3602 et /3627).

Pour résumer : l'image que nous nous faisons de la mission de la Croix-Rouge américaine en Russie en 1917 est loin d'être celle d'un humanitarisme neutre. La mission était en fait une mission des financiers de Wall Street pour influencer et ouvrir la voie au contrôle, par Kerensky ou les révolutionnaires bolchéviques, du marché et des ressources russes. Aucune autre explication n'est possible pour expliquer les actions de la mission. Cependant, ni Thompson ni Robins n'étaient bolchéviques. Ni même un socialiste convaincu. L'auteur est enclin à l'interprétation selon laquelle les appels socialistes de chaque homme étaient des couvertures pour des objectifs plus prosaïques. Chaque homme avait l'intention de faire du commerce, c'est-à-dire que chacun cherchait à utiliser le processus politique en Russie à des fins financières personnelles. La question de savoir si le peuple russe voulait des bolcheviks n'avait aucune importance. Que le régime bolchévique agisse contre les États-Unis - comme il l'a toujours fait par la suite - n'était pas un problème. Le seul objectif primordial était de gagner de l'influence politique et économique auprès du nouveau régime, quelle que soit son idéologie. Si William Boyce Thompson avait agi seul, sa fonction de directeur de la Banque de la Réserve Fédérale serait sans conséquence. Cependant, le fait que sa mission ait été dominée par des représentants des institutions de Wall Street soulève une question sérieuse - en fait, si la mission était une opération planifiée et préméditée par un groupe de Wall Street. Le lecteur en jugera de lui-même, au fur et à mesure que le reste de l'histoire se déroulera.

CHAPITRE VI

CONSOLIDATION ET EXPORTATION DE LA RÉVOLUTION

Le grand livre de Marx, Das Kapital, est à la fois un monument de raisonnement et un exposé de faits.
Lord Milner, membre du cabinet de guerre britannique, 1917, et directeur de la London Joint Stock Bank.

William Boyce Thompson est un nom inconnu dans l'histoire du XXe siècle, mais Thompson a joué un rôle crucial dans la révolution bolchévique.[105] En effet, si Thompson n'avait pas été en Russie en 1917, l'histoire ultérieure aurait pu suivre un tout autre cours. Sans l'aide financière et, plus important encore, l'aide diplomatique et de propagande apportée à Trotsky et à Lénine par Thompson, Robins et leurs associés new-yorkais, les bolcheviks auraient peut-être bien dépéri et la Russie serait devenue une société socialiste, mais de type constitutionnel.

Qui était William Boyce Thompson ? Thompson était un promoteur d'actions minières, l'un des meilleurs dans une entreprise à haut risque. Avant la Première Guerre mondiale, il s'occupait des opérations boursières pour les intérêts du cuivre de Guggenheim. Lorsque les Guggenheim ont eu besoin de capitaux rapides pour une lutte boursière avec John D. Rockefeller, c'est Thompson qui a fait la promotion de Yukon Consolidated Goldfields devant un public sans méfiance pour lever un trésor de guerre de 3,5 millions de dollars. Thompson était le directeur du groupe Kennecott, une autre opération de Guggenheim, évaluée à 200 millions de dollars. C'est Guggenheim Exploration, d'autre part, qui a repris les options de Thompson sur la riche Nevada Consolidated Copper Company. Environ les trois quarts de la première

---

[105] Pour une biographie, voir Hermann Hagedorn, *The Magnate: William Boyce Thompson and His Time (1869-1930)* (New York : Reynal & Hitchcock, 1935).

société Guggenheim Exploration étaient contrôlés par la famille Guggenheim, la famille Whitney (propriétaire du magazine *Metropolitan*, qui employait le bolchévique John Reed), et John Ryan. En 1916, les intérêts de Guggenheim se sont réorganisés en Guggenheim Brothers et ont fait appel à William C. Potter, qui travaillait auparavant pour l'American Smelting and Refining Company de Guggenheim, mais qui était en 1916 le premier vice-président de Guaranty Trust.

Ses compétences extraordinaires dans la mobilisation de capitaux pour des promotions minières risquées lui ont valu de se constituer une fortune personnelle et des postes de directeur dans les sociétés Inspiration Consolidated Copper Company, Nevada Consolidated Copper Company et Utah Copper Company - tous de grands producteurs de cuivre nationaux. Le cuivre est, bien sûr, un matériau majeur dans la fabrication des munitions. Thompson a également été directeur de la Chicago Rock Island & Pacific Railroad, de la Magma Arizona Railroad et de la Metropolitan Life Insurance Company. Et, fait particulièrement intéressant pour ce livre, Thompson était "l'un des plus gros actionnaires de la Chase National Bank". C'est Albert H. Wiggin, président de la Chase Bank, qui poussa Thompson à obtenir un poste dans le système de la Réserve Fédérale ; et en 1914, Thompson devint le premier directeur à plein temps de la Federal Reserve Bank of New York - la plus importante banque du système de la Réserve Fédérale.

En 1917, William Boyce Thompson était donc un opérateur financier disposant de moyens importants, d'une capacité démontrée, d'un flair pour la promotion et la mise en œuvre de projets capitalistes, et d'un accès facile aux centres du pouvoir politique et financier. C'est le même homme qui a d'abord soutenu Alexandre Kerensky, puis qui est devenu un ardent défenseur des Bolcheviks, en léguant un symbole survivant de ce soutien - un pamphlet de louanges en russe, "Pravda o Rossii i Bol'shevikakh".[106] (voir ci-dessous)

---

[106] Polkovnik' Villiam' Boic' Thompson', "Pravda o Rossii i Bol'shevikakh" (New York : Russian-American Publication Society, 1918). Colonel William Boyce Thompson "La verité sur les Russes et les Bolcheviks"

> Полковникъ Вилліамъ Бойсъ
> ТОМПСОНЪ
>
> Правда о Россіи
> и Большевикахъ
>
> RUSSIAN-AMERICAN PUBLICATION SOCIETY
> 44 WHITEHALL STREET
> NEW YORK

Avant de quitter la Russie au début du mois de décembre 1917, Thompson a remis la mission de la Croix-Rouge américaine à son adjoint Raymond Robins. Robins a ensuite organisé les révolutionnaires russes pour mettre en œuvre le plan de Thompson visant à répandre la propagande bolchévique en Europe (voir annexe 3). Un document du gouvernement français le confirme : "Il semble que le colonel Robins... ait pu envoyer une mission subversive de bolcheviks russes en Allemagne pour y lancer une révolution."[107] Cette mission a conduit à la révolte avortée des Spartakistes allemands en 1918. Le plan global comprenait également des objectifs pour larguer de la littérature bolchévique par avion ou pour la faire passer en contrebande à travers les lignes allemandes.

À la fin de 1917, Thompson se prépare à quitter Petrograd et à vendre la révolution bolchévique aux gouvernements européens et américains. Dans cette optique, Thompson envoie un câble à Thomas W. Lamont, un associé de la firme Morgan qui se trouve alors à Paris avec le colonel E.

---

[107] John Bradley, *Allied Intervention in Russia* (Londres : Weidenfeld et Nicolson, 1968.)

M. House. Lamont a consigné la réception de ce télégramme dans sa biographie :

> Au moment où la Mission de la Chambre achevait ses discussions à Paris en décembre 1917, j'ai reçu un câble d'arrestation de mon vieil ami d'école et d'affaires, William Boyce Thompson, qui était alors à Petrograd en charge de la Mission de la Croix-Rouge américaine dans cette ville.[108]

Lamont se rend à Londres et rencontre Thompson, qui a quitté Petrograd le 5 décembre, passe par Bergen, en Norvège, et arrive à Londres le 10 décembre. L'exploit le plus important de Thompson et Lamont à Londres fut de convaincre le cabinet de guerre britannique - alors résolument anti-bolchévique - que le régime bolchévique était là pour durer, et que la politique britannique devrait cesser d'être anti-bolchévique, devrait accepter les nouvelles réalités, et devrait soutenir Lénine et Trotsky. Thompson et Lamont quittent Londres le 18 décembre et arrivent à New York le 25 décembre 1917. Ils tentent le même processus de conversion aux États-Unis.

UNE CONSULTATION AVEC LLOYD GEORGE

Les documents secrets du cabinet de guerre britannique sont maintenant disponibles et valident l'argument utilisé par Thompson pour orienter le gouvernement britannique vers une politique pro-bolchévique. Le Premier ministre de Grande-Bretagne était David Lloyd George. Les machinations privées et politiques de Lloyd George rivalisaient avec celles d'un homme politique de Tammany Hall - pourtant, de son vivant et pendant des décennies après, les biographes n'ont pas pu, ou n'ont pas voulu, les appréhender. En 1970, *The Mask of Merlin*, de Donald McCormick, a levé le voile sur ce secret. McCormick montre qu'en 1917, David Lloyd George s'était enlisé "trop profondément dans les mailles des intrigues internationales en matière d'armement pour être un agent libre" et qu'il était redevable à Sir Basil Zaharoff, un marchand d'armes international, dont la fortune considérable a été faite en vendant des

---

[108] Thomas W. Lamont, *Across World Frontiers* (New York : Harcourt, Brace, 1959), p. 85. Voir aussi p. 94-97 pour les coups de sein massifs suite à l'échec du président Wilson à agir rapidement pour se lier d'amitié avec le régime soviétique. Corliss Lamont, son fils, est devenu un [gauchiste national de première ligne aux États-Unis

armes aux deux camps au cours de plusieurs guerres.[109] Zaharoff exerçait un énorme pouvoir en coulisses et, selon McCormick, était consulté sur les politiques de guerre par les dirigeants alliés. À plus d'une reprise, les rapports indiquent que McCormick, Woodrow Wilson, Lloyd George et Georges Clemenceau se sont rencontrés dans la maison de Zaharoff à Paris. McCormick note que "les hommes d'État et les dirigeants alliés étaient obligés de le consulter avant de planifier toute grande attaque". Les services de renseignement britanniques, selon McCormick, "ont découvert des documents qui incriminaient des serviteurs de la Couronne en tant qu'agents secrets de Sir Basil Zaharoff *au vu et au su de Lloyd George.*[110] " En 1917, Zaharoff était lié aux bolcheviks ; il cherchait à détourner des munitions des anti-bolcheviks et était déjà intervenu en faveur du régime bolchevik à Londres et à Paris.

À la fin de 1917, alors - à l'époque où Lamont et Thompson sont arrivés à Londres - le Premier ministre Lloyd George était redevable aux puissants intérêts internationaux en matière d'armement qui étaient alliés aux Bolcheviks et qui fournissaient de l'aide pour étendre le pouvoir des Bolcheviks en Russie. Le Premier ministre britannique qui rencontra William Thompson en 1917 n'était pas alors un agent libre ; Lord Milner était la puissance en coulisses et, comme l'épigraphe de ce chapitre le suggère, favorablement inclinée vers le socialisme et Karl Marx.

Les documents "secrets" du Cabinet de guerre donnent le "compte-rendu du Premier ministre sur une conversation avec M. Thompson, un Américain revenu de Russie",[111] et le rapport fait par le Premier ministre au Cabinet de guerre après sa rencontre avec Thompson.[112] Le document du cabinet indique ce qui suit :

> Le Premier ministre a rapporté une conversation qu'il avait eue avec un M. Thompson - un voyageur américain et un homme aux moyens considérables - qui venait de rentrer de Russie, et qui avait donné une impression des affaires de ce pays quelque peu différente de ce que l'on croyait généralement. L'essentiel de ses remarques était que la

---

[109] Donald McCormick, *The Mask of Merlin* (Londres : MacDonald, 1963 ; New York : Holt, Rinehart et Winston, 1964), p. 208. La vie personnelle de Lloyd George le laisserait certainement exposé au chantage.

[110] Ibid. Les italiques de McCormick.

[111] Documents du Cabinet de guerre britannique, non. 302, sec. 2 (Public Records Office, Londres).

[112] Le mémorandum écrit que Thompson a soumis à Lloyd George et qui a servi de base à la déclaration du cabinet de guerre est disponible auprès de sources d'archives américaines et est imprimé dans son intégralité à l'annexe 3.

Révolution était là pour durer ; que les Alliés ne s'étaient pas montrés suffisamment sympathiques à la Révolution ; et que MM. Trotsky et Lénine n'étaient pas à la solde de l'Allemagne, ce dernier étant un professeur assez distingué. M. Thompson avait ajouté qu'il considérait que les Alliés devaient mener en Russie une propagande active, menée par une forme quelconque de Conseil Allié composé d'hommes spécialement sélectionnés ; en outre, il estimait que dans l'ensemble, compte tenu de la nature du gouvernement russe de facto, les différents gouvernements alliés n'étaient pas représentés de façon appropriée à Petrograd. Selon M. Thompson, il était nécessaire que les Alliés se rendent compte que l'armée et le peuple russes étaient sortis de la guerre, et que les Alliés auraient à choisir entre une Russie neutre amie ou hostile.

La question a été débattue de savoir si les Alliés ne devraient pas modifier leur politique à l'égard du gouvernement russe de facto, les Bolcheviks étant, selon M. Thompson, anti-allemands. À cet égard, Lord Robert Cecil a attiré l'attention sur les conditions de l'armistice entre les armées allemande et russe, qui prévoyait notamment des échanges commerciaux entre les deux pays et la création d'une commission d'achat à Odessa, le tout étant évidemment dicté par les Allemands. Lord Robert Cecil estime que les Allemands s'efforceront de poursuivre l'armistice jusqu'à ce que l'armée russe soit complètement neutralisée.

Sir Edward Carson a lu une communication, signée par M. Trotzki, qui lui avait été envoyée par un sujet britannique, le directeur de la branche russe de la Vauxhall Motor Company, qui venait de rentrer de Russie [Paper G.T. - 3040]. Ce rapport indiquait que la politique de M. Trotzki était, en tout cas ostensiblement, une politique d'hostilité à l'organisation de la société civilisée plutôt que pro-allemande. D'autre part, il était suggéré qu'une telle attitude n'était en aucun cas incompatible avec le fait que Trotzki était un agent allemand, dont l'objectif était de ruiner la Russie afin que l'Allemagne puisse faire ce qu'elle souhaitait dans ce pays.

Après avoir entendu le rapport de Lloyd George et les arguments à l'appui, le cabinet de guerre décide de suivre Thompson et les bolcheviks. Milner avait un ancien consul britannique en Russie - Bruce Lockhart - prêt et attendant dans les coulisses. Lockhart a été informé et envoyé en Russie avec pour instruction de travailler de manière informelle avec les Soviétiques.

La minutie du travail de Thompson à Londres et la pression qu'il a pu exercer sur la situation sont suggérées par les rapports ultérieurs qui sont parvenus entre les mains du cabinet de guerre, provenant de sources authentiques. Ces rapports donnent une vision de Trotsky et des bolcheviks tout à fait différente de celle présentée par Thompson, et pourtant ils ont été ignorés par le cabinet. En avril 1918, le général Jan

Smuts rapporte au cabinet de guerre son entretien avec le général Nieffel, le chef de la mission militaire française qui vient de rentrer de Russie :

> Trotski (sic)... est une crapule accomplie qui n'est peut-être pas pro-allemande, mais qui est tout à fait pro-Trotski et pro-révolutionnaire et à qui on ne peut faire confiance en aucune façon. Son influence se manifeste par la façon dont il en est venu à dominer Lockhart, Robins et le représentant français. Il [Nieffel] conseille une grande prudence dans ses rapports avec Trotski, dont il admet qu'il est le seul homme vraiment compétent en Russie.[113]

Quelques mois plus tard, Thomas D. Thacher, avocat de Wall Street et autre membre de la mission américaine de la Croix-Rouge en Russie, était à Londres. Le 13 avril 1918, Thacher écrit à l'ambassadeur américain à Londres qu'il a reçu une demande de H. P. Davison, un associé de Morgan, "pour s'entretenir avec Lord Northcliffe" au sujet de la situation en Russie et pour se rendre ensuite à Paris "pour d'autres conférences". Lord Northcliffe est malade et Thacher part avec un autre partenaire de Morgan, Dwight W. Morrow, laissant un mémorandum qui sera soumis à Northcliffe à son retour à Londres.[114] Non seulement ce mémorandum contenait des suggestions explicites sur la politique russe qui soutenaient la position de Thompson, mais il déclarait même que "l'aide la plus complète devait être apportée au gouvernement soviétique dans ses efforts pour organiser une armée révolutionnaire volontaire". Les quatre principales propositions de ce rapport Thacher sont les suivantes :

> Tout d'abord... les Alliés doivent décourager l'intervention japonaise en Sibérie.
>
> En second lieu, il faut apporter toute l'aide possible au gouvernement soviétique dans ses efforts pour organiser une armée révolutionnaire volontaire.
>
> Troisièmement, les gouvernements alliés devraient apporter leur soutien moral au peuple russe dans ses efforts pour élaborer son propre système politique sans la domination d'une quelconque puissance étrangère...
>
> Quatrièmement, jusqu'à ce qu'un conflit ouvert éclate entre le gouvernement allemand et le gouvernement soviétique de Russie, les agences allemandes auront la possibilité de pénétrer pacifiquement en Russie à des fins commerciales. Tant qu'il n'y aura pas de rupture ouverte, il sera probablement impossible d'empêcher entièrement ce

---

[113] Le mémorandum complet se trouve dans le fichier décimal du département d'État américain, 316-13-698.

[114] Documents du Cabinet de guerre, 24/49/7197 (G.T. 4322) Secret, 24 avril 1918.

commerce. Des mesures devraient donc être prises pour entraver, dans la mesure du possible, le transport de céréales et de matières premières de Russie vers l'Allemagne.[115]

LES INTENTIONS ET LES OBJECTIFS DE THOMPSON

Pourquoi un éminent financier de Wall Street, et directeur de la Banque de la Réserve Fédérale, voudrait-il organiser et aider les révolutionnaires bolchéviques ? Pourquoi non pas un, mais plusieurs associés de Morgan travaillant de concert voudraient-ils encourager la formation d'une "armée révolutionnaire volontaire" soviétique - une armée censée se consacrer au renversement de Wall Street, comprenant Thompson, Thomas Lamont, Dwight Morrow, la firme Morgan et tous leurs associés ?

Thompson était au moins franc quant à ses objectifs en Russie : il voulait maintenir la Russie en guerre contre l'Allemagne (pourtant, il a fait valoir devant le Cabinet de guerre britannique que la Russie était de toute façon sortie de la guerre) et conserver la Russie comme marché pour les entreprises américaines de l'après-guerre. Le mémorandum de Thompson à Lloyd George de décembre 1917 décrit ces objectifs. Le mémorandum[116] commence ainsi : "La situation russe est perdue et la Russie est entièrement ouverte à l'exploitation allemande sans opposition..." et conclut : "Je crois qu'un travail intelligent et courageux empêchera encore l'Allemagne d'occuper le terrain à elle seule et donc d'exploiter la Russie aux dépens des Alliés." Par conséquent, c'est l'exploitation commerciale et industrielle de la Russie par l'Allemagne que craignait Thompson (ce qui se reflète également dans le mémorandum Thacher) et qui a amené Thompson et ses amis de New York à conclure une alliance avec les Bolcheviks. D'ailleurs, cette interprétation se reflète dans une déclaration quasi-humoristique faite par Raymond Robins, l'adjoint de Thompson, à Bruce Lockhart, l'agent britannique :

> Vous entendrez dire que je suis le représentant de Wall Street ; que je suis le serviteur de William B. Thompson pour lui procurer le cuivre de

---

[115] Lettre reproduite intégralement à l'annexe 3. Il convient de noter que nous avons identifié Thomas Lamont, Dwight Morrow et H. P. Davison comme étant étroitement impliqués dans le développement de la politique à l'égard des Bolcheviks. Tous étaient associés dans le cabinet J.P. Morgan. Thacher faisait partie du cabinet d'avocats Simpson, Thacher & Bartlett et était un ami proche de Felix Frankfurter.

[116] Voir l'annexe 3.

l'Altaï ; que je me suis déjà procuré 500 000 acres des meilleures terres à bois de Russie ; que j'ai déjà pris le chemin de fer transsibérien ; qu'on m'a donné le monopole du platine de Russie ; que cela explique mon travail pour le compte de l'Union soviétique... Vous allez entendre ce discours. Maintenant, je ne pense pas que ce soit vrai, Monsieur le Commissaire, mais supposons que ce soit vrai. Supposons que je sois ici pour capturer la Russie pour le compte de Wall Street et des hommes d'affaires américains. Supposons que vous soyez un loup britannique et que je sois un loup américain, et que, lorsque cette guerre sera terminée, nous nous dévorerons mutuellement pour le marché russe ; faisons-le en toute franchise, à la manière d'un homme, mais supposons en même temps que nous soyons des loups assez intelligents, et que nous sachions que si nous ne chassons pas ensemble à cette heure, le loup allemand nous dévorera tous les deux, et alors mettons-nous au travail.[117]

Dans cette optique, examinons les motivations personnelles de Thompson. Thompson était un financier, un promoteur, et, bien que sans intérêt préalable pour la Russie, il avait personnellement financé la mission de la Croix-Rouge en Russie et utilisé la mission comme un véhicule de certaines manœuvres politiques. De l'ensemble du tableau, nous pouvons déduire que les motivations de Thompson étaient principalement financières et commerciales. Plus précisément, Thompson s'intéressait au marché russe et à la façon dont ce marché pouvait être influencé, détourné et capturé pour être exploité après la guerre par un ou plusieurs syndicats de Wall Street. Il est certain que Thompson considérait l'Allemagne comme un ennemi, mais moins comme un ennemi politique que comme un ennemi économique ou commercial. L'industrie et les banques allemandes étaient les véritables ennemis. Pour déjouer les plans de l'Allemagne, Thompson était prêt à parier sur tout pouvoir politique qui lui permettrait d'atteindre son objectif. En d'autres termes, Thompson était un impérialiste américain qui luttait contre l'impérialisme allemand, et cette lutte fut habilement reconnue et exploitée par Lénine et Trotsky.

Les preuves confirment cette approche apolitique. Au début du mois d'août 1917, William Boyce Thompson a déjeuné à l'ambassade américaine de Petrograd avec Kerensky, Terestchenko et l'ambassadeur américain Francis. Au cours du déjeuner, Thompson montra à ses invités russes un câble qu'il venait d'envoyer au bureau new-yorkais de J.P. Morgan demandant le transfert de 425 000 roubles pour couvrir une souscription personnelle au nouveau "Russian Liberty Loan". Thompson a également demandé à Morgan d'"informer mes amis que je

---

[117] États-Unis, Sénat, *Propagande bolchévique,* Audiences devant une sous-commission de la Commission du pouvoir judiciaire, 65e Cong. 1919, p. 802.

recommande ces obligations comme le meilleur investissement de guerre que je connaisse". Je serai heureux de m'occuper de leur achat ici sans compensation" ; il a ensuite proposé de prendre personnellement vingt pour cent d'un syndicat new-yorkais achetant cinq millions de roubles du prêt russe. Sans surprise, Kerensky et Terestchenko ont indiqué qu'ils étaient "très satisfaits" du soutien de Wall Street. Et l'ambassadeur Francis, par câble, a rapidement informé le Département d'État que la commission de la Croix-Rouge "travaillait harmonieusement avec moi" et qu'elle aurait "un excellent effet".[118] D'autres auteurs ont raconté comment Thompson a tenté de convaincre les paysans russes de soutenir Kerensky en investissant un million de dollars de son propre argent et des fonds du gouvernement américain du même ordre de grandeur dans des activités de propagande. Par la suite, le Comité sur l'éducation civique dans la Russie libre, dirigé par la "grand-mère" révolutionnaire Breshkovskaya, avec David Soskice (secrétaire privé de Kerensky) comme cadre, a créé des journaux, des bureaux de presse, des imprimeries et des bureaux de conférenciers pour promouvoir l'appel : "Combattez le kaiser et sauvez la révolution". Il est à noter que la campagne de Kerensky, financée par Thompson, avait le même appel : "Maintenez la Russie dans la guerre" - tout comme son soutien financier aux bolcheviks. Le lien commun entre le soutien de Thompson à Kerensky et son soutien à Trotsky et Lénine était : "continuez la guerre contre l'Allemagne" et gardez l'Allemagne hors de Russie".

En bref, derrière et en dessous des aspects militaires, diplomatiques et politiques de la Première Guerre mondiale, une autre bataille faisait rage, à savoir une manœuvre pour l'hégémonie économique mondiale de l'après-guerre par des opérateurs internationaux ayant une force et une influence considérables. Thompson n'était pas un bolchévique ; il n'était même pas pro-bolchévique. Il n'était pas non plus pro-Kerensky. Il n'était même pas non plus pro-Américain. *Sa motivation première était la conquête du marché russe de l'après-guerre.* C'était un objectif commercial, et non idéologique. L'idéologie pouvait influencer des opérateurs révolutionnaires comme Kerensky, Trotsky, Lénine et autres, mais pas les financiers.

Le mémorandum de Lloyd George démontre l'impartialité de Thompson que ce soit pour Kerensky ou les bolcheviks : "Après le renversement du dernier gouvernement Kerensky, nous avons aidé matériellement la diffusion de la littérature bolchévique, en la distribuant

---

[118] Fichier décimal du Département d'État américain, 861.51/184.

par des agents et par des avions à l'armée allemande".[119] Ce texte a été écrit à la mi-décembre 1917, cinq semaines seulement après le début de la révolution bolchévique, et moins de quatre mois après que Thompson ait exprimé son soutien à Kerensky lors d'un déjeuner à l'ambassade américaine.

THOMPSON RETOURNE AUX ÉTATS-UNIS

Thompson est ensuite rentré au pays et a fait une tournée aux États-Unis avec un plaidoyer public pour la reconnaissance des Soviétiques. Dans un discours prononcé devant le Rocky Mountain Club de New York en janvier 1918, Thompson demande d'apporter de l'aide au gouvernement bolchévique naissant et, s'adressant à un public composé en grande partie d'Occidentaux, évoque l'esprit des pionniers américains :

> Ces hommes n'auraient pas hésité très longtemps à reconnaître le gouvernement ouvrier de Russie et à lui apporter toute l'aide et la sympathie possibles, car en 1819 et dans les années qui ont suivi, nous avions des gouvernements bolchéviques... et de rudement bons gouvernements alors ![120]

Il est difficile de comparer l'expérience pionnière de notre frontière occidentale à l'extermination impitoyable de l'opposition politique alors en cours en Russie. Pour Thompson, cette conquête était sans doute considérée comme similaire à celle des stocks miniers qu'il avait faite par le passé. Quant aux personnes présentes dans l'auditoire de Thompson, nous ne savons pas ce qu'elles pensaient ; cependant, personne n'a soulevé de défi. L'orateur était un directeur respecté de la Banque de Réserve Fédérale de New York, un millionnaire autodidacte (et cela compte beaucoup aux USA). Et après tout, n'était-il pas tout juste revenu de Russie ? Mais tout n'était pas rose. Le biographe de Thompson, Hermann Hagedorn, a écrit que Wall Street était "stupéfait" que ses amis aient été "choqués" et qu'il ait "dit qu'il avait perdu la tête, qu'il était devenu lui-même bolchévique".[121]

Alors que Wall Street se demandait s'il était effectivement "devenu bolchévique", Thompson a trouvé de la sympathie parmi ses collègues du

---

[119] Voir l'annexe 3.

[120] Inséré par le sénateur Calder dans le *procès-verbal du Congrès*, 31 janvier 1918, p. 1409.

[121] Hagedorn, op. tit., p. 263.

conseil d'administration de la Banque de Réserve Fédérale de New York. Le codirecteur W. L. Saunders, président de l'Ingersoll-Rand Corporation et administrateur de la FRB, écrivit au président Wilson le 17 octobre 1918, déclarant qu'il était "en sympathie avec la forme de gouvernement soviétique" ; en même temps, il déclinait toute arrière-pensée telle que "se préparer maintenant à obtenir le contrôle du commerce du monde après la guerre".[122]

Parmi les collègues de Thompson, le plus intéressant est George Foster Peabody, vice-président de la Banque de la Réserve Fédérale de New York et ami proche du socialiste Henry George. Peabody avait fait fortune dans la manipulation des chemins de fer, tout comme Thompson avait fait fortune dans la manipulation des actions du cuivre. Peabody s'est alors déclaré en faveur de la nationalisation des chemins de fer par le gouvernement et a ouvertement adopté la socialisation.[123] Comment Peabody a-t-il concilié le succès de son entreprise privée avec la promotion de la propriété publique ? Selon son biographe Louis Ware, "son raisonnement lui a fait comprendre qu'il était important que cette forme de transport soit exploitée comme un service public plutôt qu'au profit d'intérêts privés". Ce raisonnement de haute voltige ne sonne guère juste. Il serait plus exact de dire qu'étant donné l'influence politique dominante de Peabody et de ses collègues financiers à Washington, ils pourraient plus facilement éviter les rigueurs de la concurrence grâce au contrôle des chemins de fer par le gouvernement. Grâce à leur influence politique, ils pouvaient manipuler le pouvoir de police de l'État pour obtenir ce qu'ils n'avaient pas pu gagner, ou ce qui était trop coûteux, dans le cadre d'une entreprise privée. En d'autres termes, le pouvoir de police de l'État était un moyen de maintenir un monopole privé. C'était exactement ce que Frederick C. Howe avait proposé. L'idée d'une Russie socialiste planifiée de manière centralisée a dû plaire à Peabody. Pensez-y - un monopole d'État gigantesque ! Et Thompson, son ami et collègue directeur, avait le dessus sur ceux qui dirigeaient l'opération ![124]

---

[122] Fichier décimal du département d'État américain, 861.00/3005.

[123] Louis Ware, *George Foster Peabody* (Athènes : University of Georgia Press, 1951).

[124] Si cet argument semble trop farfelu, le lecteur devrait consulter Gabriel Kolko, *Railroads and Regulation 1877-1916* (New York : W. W. Norton, 1965), qui décrit comment les pressions en faveur du contrôle gouvernemental et de la formation de l'Interstate Commerce Commission sont venues *des propriétaires des chemins de fer, et* non des agriculteurs et des utilisateurs des services ferroviaires.

LES AMBASSADEURS NON OFFICIELS : ROBINS, LOCKHART ET SADOUL

Les bolcheviks, pour leur part, ont correctement évalué à Petrograd le manque de sympathie des représentants des trois grandes puissances occidentales : les États-Unis, la Grande-Bretagne et la France. Les États-Unis étaient représentés par l'ambassadeur Francis, sans que ce dernier dissimule son antipathie à l'égard de la révolution. La Grande-Bretagne était représentée par Sir James Buchanan, qui avait des liens étroits avec la monarchie tsariste et était soupçonné d'avoir aidé à la phase Kerensky de la révolution. La France était représentée par l'ambassadeur Maurice Paléologue, ouvertement anti-bolchévique. Au début de 1918, trois autres personnalités font leur apparition ; elles deviennent des représentants de facto de ces pays occidentaux et évincent les représentants officiellement reconnus.

Raymond Robins a repris la mission de la Croix-Rouge de W. B. Thompson au début du mois de décembre 1917, mais il s'est davantage préoccupé des questions économiques et politiques que de l'obtention de secours et d'assistance pour la Russie frappée par la misère. Le 26 décembre 1917, Robins envoie un câble à Henry Davison, partenaire de Morgan et temporairement directeur général de la Croix-Rouge américaine : "Veuillez insister auprès du Président sur la nécessité de poursuivre nos relations avec le gouvernement bolchévique."[125] Le 23 janvier 1918, Robins a envoyé un télégramme à Thompson, alors à New York :

> Le gouvernement soviétique est aujourd'hui plus fort que jamais. Son autorité et son pouvoir ont été considérablement renforcés par la dissolution de l'Assemblée constituante... On ne peut pas insister trop fortement sur l'importance d'une reconnaissance rapide de l'autorité bolchévique... Sisson approuve ce texte et vous demande de montrer ce câble à Creel. Thacher et Wardwell sont d'accord.[126]

Plus tard en 1918, à son retour aux États-Unis, Robins a soumis au secrétaire d'État Robert Lansing un rapport contenant ce paragraphe d'introduction :

---

[125] C. K. Cumming et Waller W. Pettit, *Russian-American Relations, Documents and Papers* (New York : Harcourt, Brace & Howe, 1920), doe. 44.

[126] Ibid, doc. 54.

> "Coopération économique américaine avec la Russie ; la Russie accueillera favorablement l'aide américaine à la reconstruction économique."[127]

Les efforts persistants de Robins en faveur de la cause bolchévique lui ont donné un certain prestige dans le camp bolchévique, et peut-être même une certaine influence politique. L'ambassade américaine à Londres a affirmé en novembre 1918 que "Salkind doit sa nomination, en tant qu'ambassadeur bolchévique en Suisse, à un Américain... qui n'est autre que M. Raymond Robins".[128] À peu près à cette époque, des rapports ont commencé à filtrer à Washington, selon lesquels Robins était lui-même un bolchévique ; par exemple, le suivant de Copenhague, daté du 3 décembre 1918 :

> Confidentiel. Selon une déclaration faite par Radek à George de Patpourrie, ancien consul général d'Autriche et de Hongrie à Moscou, le colonel Robbins [sic], ancien directeur de la mission de la Croix-Rouge américaine en Russie, est actuellement à Moscou pour négocier avec le gouvernement soviétique et sert d'intermédiaire entre les Bolcheviks et leurs amis aux États-Unis. Certains milieux semblent penser que le colonel Robbins est lui-même un bolchévique, tandis que d'autres soutiennent qu'il ne l'est pas, mais que ses activités en Russie sont contraires aux intérêts des gouvernements associés.[129]

Des documents dans les dossiers du Bureau soviétique à New York, et saisis par le Comité Lusk en 1919, confirment que Robins et sa femme étaient étroitement associés aux activités bolchéviques aux États-Unis et à la formation du Bureau soviétique à New York.[130]

Le gouvernement britannique a établi des relations non officielles avec le régime bolchévique en envoyant en Russie un jeune agent russophone, Bruce Lockhart. Lockhart était, en fait, l'homologue de Robins ; mais contrairement à Robins, Lockhart avait des contacts directs avec son ministère des Affaires étrangères. Lockhart n'a pas été choisi par le ministre des Affaires étrangères ou le ministère ; tous deux ont été consternés par cette nomination. Selon Richard Ullman, Lockhart a été "sélectionné pour sa mission par Milner et Lloyd George eux-mêmes..." Maxim Litvinov, agissant en tant que représentant soviétique non officiel en Grande-Bretagne, a écrit pour Lockhart une lettre d'introduction à

---

[127] Ibid, doc. 92.

[128] Fichier décimal du département d'État américain, 861.00/3449. Mais voir Kennan, *Russia Leaves the War*, pp. 401-5.

[129] Ibid, 861.00 3333.

[130] Voir le chapitre 7.

Trotsky ; il y qualifie l'agent britannique "d'homme tout à fait honnête qui comprend notre position et sympathise avec nous."[131]

Nous avons déjà noté les pressions exercées sur Lloyd George pour qu'il adopte une position pro-bolchévique, en particulier celles de William B. Thompson, et celles indirectement exercées par Sir Basil Zaharoff et Lord Milner. Milner était, comme l'épigraphe de ce chapitre le suggère, extrêmement prosocialiste. Edward Crankshaw a décrit succinctement la dualité de Milner.

> Certains des passages [dans Milner] sur l'industrie et la société... sont des passages que n'importe quel socialiste serait fier d'avoir écrit. Mais ils n'ont pas été écrits par un socialiste. Ils ont été écrits par "l'homme qui a fait la guerre des Boers". Certains des passages sur l'impérialisme et le fardeau de l'homme blanc pourraient avoir été écrits par un conservateur pur et dur. Ils ont été écrits par l'étudiant de Karl Marx.[132]

Selon Lockhart, le directeur socialiste de la banque Milner était un homme qui lui inspirait "la plus grande affection et l'adoration des héros". Lockhart[133] raconte comment Milner a personnellement parrainé sa nomination russe, l'a poussée au niveau du cabinet, et après sa nomination a parlé "presque quotidiennement" avec Lockhart. Tout en ouvrant la voie à la reconnaissance des bolcheviks, Milner a également encouragé le soutien financier de leurs opposants en Russie du Sud et ailleurs, comme l'a fait Morgan à New York. Cette double politique est conforme à la thèse selon laquelle le *modus operandi* des internationalistes politisés - tels que Milner et Thompson - était de placer l'argent de l'État sur tout cheval révolutionnaire ou contre-révolutionnaire qui semblait être un gagnant possible. Les internationalistes, bien sûr, réclamaient tout bénéfice ultérieur. L'indice se trouve peut-être dans l'observation de Bruce Lockhart selon laquelle Milner était un homme qui "croyait en un État hautement organisé".[134]

---

[131] Richard H. Ullman, *Intervention and the War* (Princeton, N.J. : Princeton University Press, 1961), t). 61.

[132] Edward Crankshaw, *L'idée abandonnée : Une étude o ! Vicomte Milner* (Londres : Longmans Green, 1952), p. 269.

[133] Robert Hamilton Bruce Lockhart, *agent britannique* (New York : Putnam's, 1933), p. 119.

[134] Ibid, p. 204.

Le gouvernement français a nommé un sympathisant encore plus ouvertement bolchévique, Jacques Sadoul, un vieil ami de Trotsky.[135]

En résumé, les gouvernements alliés ont neutralisé leurs propres représentants diplomatiques à Petrograd et les ont remplacés par des agents non officiels plus ou moins sympathiques aux bolchéviques.

Les rapports de ces ambassadeurs non officiels étaient en contradiction directe avec les appels à l'aide adressés à l'Occident depuis l'intérieur de la Russie. Maxim Gorky a protesté contre la trahison des idéaux révolutionnaires par le groupe Lénine-Trotsky, qui avait imposé la main de fer d'un État policier en Russie :

> Nous, les Russes, constituons un peuple qui n'a jamais encore travaillé librement, qui n'a pas encore eu la chance de développer tous son potentiel et ses talents. Et quand je pense que la révolution nous donne la possibilité de travailler librement, d'avoir une joie multiforme de créer, mon cœur se remplit d'espoir et de joie, même en ces jours maudits qui sont entachés de sang et d'alcool.
>
> C'est là que commence la ligne de ma séparation décidée et irréconciliable contre les actions insensées des Commissaires du peuple. Je considère que le Maximalisme dans les idées est très utile pour l'âme russe sans limites ; sa tâche est de développer dans cette âme de grands et audacieux besoins, de susciter l'esprit de combat et l'activité si nécessaire, de promouvoir l'initiative dans cette âme indolente et de lui donner forme et vie en général.
>
> Mais le Maximalisme pratique des anarcho-communistes et des visionnaires du Smolny est ruineux pour la Russie et, surtout, pour la classe ouvrière russe. Les commissaires du peuple traitent la Russie comme un matériau d'expérimentation. Le peuple russe est pour eux ce que le cheval est pour les savants bactériologues qui inoculent au cheval le typhus afin que la lymphe antityphus se développe dans son sang. Aujourd'hui, les commissaires tentent une telle expérience prédestinée à l'échec sur le peuple russe sans penser que le cheval tourmenté et à moitié affamé peut mourir.
>
> Les réformateurs du Smolny ne se soucient pas de la Russie. Ils sacrifient de sang-froid la Russie au nom de leur rêve de révolution mondiale et européenne. Et aussi longtemps que je le pourrai, je ferai comprendre au prolétaire russe ceci : "On te conduit à la destruction". Ton peuple est utilisé comme cobaye dans une expérience inhumaine".

Contrairement aux rapports des ambassadeurs officieux sympathiques, les rapports des représentants diplomatiques de l'ancienne

---

[135] See Jacques Sadoul, *Notes sur la révolution bolchévique* (Paris: Éditions de la sirène, 1919).

ligne sont également contraires. Le câble suivant de la légation américaine à Berne, en Suisse, est typique des nombreux messages qui sont parvenus à Washington au début de 1918 - en particulier après l'expression du soutien de Woodrow Wilson aux gouvernements bolchéviques :

> Pour Polk. Le message du Président au Consul de Moscou n'a pas été compris ici et les gens se demandent pourquoi le Président exprime son soutien aux Bolcheviks, au vu de la rapine, du meurtre et de l'anarchie de ces bandes.[136]

Le soutien continu de l'administration Wilson aux bolcheviks a conduit à la démission de De Witt C. Poole, le chargé d'affaires américain compétent d'Arkhangelsk (Russie) :

> Il est de mon devoir d'expliquer franchement au ministère la perplexité dans laquelle m'a plongé la déclaration de politique russe adoptée par la conférence de paix, le 22 janvier, sur proposition du président. Cette annonce reconnaît très volontiers la révolution et confirme une fois de plus l'absence totale de sympathie pour toute forme de contre-révolution qui a toujours été une note clé de la politique américaine en Russie, mais elle ne contient pas un seul [mot] de condamnation pour l'autre ennemi de la révolution - le gouvernement bolchévique.[137]

Ainsi, même dans les premiers jours de 1918, la trahison de la révolution libertaire avait été notée par des observateurs aussi aguerris que Maxim Gorky et De Witt C. Poole. La démission de Poole a ébranlé le Département d'État, qui a témoigné de "la plus grande réticence quant à votre désir de démissionner" et a déclaré qu'"il sera nécessaire de vous remplacer de manière naturelle et normale afin d'éviter des effets graves et peut-être désastreux sur le moral des troupes américaines dans le district d'Arkhangelsk qui pourraient entraîner la perte de vies américaines".[138]

Ainsi, non seulement les gouvernements alliés ont neutralisé leurs propres représentants gouvernementaux, mais les États-Unis ont ignoré les appels de l'intérieur et de l'extérieur de la Russie à cesser de soutenir les Bolcheviks. Le soutien influent des Soviétiques est venu en grande partie de la zone financière de New York (peu de soutien efficace a émané des révolutionnaires américains). Il provenait en particulier de l'American International Corporation, une société contrôlée par Morgan.

---

[136] Fichier décimal du Département d'État américain, 861.00/1305, 15 mars 1918.

[137] Ibid, 861.00/3804.

[138] Ibid.

Exporter la révolution : Jacob H. Rubin

Nous sommes maintenant en mesure de comparer deux cas - qui ne sont en aucun cas les seuls - où les citoyens américains Jacob Rubin et Robert Minor ont aidé à exporter la révolution en Europe et dans d'autres régions de Russie.

Jacob H. Rubin était un banquier qui, selon ses propres termes, "a aidé à former le gouvernement soviétique d'Odessa".[139] Rubin était président, trésorier et secrétaire de Rubin Brothers au 19 West 34th Street, New York City. En 1917, il est associé à la Union Bank of Milwaukee et à la Provident Loan Society of New York. Les administrateurs de la Provident Loan Society comprenaient des personnes mentionnées ailleurs comme ayant un lien avec la révolution bolchévique : P. A. Rockefeller, Mortimer L. Schiff et James Speyer.

Par un procédé quelconque - dont il n'est que vaguement rendu compte dans son livre *I Live to Tell*[140] - Rubin se trouvait à Odessa en février 1920 et a fait l'objet d'un message de l'amiral McCully au département d'État (daté du 13 février 1920, 861.00/6349). Ce message indiquait que Jacob H. Rubin de la Union Bank, Milwaukee, était à Odessa et souhaitait rester avec les bolcheviks - "Rubin ne souhaite pas partir, a offert ses services aux bolcheviks et semble sympathiser avec eux". Rubin a ensuite retrouvé son chemin vers les États-Unis et a témoigné devant la commission des affaires étrangères de la Chambre des représentants en 1921 :

> J'avais été avec les gens de la Croix-Rouge américaine à Odessa. J'étais là quand l'armée rouge a pris possession d'Odessa. À cette époque, j'étais favorable au gouvernement soviétique, car j'étais socialiste et j'étais membre de ce parti depuis 20 ans. Je dois admettre que, dans une certaine mesure, j'ai contribué à la formation du gouvernement soviétique d'Odessa.[141]

Tout en ajoutant qu'il avait été arrêté en tant qu'espion par le gouvernement Denikin de Russie du Sud, nous n'en apprenons guère plus sur Rubin. En revanche, nous en savons beaucoup plus sur Robert Minor,

---

[139] États-Unis, Chambre, Commission des affaires étrangères, *Conditions en Russie*, 66e cong., 3e sess. 1921.

[140] Jacob H. Rubin, *I Live to Tell: The Russian Adventures of an American Socialist* (Indianapolis : Bobbs-Merrill, 1934).

[141] États-Unis, Chambre, commission des affaires étrangères, op. cit.

qui a été pris sur le fait et libéré par un mécanisme rappelant la libération de Trotsky d'un camp de prisonniers de guerre de Halifax.

EXPORTER LA RÉVOLUTION : ROBERT MINOR

Le travail de propagande bolchévique en Allemagne,[142] financé et organisé par William Boyce Thompson et Raymond Robins, a été mis en œuvre sur le terrain par des citoyens américains, sous la supervision du Commissariat du peuple aux affaires étrangères de Trotsky :

> L'une des premières innovations de Trotsky au ministère des Affaires étrangères avait été d'instituer un Bureau de presse sous la direction de Karl Radek et un Bureau de la propagande révolutionnaire internationale sous la direction de Boris Reinstein, dont les assistants étaient John Reed et Albert Rhys Williams, et l'ensemble de ces dispositifs était dirigé contre l'armée allemande.
>
> Un journal allemand, *Die Fackel* (*La Torche*), était imprimé à raison d'un demi-million d'exemplaires par jour et envoyé par train spécial aux comités centraux de l'armée à Minsk, Kiev et dans d'autres villes, qui les distribuaient à leur tour à d'autres points du front.[143]

Robert Minor était un agent du bureau de propagande de Reinstein. Les ancêtres de Minor ont joué un rôle important dans les débuts de l'histoire américaine. Le général Sam Houston, premier président de la République du Texas, était apparenté à la mère de Minor, Routez Houston. Les autres parents étaient Mildred Washington, la tante de George Washington, et le général John Minor, directeur de campagne de Thomas Jefferson. Le père de Minor était un avocat de Virginie qui avait émigré au Texas. Après des années difficiles avec peu de clients, il est devenu juge à San Antonio.

Robert Minor était un dessinateur de talent et un socialiste. Il a quitté le Texas pour venir dans l'Est. Certaines de ses contributions ont été publiées dans *Masses*, une revue pro-bolchévique. En 1918, Minor est caricaturiste au sein de l'équipe du *Philadelphia Public Ledger*. Minor a quitté New York en mars 1918 pour couvrir la révolution bolchévique. Pendant son séjour en Russie, Minor rejoint le Bureau de la propagande révolutionnaire internationale de Reinstein (voir schéma), aux côtés de

---

[142] Voir George G. Bruntz, *Allied Propaganda and the Collapse of the German Empire in 1918* (Stanford, Calif. : Stanford University Press, 1938), p. 144-55 ; voir aussi ici p. 82.

[143] John W. Wheeler-Bennett, *The Forgotten Peace* (New York : William Morrow, 1939).

Philip Price, correspondant du *Daily Herald* et du *Manchester Guardian*, et de Jacques Sadoul, ambassadeur français non officiel et ami de Trotsky.

D'excellentes données sur les activités de Price, Minor et Sadoul ont survécu sous la forme d'un rapport spécial secret de Scotland Yard (Londres), n° 4, intitulé "The Case of Philip Price and Robert Minor", ainsi que dans des rapports figurant dans les dossiers du Département d'État, à Washington.[144] Selon ce rapport de Scotland Yard, Philip Price était à Moscou au milieu de l'année 1917, avant la révolution bolchévique, et a admis "être impliqué jusqu'au cou dans le mouvement révolutionnaire". Entre la révolution et l'automne 1918 environ, Price a travaillé avec Robert Minor au sein du Commissariat aux affaires étrangères.

L'ORGANISATION DU TRAVAIL DE PROPAGANDE ÉTRANGÈRE EN 1918

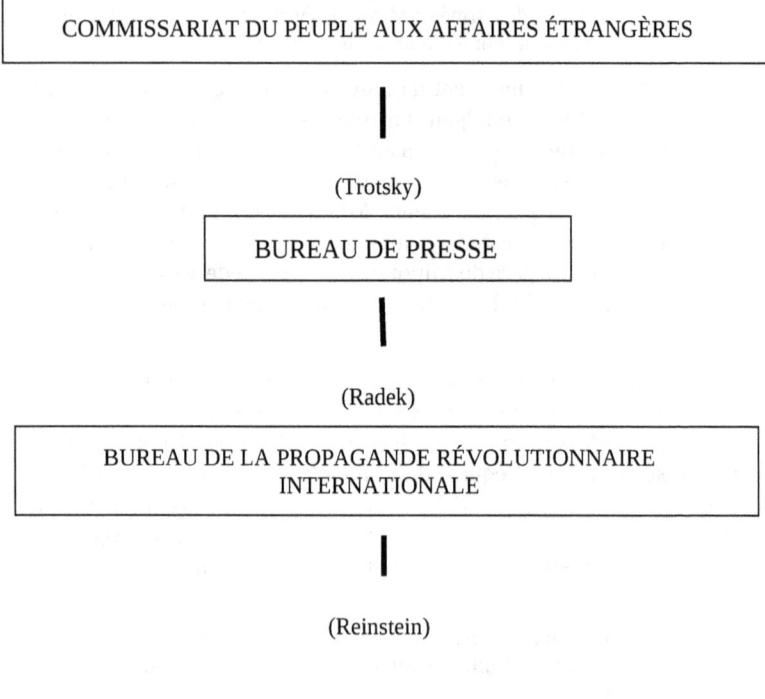

---

[144] Il existe une copie de ce rapport de Scotland Yard dans le fichier décimal du ministère américain des Affaires étrangères, 316-23-1184 9.

Agents de terrain

John Reed Louis Bryant Albert Rhys Williams
Robert Minor Philip Price Jacques Sadoul

En novembre 1918, Minor et Price quittent la Russie et se rendent en Allemagne.[145] Leur propagande a été utilisée pour la première fois sur le front russe de Murman ; des tracts ont été largués par des avions bolchéviques parmi les troupes britanniques, françaises et américaines - selon le programme de William Thompson.[146] La décision d'envoyer Sadoul, Price et Minor en Allemagne a été prise par le Comité exécutif central du Parti communiste. En Allemagne, leurs activités ont été portées à la connaissance des services de renseignement britanniques, français et américains. Le 15 février 1919, le lieutenant J. Habas de l'armée américaine fut envoyé à Düsseldorf, alors sous le contrôle d'un groupe révolutionnaire spartakiste ; il se fit passer pour un déserteur de l'armée américaine et offrit ses services aux Spartakistes. Habas fit la connaissance de Philip Price et de Robert Minor et suggéra d'imprimer des pamphlets pour les distribuer aux troupes américaines. Le rapport de Scotland Yard relate que Price et Minor avaient déjà écrit plusieurs pamphlets pour les troupes britanniques et américaines, que Price avait traduit en anglais certains des ouvrages de Wilhelm Liebknecht et que tous deux travaillaient sur d'autres tracts de propagande. Habas rapporte que Minor et Price ont déclaré avoir travaillé ensemble en Sibérie pour imprimer un journal bolchévique en anglais destiné à être distribué par avion aux troupes américaines et britanniques.[147]

Le 8 juin 1919, Robert Minor est arrêté à Paris par la police française et remis aux autorités militaires américaines à Coblence. Simultanément, les Spartakistes allemands sont arrêtés par les autorités militaires britanniques dans la région de Cologne. Par la suite, les Spartakistes ont été condamnés pour conspiration en vue de provoquer une mutinerie et une sédition au sein des forces alliées. Price est arrêté, mais, comme Minor, il est rapidement libéré. Cette libération précipitée a été constatée au Département d'État :

> Robert Minor a maintenant été libéré, pour des raisons qui ne sont pas tout à fait claires, puisque les preuves contre lui semblent avoir été

---

[145] Joseph North, *Robert Minor : Artist and Crusader* (New York : International Publishers, 1956).

[146] Des échantillons des tracts de propagande de Minor sont toujours dans les fichiers du Département d'État américain. Voir p. 197-200 sur Thompson.

[147] Voir l'annexe 3.

suffisantes pour obtenir une condamnation. Cette libération aura un effet malheureux, car on pense que Minor était intimement lié à l'IWW en Amérique.[148]

Le mécanisme par lequel Robert Minor a obtenu sa libération est consigné dans les dossiers du Département d'État. Le premier document pertinent, daté du 12 juin 1919, provient de l'ambassade américaine à Paris et est adressé au secrétaire d'État à Washington, D.C., et porte la mention URGENT ET CONFIDENTIEL.[149] Le ministère français des Affaires étrangères a informé l'ambassade que le 8 juin, Robert Minor, "un correspondant américain", avait été arrêté à Paris et remis au quartier général de la troisième armée américaine à Coblence. Des documents trouvés sur Minor apparaissent "pour confirmer les rapports fournis sur ses activités". Il semble donc établi que Minor a noué des relations à Paris avec les partisans avoués du bolchevisme". L'ambassade considère Minor comme un "homme particulièrement dangereux". Des enquêtes sont menées auprès des autorités militaires américaines ; l'ambassade estime que cette question relève de la seule compétence des militaires, de sorte qu'elle n'envisage aucune action bien que des instructions soient bienvenues.

Le 14 juin, le juge R. B. Minor à San Antonio, Texas, a télégraphié à Frank L. Polk au Département d'État :

> La presse rapporte que mon fils Robert Minor est détenu à Paris pour des raisons inconnues. Je vous prie de faire tout votre possible pour le libérer. Je vous renvoie aux sénateurs du Texas. R. P. Minor, juge de district, San Antonio, Texas.[150]

Polk a télégraphié au juge Minor que ni le Département d'État ni le Département de la Guerre n'avaient d'informations sur la détention de Robert Minor, et que l'affaire était maintenant devant les autorités militaires à Coblence. Fin juin, le Département d'État a reçu un message "urgent et strictement confidentiel" de Paris rapportant une déclaration du Bureau des renseignements militaires (Coblence) concernant la détention de Robert Minor : "Minor a été arrêté à Paris par les autorités françaises à la demande des services de renseignements militaires britanniques et immédiatement remis au quartier général américain à Coblence".[151] Il a été accusé d'avoir écrit et diffusé de la littérature

---

[148] Fichier décimal du Département d'État américain, 316-23-1184.

[149] Ibid, 861.00/4680 (316-22-0774).

[150] Ibid, 861.00/4685 (/783).

[151] Fichier décimal du Département d'État américain, 861.00/4688 (/788).

révolutionnaire bolchévique, qui avait été imprimée à Düsseldorf, auprès des troupes britanniques et américaines dans les zones qu'elles occupaient. Les autorités militaires avaient l'intention d'examiner les accusations portées contre Minor et, si elles étaient fondées, de le juger en cour martiale. Si les accusations n'étaient pas fondées, elles avaient l'intention de remettre Minor aux autorités britanniques, "qui avaient initialement demandé que les Français le leur remettent".[152] Le juge Minor au Texas a contacté indépendamment Morris Sheppard, sénateur américain du Texas, et Sheppard a contacté le colonel House à Paris. Le 17 juin 1919, le colonel House envoya au sénateur Sheppard ce qui suit :

> L'ambassadeur américain et moi-même suivons le cas de Robert Minor. Je suis informé qu'il est détenu par les autorités militaires américaines à Cologne sur la base d'accusations graves, dont la nature exacte est difficile à découvrir. Néanmoins, nous prendrons toutes les mesures possibles pour assurer une juste considération à son égard.[153]

Le sénateur Sheppard et le membre du Congrès Carlos Bee (14ᵉ district, Texas) ont tous deux fait part de leur intérêt au Département d'État. Le 27 juin 1919, le membre du Congrès Bee a demandé des facilités pour que le juge Minor puisse envoyer à son fils 350 dollars et un message. Le 3 juillet, le sénateur Sheppard a écrit à Frank Polk, déclarant qu'il était "très intéressé" par l'affaire Robert Minor, et se demandant si l'État pouvait s'assurer de son statut, et si Minor était bien sous la juridiction des autorités militaires. Puis, le 8 juillet, l'ambassade de Paris envoie un télégramme à Washington : "Confidentiel. Minor a été libéré par les autorités américaines... et est retourné aux États-Unis sur le premier bateau disponible". Cette libération soudaine a intrigué le Département d'État, et le 3 août, le secrétaire d'État Lansing a envoyé un câble à Paris : "Secret. En référence aux précédents, je suis très désireux d'obtenir les raisons de la libération de Minor par les autorités militaires".

À l'origine, les autorités de l'armée américaine avaient voulu que les Britanniques jugent Robert Minor, car "ils craignaient que la politique n'intervienne aux États-Unis pour empêcher une condamnation si le prisonnier était jugé par une cour martiale américaine". Cependant, le gouvernement britannique a fait valoir que Minor était un citoyen américain, que les preuves montraient qu'il avait préparé une propagande contre les troupes américaines en première instance, et que, par conséquent - c'est ce que le chef d'état-major britannique a suggéré - Minor devrait être jugé devant un tribunal américain. Le chef d'état-

---

[152] Ibid.

[153] Ibid, 316-33-0824.

major britannique a estimé qu'il était "de la plus haute importance d'obtenir une condamnation si possible".[154]

Les documents du bureau du chef d'état-major de la troisième armée concernent les détails internes de la libération de Minor.[155] Un télégramme du 23 juin 1919 du Major General Harbord, chef d'état-major de la Troisième Armée (plus tard président du conseil d'administration d'International General Electric, dont le centre exécutif, par coïncidence, se trouvait également au 120 Broadway), au général commandant la Troisième Armée, déclarait que le commandant en chef John J. Pershing "ordonne que vous suspendiez l'action dans l'affaire contre Minor en attendant d'autres ordres". Il existe également un mémorandum signé par le Brigadier Général W. A. Bethel dans le bureau du juge-avocat, daté du 28 juin 1919, portant la mention "Secret et Confidentiel", et intitulé "Robert Minor, en attente de jugement par une commission militaire au quartier général de la 3ᵉ Armée". Le mémo passe en revue les poursuites judiciaires contre Minor. Parmi les points soulevés par Bethel, on peut noter que les Britanniques étaient manifestement réticents à traiter le cas Minor parce qu'"ils craignent l'opinion américaine en cas de procès d'un Américain pour un délit de guerre en Europe", même si le délit de fatigue dont Minor est accusé est aussi grave "qu'un homme puisse commettre". C'est une déclaration significative ; Minor, Price, et Sadoul mettaient en œuvre un programme conçu par le directeur de la Banque de la Réserve Fédérale Thompson, un fait confirmé par le propre mémorandum de Thompson (voir annexe 3). Thompson (et Robins) n'étaient-ils donc pas, dans une certaine mesure, soumis aux mêmes accusations ?

Après avoir interrogé Siegfried, le témoin contre Minor, et examiné les preuves, Bethel a commenté :

> Je crois sincèrement que Minor est coupable, mais si j'étais au tribunal, je ne dirais pas qu'il est coupable sur la base des preuves dont je dispose maintenant - le témoignage d'un seul homme qui agit comme un détective et un informateur n'est pas suffisant.

Bethel poursuit en déclarant que l'on saurait dans une semaine ou dans dix jours si une corroboration substantielle du témoignage de Siegfried était disponible. S'il est disponible, "je pense que Minor devrait être jugé", mais "si la corroboration ne peut être obtenue, je pense qu'il serait préférable de classer l'affaire".

---

[154] Fichier décimal du département d'État américain, 861.00/4874.

[155] Bureau du chef d'état-major de l'armée américaine, Archives nationales, Washington, D.C.

Cette déclaration du Béthel a été relayée sous une forme différente par le général Harbord dans un télégramme du 5 juillet au général Malin Craig (chef d'état-major de la troisième armée, Coblence) :

> En ce qui concerne l'affaire contre Minor, à moins que d'autres témoins que Siegfried n'aient été localisés à ce moment, C en C[156] ordonne que l'affaire soit abandonnée et Minor libéré. Veuillez prendre acte et indiquer les mesures à suivre.

La réponse de Craig au général Harbord (5 juillet) indique que Minor a été libéré à Paris et ajoute : "Ceci est conforme à ses propres souhaits et convient à nos objectifs". Craig ajoute également que d'autres témoins avaient été entendus.

Cet échange de télégrammes suggère une certaine hâte à abandonner les charges contre Robert Minor, et la hâte suggère la pression. Il n'y a pas eu de tentative significative pour développer des preuves. L'intervention du colonel House et du général Pershing au plus haut niveau à Paris et le télégramme du colonel House au sénateur Morris Sheppard donnent du poids aux rapports des journaux américains selon lesquels la Chambre et le président Wilson sont tous deux responsables de la libération précipitée de Minor sans procès.[157]

Minor retourne aux États-Unis et, comme Thompson et Robins avant lui, fait une tournée aux États-Unis pour promouvoir les merveilles de la Russie bolchévique.

En résumé, nous constatons que le directeur de la Federal Reserve Bank, William Thompson, a été actif dans la promotion des intérêts bolchéviques de plusieurs manières - production d'un pamphlet en russe, financement d'opérations bolchéviques, discours, organisation (avec Robins) d'une mission révolutionnaire bolchévique en Allemagne (et peut-être en France), et avec le partenaire de Morgan, Lamont, influence Lloyd George et le British War Cabinet afin de provoquer un changement dans la politique britannique. De plus, Raymond Robins a été cité par le gouvernement français pour avoir organisé des bolcheviks russes pour la révolution allemande. Nous savons que Robins travaillait de manière non déguisée pour les intérêts soviétiques en Russie et aux États-Unis. Enfin, nous constatons que Robert Minor, l'un des propagandistes révolutionnaires utilisés dans le programme de Thompson, a été libéré

---

[156] Commandant en Chef, NdT.

[157] États-Unis, Sénat, *Congressional Record*, octobre 1919, p. 6430, 6664-66, 7353-54 ; et *New York Times*, 11 octobre, 1919. Voir également *Sacramento Bee*, 17 juillet 1919.

dans des circonstances suggérant une intervention des plus hauts niveaux du gouvernement américain.

De toute évidence, ce n'est qu'une fraction d'un tableau beaucoup plus vaste. Ce ne sont pas des événements accidentels ou aléatoires. Ils constituent un schéma cohérent et continu sur plusieurs années. Ils suggèrent une forte influence au sommet de plusieurs gouvernements.

CHAPITRE VII

LES BOLCHEVIKS RETOURNENT À NEW YORK

> Martens est très en vue. Il ne semble y avoir aucun doute sur ses liens avec la société Guarantee [sic], bien qu'il soit surprenant qu'une entreprise aussi grande et influente ait des relations avec une entreprise bolchévique.
>
> Rapport de Scotland Yard Intelligence, Londres, 1919[158]

Après les premiers succès de la révolution, les Soviétiques n'ont pas perdu de temps pour tenter, par l'intermédiaire d'anciens résidents américains, d'établir des relations diplomatiques avec les États-Unis et des moyens de propagande dans ce pays. En juin 1918, le consul américain à Harbin envoie un câble à Washington :

> Albert R. Williams, porteur du passeport 52913 ; le 15 mai 1917, en route pour les États-Unis en vue d'y établir un bureau d'information pour le compte du gouvernement soviétique, duquel il a une autorisation écrite. Dois-je accorder un visa ?[159]

Washington a refusé le visa et Williams a donc échoué dans sa tentative d'y établir un bureau d'information. Williams a été suivi par Alexander Nyberg (alias Santeri Nuorteva), un ancien immigrant finlandais aux États-Unis en janvier 1912, qui est devenu le premier représentant soviétique opérationnel aux États-Unis. Nyberg était un propagandiste actif. En fait, en 1919, il était, selon J. Edgar Hoover (dans une lettre au Comité américain des affaires étrangères), "le précurseur de

---

[158] Copie dans le fichier décimal du département d'État américain, 316-22-656.

[159] Ibid, 861.00/1970.

LCAK Martens et avec Gregory Weinstein l'individu le plus actif de la propagande officielle bolchévique aux États-Unis".[160]

Nyberg n'a pas eu beaucoup de succès en tant que représentant diplomatique ou, finalement, en tant que propagandiste. Les dossiers du Département d'État enregistrent une interview de Nyberg par le bureau des conseillers, datée du 29 janvier 1919. Nyberg était accompagné de H. Kellogg, décrit comme "un citoyen américain, diplômé de Harvard", et, plus surprenant encore, d'un certain M. McFarland, avocat de l'organisation Hearst. Les archives du Département d'État montrent que Nyberg a fait "de nombreuses déclarations erronées concernant l'attitude à l'égard du gouvernement bolchévique" et a affirmé que Peters, le chef de la police terroriste de Petrograd, n'était qu'un "poète au grand cœur". Nyberg a demandé au ministère d'envoyer un câble à Lénine, "sur la théorie qu'il pourrait être utile pour faire aboutir la conférence proposée par les Alliés à Paris".[161] Le message proposé, un appel décousu à Lénine pour qu'il soit accepté au niveau international lors de la conférence de Paris, ne fut pas envoyé.[162]

DESCENTE DE POLICE SUR LE BUREAU SOVIÉTIQUE À NEW YORK

Alexander Nyberg (Nuorteva) a ensuite été licencié et remplacé par le Bureau soviétique, qui a été établi au début de 1919 dans le World Tower Building, 110 West 40 Street, New York City. Le bureau était dirigé par un citoyen allemand, Ludwig C. A. K. Martens, qui est généralement considéré comme le premier ambassadeur de l'Union soviétique aux États-Unis et qui, jusqu'à cette époque, était vice-président de Weinberg & Posner, une société d'ingénierie située au 120 Broadway, New York City. La raison pour laquelle "l'ambassadeur" et ses bureaux étaient situés à New York plutôt qu'à Washington D.C. n'a pas été expliquée ; cela suggère que le commerce plutôt que la diplomatie était son objectif premier. Quoi qu'il en soit, le bureau a rapidement publié un appel aux échanges entre la Russie et les États-Unis. L'industrie s'était effondrée et la Russie avait un besoin urgent de machines, de matériel ferroviaire, de vêtements, de produits chimiques, de drogues -

---

[160] États-Unis, Chambre, Commission des affaires étrangères, *Conditions en Russie*, 66e cong., 3e sess. 1921, p. 78.

[161] Fichier décimal du Département d'État américain, 316-19-1120.

[162] Ibid.

en fait, de tout ce qui est utilisé par une civilisation moderne. En échange, les Soviétiques offraient de l'or et des matières premières. Le Bureau soviétique a alors procédé à l'établissement de contrats avec des entreprises américaines, en ignorant les faits de l'embargo et de la non-reconnaissance. En même temps, il apportait un soutien financier au parti communiste américain naissant.[163]

Le 7 mai 1919, le Département d'État a mis fin à l'intervention des entreprises au nom du Bureau (mentionné ailleurs) et a répudié Ludwig Martens, le Bureau soviétique et le gouvernement bolchévique de Russie. Cette réfutation officielle n'a pas dissuadé les chasseurs d'ordre avides de l'industrie américaine. Lorsque les bureaux du Bureau soviétique furent perquisitionnés le 12 juin 1919 par des représentants du Comité Lusk de l'État de New York, des dossiers de lettres adressées à des hommes d'affaires américains et provenant de ceux-ci, représentant près d'un millier d'entreprises, furent mis au jour. Le "Special Report No. 5 (Secret)" de la Direction des renseignements du ministère britannique de l'Intérieur, publié par Scotland Yard à Londres le 14 juillet 1919 et rédigé par Basil H. Thompson, se fondait sur ces documents saisis ; le rapport en faisait état :

> ... Dès le début, Martens et ses associés ont tout mis en œuvre pour susciter l'intérêt des capitalistes américains et il y a tout lieu de croire que le Bureau a reçu le soutien financier de certaines sociétés d'exportation russes, ainsi que de la société Guarantee [sic], bien que cette dernière ait nié l'allégation selon laquelle elle finançait l'organisation de Martens.[164]

Thompson note que le loyer mensuel des bureaux du Bureau soviétique est de 300$ et que les salaires des employés s'élèvent à environ 4000$. Les fonds de Martens pour payer ces factures provenaient en partie de coursiers soviétiques - tels que John Reed et Michael Gruzenberg - qui apportaient des diamants de Russie pour les vendre aux États-Unis, et en partie de sociétés commerciales américaines, dont la Guaranty Trust Company de New York. Les rapports britanniques résumaient les dossiers saisis par les enquêteurs de Lusk dans les bureaux du bureau, et ce résumé mérite d'être cité dans son intégralité :

> (1) Une intrigue se prépare au moment où le président se rend pour la première fois en France pour que l'administration utilise Nuorteva

---

[163] Voir Benjamin Gitlow, U.S., House, *Un-American Propaganda Activities* (Washington, 1939), vol. 7-8, p. 4539.

[164] Copie dans le fichier décimal du département d'État américain, 316-22-656. Confirmation de l'implication de Guaranty Trust dans des rapports de renseignement ultérieurs.

comme intermédiaire avec le gouvernement soviétique russe, en vue de sa reconnaissance par l'Amérique. On s'efforça d'y faire participer le colonel House, et il existe une longue et intéressante lettre adressée à Frederick C. Howe, sur laquelle Nuorteva semblait s'appuyer pour obtenir son soutien et sa sympathie. D'autres documents relient Howe à Martens et Nuorteva.

(2) Il existe un dossier de correspondance avec Eugène Debs.

(3) Une lettre d'Amos Pinchot à William Kent de la Commission tarifaire américaine dans une enveloppe adressée au sénateur Lenroot, présente Evans Clark "maintenant au Bureau de la République soviétique de Russie". "Il veut vous parler de la reconnaissance de Kolchak et de la levée du blocus, etc.

(4) Un rapport à Felix Frankfurter, daté du 27 mai 1919, parle de la virulente campagne de diffamation du gouvernement russe.

(5) Il existe une correspondance considérable entre un colonel et Mme Raymond Robbins [sic] et Nuorteva, tant en 1918 qu'en 1919. En juillet 1918, Mme Robbins a demandé à Nuorteva des articles pour "Life and Labour", l'organe de la National Women's Trade League. En février et mars 1919, Nuorteva essaya, par l'intermédiaire de Robbins, d'être invitée à témoigner devant la commission Overman. Il voulait également que Robbins dénonce les documents de Sisson.

(6) Dans une lettre de la Jansen Cloth Products Company, New York, à Nuorteva, datée du 30 mars 1918, E. Werner Knudsen dit qu'il comprend que Nuorteva a l'intention de prendre des dispositions pour l'exportation de denrées alimentaires à travers la Finlande et qu'il offre ses services. Nous disposons d'un dossier sur Knudsen, qui a transmis des informations à destination et en provenance de l'Allemagne via le Mexique concernant les transports maritimes britanniques.[165]

Ludwig Martens, poursuit le rapport des services de renseignement, était en contact avec tous les dirigeants de la "gauche" aux États-Unis, y compris John Reed, Ludwig Lore et Harry J. Boland, le rebelle irlandais. Une campagne vigoureuse contre Alexandre Kolchak en Sibérie avait été organisée par Martens. Le rapport conclut :

---

[165] Sur Frederick C. Howe, voir p. 16, 177, pour une première déclaration sur la manière dont les financiers utilisent la société et ses problèmes à leurs propres fins ; sur Felix Frankfurter, plus tard juge à la Cour suprême, voir l'annexe 3 pour une première lettre de Frankfurter à Nuorteva ; sur Raymond Robbins, voir p. 100.

> L'organisation de [Martens] est une arme puissante pour soutenir la cause bolchévique aux États-Unis et... il est en contact étroit avec les promoteurs de troubles politiques sur tout le continent américain.

La liste du personnel de Scotland Yard employé par le Bureau soviétique à New York coïncide assez étroitement avec une liste similaire dans les dossiers du Comité Lusk à Albany, New York, qui sont aujourd'hui ouverts à l'inspection publique.[166] Il y a une différence essentielle entre les deux listes : l'analyse britannique incluait le nom "Julius Hammer" alors que Hammer a été omis du rapport du Comité Lusk.[167] Le rapport britannique caractérise Julius Hammer comme suit :

> Dans Julius Hammer, Martens a un véritable bolchevik et un ardent partisan de la gauche, venu de Russie il n'y a pas longtemps. Il a été l'un des organisateurs du mouvement de gauche à New York, et s'exprime lors de réunions sur la même plateforme avec des leaders de la gauche tels que Reed, Hourwich, Lore et Larkin.

Il existe également d'autres preuves du travail de Hammer en faveur des Soviétiques. Une lettre de la National City Bank, New York, adressée au département du Trésor américain indique que les documents reçus par la banque de Martens ont été "attestés par un Dr Julius Hammer pour le directeur par intérim du département financier" du Bureau soviétique.[168]

La famille Hammer a entretenu des liens étroits avec la Russie et le régime soviétique de 1917 à nos jours. Armand Hammer est aujourd'hui en mesure d'acquérir les contrats soviétiques les plus lucratifs. Jacob, grand-père d'Armand Hammer, et Julius sont nés en Russie. Armand, Harry et Victor, fils de Julius, sont nés aux États-Unis et sont citoyens américains. Victor était un artiste connu ; son fils - également appelé Armand - et sa petite-fille sont citoyens soviétiques et résident en Union soviétique. Armand Hammer est président de l'Occidental Petroleum Corporation et a un fils, Julian, qui est directeur de la publicité et des publications de l'Occidental Petroleum.

---

[166] La liste du personnel du Comité Lusk au sein du Bureau soviétique est imprimée à l'annexe 3. Cette liste comprend Kenneth Durant, assistant du colonel House, Dudley Field Malone, nommé par le président Wilson comme collecteur des douanes du port de New York, et Morris Hillquit, l'intermédiaire financier entre le banquier new-yorkais Eugène Boissevain d'une part, et John Reed et l'agent soviétique Michael Gruzenberg d'autre part.

[167] Julius Hammer est le père d'Armand Hammer, qui est aujourd'hui président de l'Occidental Petroleum Corp. de Los Angeles.

[168] Voir l'annexe 3.

Julius Hammer était un membre éminent et un financier de l'aile gauche du Parti socialiste. Lors de son congrès de 1919, Hammer a fait partie, avec Bertram D. Wolfe et Benjamin Gitlow, du comité directeur qui a donné naissance au Parti communiste des États-Unis.

En 1920, Julius Hammer a été condamné à trois ans et demi à quinze ans de prison à Sing Sing pour avortement criminel. Lénine a suggéré - avec justification - que Julius était "emprisonné sous l'accusation de pratiquer des avortements illégaux, mais en fait à cause du communisme".[169] D'autres membres du parti communiste américain furent condamnés à la prison pour sédition ou déportés en Union soviétique. Les représentants soviétiques aux États-Unis ont fait des efforts acharnés, mais infructueux pour obtenir la libération de Julius et de ses collègues du parti.

Un autre membre éminent du Bureau soviétique était le secrétaire adjoint, Kenneth Durant, un ancien assistant du colonel House. En 1920, Durant a été identifié comme un messager soviétique. L'annexe 3 reproduit une lettre à Kenneth Durant qui a été saisie par le ministère américain de la justice en 1920 et qui décrit les relations étroites de Durant avec la hiérarchie soviétique. Elle a été insérée dans le compte-rendu des audiences d'une commission de la Chambre en 1920, avec le commentaire suivant :

> **M. NEWTON** : C'est un courrier intéressant pour cette commission de savoir quelle était la nature de cette lettre, et j'ai une copie de la lettre que je veux faire insérer dans le dossier en rapport avec le témoignage du témoin.
>
> **M. MASON** : Cette lettre n'a jamais été montrée au témoin. Il a dit qu'il n'avait jamais vu la lettre, qu'il avait demandé à la voir, et que le ministère avait refusé de la lui montrer. Nous ne mettrons aucun témoin à la barre et ne lui demanderons pas de témoigner sur une lettre sans la voir.
>
> **M. NEWTON** : Le témoin a déclaré qu'il avait une telle lettre, et il a témoigné qu'ils l'ont trouvée dans son manteau dans le coffre, je crois. Cette lettre était adressée à M. Kenneth Durant, et elle contenait une autre enveloppe qui était également scellée. Elle a été ouverte par les fonctionnaires du gouvernement et une copie photostatique en a été faite. La lettre, je peux dire, est signée par un homme du nom de *"Bill"*. Elle fait spécifiquement référence à l'argent soviétique déposé à Christiania,

---

[169] V. I. Lénine, *Polnoe Sobranie Sochinenii*, 5e éd. (Moscou, 1958), 53:267.

en Norvège, dont une partie a été remise ici aux fonctionnaires du gouvernement soviétique de ce pays.[170]

Kenneth Durant, qui agissait comme courrier soviétique dans le transfert des fonds, était trésorier du Bureau soviétique et attaché de presse et éditeur de la *Russie soviétique*, l'organe officiel du Bureau soviétique. Durant était issu d'une famille aisée de Philadelphie. Il a passé la plus grande partie de sa vie au service des Soviétiques, d'abord en charge du travail de publicité au Bureau soviétique puis, de 1923 à 1944, comme responsable du bureau soviétique de Tass aux États-Unis. J. Edgar Hoover a décrit Durant comme "à tout moment... particulièrement actif dans les intérêts de Martens et du gouvernement soviétique".[171]

Felix Frankfurter - plus tard juge de la Cour Suprême - était également très présent dans les dossiers du Bureau soviétique. Une lettre de Frankfurter à l'agent soviétique Nuorteva est reproduite à l'annexe 3 et suggère que Frankfurter avait une certaine influence sur le bureau.

En bref, le Bureau soviétique n'aurait pas pu être créé sans l'aide influente des États-Unis. Une partie de cette assistance est venue de nominations influentes spécifiques au sein du personnel du Bureau soviétique et une autre partie est venue de sociétés commerciales extérieures au Bureau, des sociétés qui étaient réticentes à faire connaître publiquement leur soutien.

DES ENTREPRISES ALLIÉES AU BUREAU SOVIÉTIQUE

Le 1er février 1920, la première page du *New York Times* comportait un encadré indiquant que Martens allait être arrêté et déporté en Russie. Au même moment, Martens était recherché comme témoin pour comparaître devant un sous-comité de la commission des relations étrangères du Sénat qui enquêtait sur les activités soviétiques aux États-Unis. Après avoir fait profil bas pendant quelques jours, Martens comparaît devant la commission, revendique le privilège diplomatique et refuse de rendre les documents "officiels" en sa possession. Puis, après une vague de publicité, Martens a "cédé", a remis ses papiers et a admis

---

[170] États-Unis, Chambre des représentants, Commission des affaires étrangères, *Conditions en Russie*, 66e Congrès, 3e session, 1921, p. 75. "Bill" était William Bobroff, agent soviétique.

[171] Ibid, p. 78.

avoir mené des activités révolutionnaires aux États-Unis dans le but ultime de renverser le système capitaliste.

Martens s'est vanté auprès des médias et du Congrès que les grandes entreprises, dont les emballeurs de Chicago, aidaient les Soviétiques :

> En accord avec Martens, au lieu de se contenter de faire de la propagande parmi les radicaux et le prolétariat, il a consacré la plupart de ses efforts à gagner aux côtés de la Russie les intérêts des grandes entreprises et des industries de ce pays, les emballeurs, l'United States Steel Corporation, la Standard Oil Company et d'autres grandes entreprises engagées dans le commerce international. Martens a affirmé que la plupart des grandes maisons de commerce du pays l'aidaient dans son effort pour obtenir la reconnaissance du gouvernement soviétique par le gouvernement.[172]

Cette revendication a été développée par A. A. Heller, attaché commercial au Bureau soviétique :

> "Parmi les personnes qui nous aident à obtenir la reconnaissance du département d'État, on trouve les grands emballeurs de Chicago, Armour, Swift, Nelson Morris et Cudahy.... Parmi les autres entreprises, on trouve... l'American Steel Export Company, la Lehigh Machine Company, l'Adrian Knitting Company, l'International Harvester Company, l'Aluminum Goods Manufacturing Company, l'Aluminum Company of America, l'American Car and Foundry Export Company, M.C.D. Borden & Sons."[173]

Le *New York Times* a confirmé ces affirmations et a rapporté les commentaires des entreprises citées. "Je n'ai jamais entendu parler de cet homme [Martens] de ma vie", a déclaré G. F. Swift, Jr, responsable du département export de Swift & Co. "Je suis certain que nous n'avons jamais eu de relations d'aucune sorte avec lui."[174] Le *Times* a ajouté que O. H. Swift, le seul autre membre de la firme qui pouvait être contacté, "a également nié toute connaissance de Martens ou de son bureau à New York." La déclaration de Swift était au mieux évasive. Lorsque les enquêteurs du Comité Lusk ont saisi les dossiers du Bureau soviétique, ils ont trouvé une correspondance entre le bureau et presque toutes les sociétés nommées par Martens et Heller. La "liste des entreprises qui ont proposé de faire des affaires avec le Bureau soviétique russe", compilée à partir de ces dossiers, comprenait une entrée (page 16), "Swift and Company, Union Stock Yards, Chicago, Ill. En d'autres termes, Swift

---

[172] *New York Times*, 17 novembre 1919.

[173] Ibid.

[174] Ibid.

avait été en communication avec Martens malgré son démenti au *New York Times*.

Le *New York Times* a contacté United States Steel et a rapporté que "le juge Elbert H. Gary a déclaré hier soir que la déclaration du représentant soviétique ici présent n'était pas fondée et qu'il avait eu des relations avec l'United States Steel Corporation". C'est techniquement correct. L'United States Steel Corporation n'est pas répertoriée dans les dossiers soviétiques, mais la liste contient (page 16) une filiale, "United States Steel Products Co., 30 Church Street, New York City".

La liste du comité Lusk contient les informations suivantes sur les autres entreprises mentionnées par Martens et Heller : Standard Oil - ne figure pas sur la liste. Armour & Co., emballeurs de viande - répertoriés comme "Armour Leather" et "Armour & Co. Union Stock Yards, Chicago". Morris Go., emballeur de viande, est listé à la page 13. Cudahy - listé à la page 6. American Steel Export Co. - listée à la page 2 comme étant située au Woolworth Building ; elle avait offert de commercer avec l'URSS. Lehigh Machine Co. - non répertoriée. Adrian Knitting Co. - citée à la page 1. International Harvester Co. - citée à la page 11. La société Aluminum Goods Manufacturing - citée à la page 1. Aluminum Company of America - non répertoriée. American Car and Foundry Export - la société la plus proche est "American Car Co. - Philadelphie". M.C.D. Borden 8c Sons - société située au 90 Worth Street, page 4.

Puis, le samedi 21 juin 1919, Santeri Nuorteva (Alexander Nyberg) a confirmé dans une interview à la presse le rôle d'International Harvester :

Q : [par un journaliste du *New York* Times] : Quelle est votre activité ?

R : Directeur des achats en Russie soviétique.

Q : Qu'avez-vous fait pour y parvenir ?

R : Je me suis adressé aux fabricants américains.

Q : Nommez-les.

R : L'International Harvester Corporation en fait partie.

Q : Qui avez-vous vu ?

R : M. Koenig.

Q : Êtes-vous allé le voir ?

R : Oui.

Q : Donnez plus de noms.

R : Je suis allé voir tellement de gens, environ 500 personnes, et je ne me souviens pas de tous les noms. Nous avons des dossiers dans le bureau qui les divulguent.[175]

En bref, les affirmations de Heller et Martens concernant leurs nombreux contacts entre certaines entreprises américaines ont été étayées par les dossiers du Bureau soviétique. D'autre part, pour leurs propres raisons, ces entreprises semblaient peu désireuses de confirmer leurs activités.

LES BANQUIERS EUROPÉENS AIDENT LES BOLCHEVIKS

Outre Guaranty Trust et le banquier privé Boissevain à New York, certains banquiers européens ont apporté une aide directe pour maintenir et développer l'emprise bolchévique sur la Russie. Un rapport de 1918 du département d'État de notre ambassade à Stockholm détaille ces transferts financiers. Le département a félicité son auteur, déclarant que ses "rapports sur les conditions en Russie, la propagation du bolchevisme en Europe et les questions financières... se sont avérés très utiles pour le département. Le ministre est très satisfait de votre capacité à gérer les affaires de la légation".[176] Selon ce rapport, l'un de ces "banquiers bolchéviques" agissant au nom du régime soviétique émergent était Dmitri Rubenstein, de l'ancienne banque russo-française de Petrograd. Rubenstein, un associé du célèbre Grigori Raspoutine, avait été emprisonné à Petrograd avant la révolution en relation avec la vente de la deuxième compagnie d'assurance-vie russe. Le directeur et gestionnaire américain de la deuxième compagnie d'assurance-vie russe était John MacGregor Grant, qui était situé au 120 Broadway, New York City. Grant était également le représentant à New York de la Banque Russo-Asiatique de Putiloff. En août 1918, Grant est inscrit (pour des raisons inconnues) sur la "liste des suspects" du Bureau des renseignements militaires.[177] Cela peut s'expliquer par le fait qu'Olof Aschberg, au début de 1918, a déclaré avoir ouvert un crédit étranger à Petrograd "avec la John MacGregor Grant Co, société d'exportation, qu'il [Aschberg] finance en Suède et qui est financée en Amérique par la

---

[175] *New York Times*, 21 juin 1919.

[176] Fichier décimal du Département d'État américain, 861.51/411, 23 novembre 1918.

[177] Ibid, 316-125-1212.

Guarantee *[sic]* Trust Co".[178] Après la révolution, Dmitri Rubenstein s'installe à Stockholm et devient l'agent financier des bolcheviks. Le Département d'État a noté que, bien que Rubenstein ne soit "pas un bolchévique, il a été sans scrupules dans sa recherche du gain", et on soupçonne qu'il pourrait effectuer la visite envisagée en Amérique dans l'intérêt des bolchéviques et pour le compte de ceux-ci.[179]

Un autre "banquier bolchévique" de Stockholm était Abram Givatovzo, beau-frère de Trotsky et Lev Kamenev. Le rapport du Département d'État a affirmé que si Givatovzo prétendait être "très antibolchévique", il avait en fait reçu "de grosses sommes" des bolcheviks par courrier pour financer des opérations révolutionnaires. Givatovzo faisait partie d'un syndicat qui comprenait Denisoff de l'ancienne banque sibérienne, Kamenka de l'Asoff Don Bank et Davidoff de la Banque du commerce extérieur. Ce syndicat a vendu les actifs de l'ancienne banque sibérienne au gouvernement britannique.

Un autre banquier privé tsariste, Gregory Lessine, s'est occupé des affaires bolchéviques par l'intermédiaire de la société Dardel and Hagborg. D'autres "banquiers bolchéviques" nommés dans le rapport sont Stirrer et Jakob Berline, qui contrôlait auparavant, par l'intermédiaire de sa femme, la banque Petrograd Nelkens. Isidor Kon a été utilisé par ces banquiers comme agent.

Le plus intéressant de ces banquiers européens opérant au nom des bolcheviks était Gregory Benenson, ancien président à Petrograd de la Russian and English Bank - une banque qui comptait dans son conseil d'administration Lord Balfour (secrétaire d'État aux affaires étrangères en Angleterre) et Sir I. M. H. Amory, ainsi que S. H. Cripps et H. Guedalla. Benenson se rend à Petrograd après la révolution, puis à Stockholm. Il est venu, a déclaré un fonctionnaire du département d'État, "en apportant à ma connaissance dix millions de roubles avec lui, car il me les a offerts à un prix élevé pour l'utilisation de notre ambassade Arkhangelsk". Benenson avait un accord avec les bolcheviks pour échanger soixante millions de roubles contre 1,5 million de livres sterling.

En janvier 1919, les banquiers privés de Copenhague qui étaient associés aux institutions bolchéviques ont été alarmés par des rumeurs selon lesquelles la police politique danoise avait signalé la délégation soviétique et les personnes en contact avec les bolcheviks pour les

---

[178] États-Unis, Département d'État, Relations extérieures des États-Unis : 1918, Russie, 1:373.

[179] U.S. State Dept. Decimal File, 861.00/4878, July,' 21, 1919.

expulser du Danemark. Ces banquiers et la délégation ont tenté à la hâte de retirer leurs fonds des banques danoises - en particulier, sept millions de roubles de la Revisionsbanken.[180] De plus, des documents confidentiels ont été cachés dans les bureaux de la compagnie d'assurance Martin Larsen.

Par conséquent, nous pouvons identifier une sorte d'assistance des banquiers capitalistes à l'Union soviétique. Certains étaient des banquiers américains, d'autres des banquiers tsaristes exilés et vivant en Europe, et d'autres encore des banquiers européens. Leur objectif commun était le profit, et non l'idéologie politique.

Les aspects discutables du travail de ces "banquiers bolchéviques", comme on les appelait, s'inscrivent dans le cadre des événements contemporains en Russie. En 1919, des troupes françaises, britanniques et américaines combattaient les troupes soviétiques dans la région d'Arkhangelsk. Lors d'un affrontement en avril 1919, par exemple, les pertes américaines se sont élevées à un officier, cinq hommes tués et neuf disparus.[181] En effet, à un moment donné en 1919, le général H. Bliss, commandant américain dans la région d'Arkhangelsk, a confirmé la déclaration britannique selon laquelle "les troupes alliées dans les districts de Mourmansk et d'Arkhangelsk étaient en danger d'extermination à moins qu'elles ne soient rapidement renforcées".[182] Des renforts étaient alors en route sous le commandement du Brigadier Général W. P. Richardson.

En bref, alors que Guaranty Trust et des entreprises américaines de premier plan aidaient à la formation du Bureau soviétique à New York, les troupes américaines étaient en conflit avec les troupes soviétiques en Russie du Nord. En outre, ces conflits étaient quotidiennement rapportés dans le *New York Times*, vraisemblablement lu par ces banquiers et hommes d'affaires. De plus, comme nous le verrons au chapitre dix, les cercles financiers qui soutenaient le Bureau soviétique à New York ont également formé à New York les "United Americans" - une organisation virulemment anticommuniste qui prédisait une révolution sanglante, une famine massive et la panique dans les rues de New York.

---

[180] Ibid, 316-21-115/21.

[181] *New York Times*, 5 avril 1919.

[182] Ibid.

CHAPITRE VIII

120 BROADWAY, NEW YORK CITY

> William B. Thompson, qui était à Petrograd de juillet à novembre dernier, a fait une contribution personnelle de 1 000 000 de dollars aux Bolcheviks dans le but de diffuser leur doctrine en Allemagne et en Autriche...
>
> *Washington Post*, 2 février 1918

À mesure que je rassemblais du matériel de recherche pour ce livre, un seul endroit et une seule adresse dans le quartier de Wall Street se sont peu à peu imposés : 120 Broadway, New York City. Ce livre aurait pu être écrit en ne mentionnant que des personnes, des entreprises et des organisations situées au 120 Broadway en 1917. Bien que cette méthode de recherche eut été forcée et non naturelle, elle n'aurait exclu qu'une partie relativement petite de l'histoire.

Le bâtiment original du 120 Broadway a été détruit par un incendie avant la Première Guerre mondiale. Par la suite, le site a été vendu à l'Equitable Office Building Corporation, organisée par le général T. Coleman du Pont, président de la Compagnie des poudres du Pont de Nemours.[183] Un nouveau bâtiment a été achevé en 1915 et la compagnie d'assurance Equitable Life a réintégré son ancien site. Au passage, il faut noter un intéressant emboîtement dans l'histoire d'Equitable. En 1916, le caissier du bureau de Berlin de la compagnie Equitable Life était William Schacht, le père de Hjalmar Horace Greeley Schacht - qui deviendra plus tard le banquier et le génie financier d'Hitler. William Schacht était un citoyen américain, il a travaillé trente ans pour Equitable en Allemagne,

---

[183] Par une bizarrerie, les documents de constitution de l'Equitable Office Building ont été rédigés par Dwight W. Morrow, plus tard associé de Morgan, mais alors membre du cabinet d'avocats Simpson, Thacher & Bartlett. Le cabinet Thacher a apporté deux membres à la mission de la Croix-Rouge américaine en Russie en 1917 (voir chapitre 5).

et possédait une maison à Berlin connue sous le nom de "Equitable Villa". Avant de rejoindre Hitler, le jeune Hjalmar Schacht a été membre du Conseil des travailleurs et des soldats (soviétique) de Zehlendoff ; il l'a quitté en 1918 pour rejoindre le conseil d'administration de la Nationalbank fur Deutschland. Son codirecteur à la DONAT était Emil Wittenberg, qui, avec Max May de la Guaranty Trust Company de New York, était directeur de la première banque internationale soviétique, la Ruskombank.

En tout cas, le bâtiment du 120 Broadway était en 1917 connu sous le nom de Equitable Life Building. C'est un grand bâtiment, bien qu'il ne soit pas le plus grand immeuble de bureaux de la ville de New York, qui occupe une zone d'un seul tenant à l'angle de Broadway et de Pine, et qui compte trente-quatre étages. Le Bankers Club était situé au trente-quatrième étage. La liste des locataires de 1917 reflète en effet l'implication américaine dans la révolution bolchévique et ses suites. Par exemple, le siège du deuxième district de la Réserve Fédérale - la région de New York - de loin le plus important des districts de la Réserve Fédérale, était situé au 120 Broadway. Les bureaux de plusieurs directeurs individuels de la Banque de la Réserve Fédérale de New York et, plus important encore, de l'American International Corporation, se trouvaient également au 120 Broadway. En revanche, Ludwig Martens, nommé par les Soviétiques comme le premier "ambassadeur" bolchévique aux États-Unis et chef du Bureau soviétique, était en 1917 le vice-président de Weinberg & Posner - et avait également des bureaux au 120 Broadway.[184]

Cette concentration est-elle un accident ? La contiguïté géographique a-t-elle une signification ? Avant de tenter de proposer une réponse, nous devons changer de cadre de référence et abandonner le spectre gauche-droite de l'analyse politique.

Avec un manque de perception presque unanime, le monde universitaire a décrit et analysé les relations politiques internationales dans le contexte d'un conflit incessant entre le capitalisme et le communisme, et l'adhésion rigide à cette formule marxiste a déformé l'histoire moderne. De temps en temps, on lance des remarques étranges selon lesquelles la polarité est effectivement fausse, mais elles sont rapidement envoyées dans les limbes. Par exemple, Carroll Quigley,

---

[184] La société John MacGregor Grant, agent de la Banque Russo-Asiatique (impliquée dans le financement des bolcheviks), se trouvait au 120 Broadway - et était financée par la Guaranty Trust Company.

professeur de relations internationales à l'université de Georgetown, a fait le commentaire suivant sur la Maison de Morgan :

> Il y a plus de cinquante ans, la firme Morgan a décidé d'infiltrer les mouvements politiques de gauche aux États-Unis. Cela a été relativement facile à faire, car ces groupes étaient privés de fonds et désireux de faire entendre leur voix pour atteindre le peuple. Wall Street fournissait les deux. Le but n'était pas de détruire, mais de dominer ou de prendre le contrôle...[185]

Le commentaire du professeur Quigley, apparemment basé sur des documents confidentiels, a tous les ingrédients d'une bombe historique s'il peut être étayé. Nous suggérons que la firme Morgan a infiltré non seulement la gauche nationale, comme l'a noté Quigley, mais aussi la gauche étrangère - c'est-à-dire le mouvement bolchévique et la Troisième Internationale. De plus, par l'intermédiaire d'amis du Département d'État américain, Morgan et des intérêts financiers alliés, en particulier la famille Rockefeller, ont exercé une puissante influence sur les relations américano-russes depuis la Première Guerre mondiale jusqu'à aujourd'hui. Les preuves présentées dans ce chapitre suggèrent que deux des véhicules opérationnels pour infiltrer ou influencer les mouvements révolutionnaires étrangers se trouvaient au 120 Broadway : le premier, la Banque de Réserve Fédérale de New York, fortement liée aux personnes nommées par Morgan ; le second, l'American International Corporation contrôlée par Morgan. De plus, il y avait un lien important entre la Federal Reserve Bank of New York et l'American International Corporation - C. A. Stone, le président d'American International, était également un directeur de la Federal Reserve Bank.

L'hypothèse provisoire est donc que cette concentration inhabituelle à une seule adresse était le reflet d'actions délibérées menées par des entreprises et des personnes spécifiques et que ces actions et événements ne peuvent être analysés dans le spectre habituel de l'antagonisme politique gauche-droite.

AMERICAN INTERNATIONAL CORPORATION

L'American International Corporation (AIC) a été formée à New York le 22 novembre 1915 par les intérêts de J.P. Morgan, avec une participation importante de la National City Bank de Stillman et des

---

[185] Carroll Quigley, *Tragedy and Hope* (New York : Macmillan, 1966), p. 938. Quigley écrivait en 1965, ce qui situe le début de l'infiltration vers 1915, une date qui correspond aux preuves présentées ici.

intérêts de Rockefeller. Le bureau général de l'AIC se trouvait au 120 Broadway. La charte de la société l'autorisait à exercer tout type d'activité, à l'exception des activités bancaires et des services publics, dans n'importe quel pays du monde. L'objectif déclaré de la société était de développer les entreprises nationales et étrangères, d'étendre les activités américaines à l'étranger et de promouvoir les intérêts des banquiers, des entreprises et des ingénieurs américains et étrangers.

Frank A. Vanderlip a décrit dans ses mémoires la création d'American International et l'engouement suscité à Wall Street par son potentiel commercial.[186] L'idée originale est née d'une discussion entre Stone & Webster - les entrepreneurs ferroviaires internationaux qui "étaient convaincus qu'il n'y avait pas beaucoup plus de construction ferroviaire à faire aux États-Unis" - et Jim Perkins et Frank A. Vanderlip de la National City Bank (NCB).[187] L'autorisation initiale de capital était de 50 millions de dollars et le conseil d'administration représentait les principaux acteurs du monde financier new-yorkais. Vanderlip rapporte qu'il a écrit ce qui suit au président de la NCB, Stillman, enthousiasmé par l'énorme potentiel de l'American International Corporation :

> James A. Farrell et Albert Wiggin ont été invités [à faire partie du conseil d'administration], mais ont dû consulter leurs comités avant d'accepter. Je pense aussi à demander à Henry Walters et Myron T. Herrick. M. Herrick est vivement contesté par M. Rockefeller, mais M. Stone le veut et je suis convaincu qu'il serait particulièrement désirable en France. Le tout s'est déroulé dans la douceur et la réception a été marquée par un enthousiasme qui m'a surpris, même si j'étais fermement convaincu que nous étions sur la bonne voie.
>
> J'ai vu James J. Hill aujourd'hui, par exemple. Il a dit au début qu'il ne pouvait pas envisager d'étendre ses responsabilités, mais après que j'ai fini de lui dire ce que nous prévoyons de faire, il a dit qu'il serait heureux de faire partie du conseil d'administration, qu'il prendrait une grande quantité d'actions et qu'il voulait surtout une participation importante dans la City Bank et m'a chargé de lui acheter les actions au marché.
>
> J'ai parlé avec Ogden Armour à ce sujet pour la première fois aujourd'hui. Il s'est assis dans un silence parfait pendant que je racontais l'histoire, et, sans poser une seule question, il a dit qu'il intégrerait le conseil et voulait 500 000 dollars d'actions.

---

[186] Frank A. Vanderlip, *From Farm Boy to Financier* (New York : A. Appleton-Century, 1935).

[187] Ibid, p. 267.

M. Coffin [de General Electric] est un autre homme retiré de tout, mais il est "devenu si enthousiaste à ce sujet qu'il était prêt à faire partie du conseil d'administration et à offrir la coopération la plus active.

Je me sentais très bien d'avoir Sabin. Le Guaranty Trust est le concurrent le plus actif que nous ayons dans ce domaine et il est très utile de les faire entrer dans le giron de la société de cette manière. Ils ont été particulièrement enthousiastes chez Kuhn, Loeb. Ils veulent prendre jusqu'à 2 500 000$. Il y avait vraiment une sacrée concurrence pour savoir qui devait entrer au conseil, mais comme j'avais parlé avec Kahn et l'avais invité en premier, il a été décidé qu'il devait continuer. Il est peut-être le plus enthousiaste de tous. Ils veulent un demi-million d'actions pour le château de Sir Ernest[188] à qui ils ont transmis le plan et ils ont reçu de lui son approbation.

J'ai expliqué toute l'affaire au conseil d'administration [de la City Bank] mardi et n'ai reçu que des commentaires favorables.[189]

Tout le monde convoitait les actions de l'AIC. Joe Grace (de W. R. Grace & Co.) voulait 600 000 dollars en plus de sa participation dans la National City Bank. Ambrose Monell voulait 500 000$. George Baker voulait 250 000$. Et "William Rockefeller a essayé, en vain, de me convaincre de le mettre à terre pour 5 000 000$ de la commune."[190]

En 1916, les investissements de l'AIC à l'étranger s'élevaient à plus de 23 millions de dollars et en 1917 à plus de 27 millions de dollars. La société a établi des représentations à Londres, Paris, Buenos Aires et Pékin, ainsi qu'à Petrograd, en Russie. Moins de deux ans après sa création, AIC opérait à grande échelle en Australie, Argentine, Uruguay, Paraguay, Colombie, Brésil, Chili, Chine, Japon, Inde, Ceylan, Italie, Suisse, France, Espagne, Cuba, Mexique et d'autres pays d'Amérique centrale.

American International possédait plusieurs filiales, avait des intérêts importants dans d'autres sociétés et exploitait d'autres entreprises aux États-Unis et à l'étranger. La Allied Machinery Company of America a été fondée en février 1916 et la totalité du capital social a été reprise par American International Corporation. Le vice-président de l'American International Corporation était Frederick Holbrook, ingénieur et ancien

---

[188] Sir Ernest Cassel, éminent financier britannique.

[189] Ibid, pp. 268-69. Il convient de noter que plusieurs noms mentionnés par Vanderlip apparaissent ailleurs dans ce livre : Rockefeller, Armour, Guaranty Trust et (Otto) Kahn ont tous eu un lien plus ou moins étroit avec la révolution bolchévique et ses conséquences.

[190] Ibid, p. 269.

directeur de la Holbrook Cabot & Rollins Corporation. En janvier 1917, la Grace Russian Company est créée, les copropriétaires étant W. R. Grace & Co. et la San Galli Trading Company de Petrograd. L'American International Corporation avait un investissement substantiel dans la Grace Russian Company et, par l'intermédiaire de Holbrook, un poste de direction interdépendant.

L'AIC a également investi dans la United Fruit Company, qui a participé aux révolutions d'Amérique centrale dans les années 1920. L'American International Shipbuilding Corporation, détenue à 100% par AIC, a signé des contrats importants pour des navires de guerre avec l'Emergency Fleet Corporation : un contrat portait sur cinquante navires, suivi d'un autre contrat pour quarante navires, puis d'un autre encore pour soixante cargos. American International Shipbuilding a été le principal bénéficiaire des contrats attribués par la Emergency Fleet Corporation du gouvernement américain. Une autre société exploitée par AIC était G. Amsinck & Co. de New York ; le contrôle de la société a été acquis en novembre 1917. Amsinck était la source de financement de l'espionnage allemand aux États-Unis (voir page 66). En novembre 1917, l'American International Corporation a créé la Symington Forge Corporation, une importante entreprise publique de forgeage d'obus, dont elle était propriétaire à 100%. En conséquence, l'American International Corporation avait des intérêts importants dans les contrats de guerre aux États-Unis et à l'étranger. Elle avait, en un mot, un intérêt direct dans la poursuite de la Première Guerre mondiale.

Les directeurs d'American International et de certaines de leurs associations l'étaient (en 1917) :

J. OGDEN ARMOUR Abattoirs de Armour & Company, Chicago ; directeur de la National City Bank de New York ; et mentionné par A. A. Heller en relation avec le Bureau soviétique.

GEORGE JOHNSON BALDWIN Of Stone & Webster, 120 Broadway. Pendant la Première Guerre mondiale, Baldwin a été président du conseil d'administration de l'American International Shipbuilding, vice-président senior de l'American International Corporation, directeur de G. Amsinck (Von Pavenstedt d'Amsinck était un trésorier allemand spécialisé dans l'espionnage aux États-Unis, voir page 65), et administrateur de la Fondation Carnegie, qui a financé le plan de Marburg pour que le socialisme international soit contrôlé en coulisses par la finance mondiale (voir plus loin).

C. A. COFFIN Président de General Electric (bureau exécutif : 120 Broadway), président du comité de coopération de la Croix-Rouge américaine.

W. E. COREY (14 Wall Street) Directeur de l'American Bank Note Company, de la Mechanics and Metals Bank, de la Midvale Steel and Ordnance et de l'International Nickel Company ; puis directeur de la National City Bank.

ROBERT DOLLAR Magnat de la marine marchande de San Francisco, qui a tenté au nom des Soviétiques d'importer des roubles d'or tsaristes aux États-Unis en 1920, en violation de la réglementation américaine.

PIERRE S. DU PONT De la famille du Pont.

PHILIP A. S. FRANKLIN Directeur de la National City Bank.

J.P. GRACE Directeur de la National City Bank.

R. F. HERRICK Directeur, New York Life Insurance ; ancien président de l'American Bankers Association ; administrateur de la Carnegie Foundation.

OTTO H. KAHN Associé à Kuhn, Loeb. Le père de Kahn est arrivé en Amérique en 1948, "après avoir participé à la révolution allemande infructueuse de cette année-là". Selon J. H. Thomas (socialiste britannique, financé par les Soviétiques), "le visage d'Otto Kahn est tourné vers la lumière".

H. W. PRITCHETT Administrateur de la Fondation Carnegie.

PERCY A. ROCKEFELLER Fils de John D. Rockefeller ; marié à Isabel, fille de J. A. Stillman de la National City Bank.

JOHN D. RYAN Directeur des sociétés d'exploitation du cuivre, de la National City Bank et de la Mechanics and Metals Bank. (Voir le frontispice de ce livre).

W. L. SAUNDERS Directeur de la Banque de Réserve Fédérale de New York, 120 Broadway, et président de Ingersoll-Rand. Selon la *National Cyclopaedia* (26:81) : "Tout au long de la guerre, il a été l'un des conseillers les plus fiables du président." Voir page 15 pour son point de vue sur les Soviétiques.

J. A. STILLMAN Président de la National City Bank, après le décès de son père (J. Stillman, président de la NCB) en mars 1918.

C. A. STONE Directeur (1920-22) de la Federal Reserve Bank of New York, 120 Broadway ; président de Stone & Webster, 120 Broadway ; président (1916-23) de l'American International Corporation, 120 Broadway.

T. N. VAIL Président de la National City Bank of Troy, New York

F. A. VANDERLIP Président de la National City Bank.

E. S. WEBSTER Of Stone & Webster, 120 Broadway.

A. H. WIGGIN Directeur de la Banque de Réserve Fédérale de New York au début des années 1930.

BECKMAN WINTHROPE Directeur de la National City Bank.

WILLIAM WOODWARD Directeur de la Federal Reserve Bank of New York, 120 Broadway, et de la Hanover National Bank.

L'imbrication des vingt-deux directeurs de l'American International Corporation avec d'autres institutions est significative. La National City Bank avait pas moins de dix administrateurs au conseil d'administration d'AIC ; Stillman de la NCB était à l'époque un intermédiaire entre les intérêts de Rockefeller et de Morgan, et les intérêts de Morgan et de Rockefeller étaient directement représentés au sein d'AIC. Kuhn, Loeb et les du Ponts avaient chacun un administrateur. Stone & Webster avait trois directeurs. Pas moins de quatre directeurs d'AIC (Saunders, Stone, Wiggin, Woodward) étaient directeurs de la Federal Reserve Bank of New York ou devaient plus tard en devenir membres. Nous avons noté dans un chapitre précédent que William Boyce Thompson, qui a apporté des fonds et son prestige considérable à la révolution bolchévique, était également un directeur de la Federal Reserve Bank of New York - la direction de la FRB de New York ne comptait que neuf membres.

L'INFLUENCE DE L'AIC SUR LA RÉVOLUTION

Après avoir identifié les directeurs de l'AIC, nous devons maintenant identifier leur influence révolutionnaire.

Alors que la révolution bolchévique s'installe en Russie centrale, le secrétaire d'État Robert Lansing demande l'avis de l'American International Corporation sur la politique à mener à l'égard du régime soviétique. Le 16 janvier 1918 - à peine deux mois après la prise de pouvoir à Petrograd et à Moscou, et avant qu'une fraction de la Russie ne passe sous le contrôle des bolcheviks - William Franklin Sands, secrétaire exécutif de l'American International Corporation, a soumis au secrétaire d'État Lansing le mémorandum demandé sur la situation politique russe. La lettre d'accompagnement de Sands, adressée au 120 Broadway, commence :

> À l'honorable secrétaire d'État du 16 janvier 1918
>
> Washington D.C.
>
> Monsieur,
>
> J'ai l'honneur de vous faire parvenir ci-joint le mémorandum que vous m'avez demandé de vous présenter sur ma vision de la situation politique en Russie.

Je l'ai divisé en trois parties : une explication des causes historiques de la Révolution, racontée aussi brièvement que possible ; une suggestion quant à la politique et un exposé des différentes branches de l'activité américaine à l'œuvre actuellement en Russie.[191]

Bien que les bolcheviks n'aient eu qu'un contrôle précaire en Russie - et qu'ils aient même failli le perdre au printemps 1918 - Sands écrit que déjà (janvier 1918) les États-Unis ont trop tardé à reconnaître "Trotzky". Il ajoutait : "Tout le terrain perdu devrait être regagné maintenant, même au prix d'un léger triomphe personnel pour Trotzky".[192]

Les entreprises situées au 120 Broadway ou à proximité :

American International Corp 120 Broadway

National City Bank 55 Wall Street

Bankers Trust Co Bldg 14 Wall Street

Bourse de New York 13 Wall Street/12 Broad

L'immeuble Morgan au coin de Wall & Broad

Banque de la Réserve Fédérale de NY 120 Broadway

Equitable Building 120 Broadway

Bankers Club 120 Broadway

Simpson, Thather & Bartlett 62 Cedar St

William Boyce Thompson 14 Wall Street

Immeuble Hazen, Whipple & Fuller, 42e rue

Chase National Bank 57 Broadway

McCann Co 61 Broadway

Stetson, Jennings & Russell 15 Broad Street

Guggenheim Exploration 120 Broadway

Weinberg & Posner 120 Broadway

Bureau soviétique 110 West 40th Street

John MacGregor Grant Co 120 Broadway

Stone & Webster 120 Broadway

---

[191] Fichier décimal du Stale Dept. américain, 861.00/961.

[192] Mémorandum de Sands à Lansing, p. 9.

General Electric Co 120 Broadway

Plan Morris de NY 120 Broadway

Sinclair Gulf Corp 120 Broadway

Guaranty Securities 120 Broadway

Guaranty Trust 140 Broadway

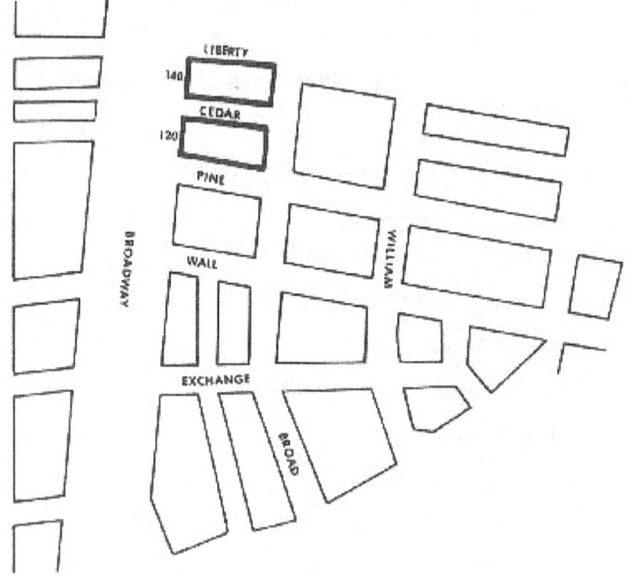

Carte de la région de Wall Street indiquant l'emplacement des bureaux

Sands élabore ensuite la manière dont les États-Unis pourraient rattraper le temps perdu, établit un parallèle entre la révolution bolchévique et "notre propre révolution", et conclut : "J'ai toutes les raisons de croire que les plans de l'administration pour la Russie recevront tout le soutien possible du Congrès, et l'appui chaleureux de l'opinion publique américaine".

En bref, Sands, en tant que secrétaire exécutif d'une société dont les directeurs étaient les plus prestigieux de Wall Street, a apporté un soutien énergique aux bolcheviks et à la révolution bolchévique, et ce quelques semaines après le début de la révolution. Et en tant que directeur de la Federal Reserve Bank of New York, Sands venait de verser un million de dollars aux Bolcheviks - un tel soutien des intérêts bancaires aux Bolcheviks était on ne peut plus cohérent.

De plus, William Sands d'American International était un homme aux relations et à l'influence vraiment peu communes au sein du Département d'État.

La carrière de Sands a alterné entre le Département d'État et Wall Street. À la fin du XIXe et au début du XXe siècle, il a occupé divers postes diplomatiques aux États-Unis. En 1910, il a quitté le département pour rejoindre la société bancaire de James Speyer afin de négocier un prêt équatorien, et pendant les deux années suivantes, il a représenté la Central Aguirre Sugar Company à Porto Rico. En 1916, il est en Russie pour un "travail de la Croix-Rouge" - en fait une "mission spéciale" de deux hommes avec Basil Miles - et revient pour rejoindre l'American International Corporation à New York.[193]

Au début de 1918, Sands est devenu le destinataire connu et prévu de certains "traités secrets" russes. Si l'on en croit les dossiers du Département d'État, il semble que Sands était également un coursier, et qu'il avait déjà eu accès à des documents officiels - avant, c'est-à-dire, à des fonctionnaires du gouvernement américain. Le 14 janvier 1918, deux jours seulement avant que Sands n'écrive son mémo sur la politique à l'égard des bolcheviks, le secrétaire d'État Lansing a fait envoyer le câble suivant en Green Cipher à la légation américaine à Stockholm : "D'importants documents officiels que Sands devait apporter ici ont été laissés à la légation. Les avez-vous transmis ? Lansing". La réponse du 16 janvier de Morris à Stockholm est la suivante : "Votre 460 14 janvier, à 17 heures. Ces documents ont été transmis au département dans la valise numéro 34 le 28 décembre". À ces documents est joint un autre mémo, signé "BM" (Basil Miles, un associé de Sands) : "M. Phillips. Ils n'ont pas donné à Sands la première tranche des traités secrets qu'il a apportés de Petrograd à Stockholm."[194]

---

[193] William Franklin Sands a écrit plusieurs livres, dont *Undiplomatic Memoirs* (New York : McGraw-Hill, 1930), une biographie couvrant les années jusqu'en 1904. Plus tard, il a écrit *Our Jungle Diplomacy* (Chapel Hill : University of North Carolina Press, 1941), un traité peu remarquable sur l'impérialisme en Amérique latine. Ce dernier ouvrage n'est remarquable que par un point mineur à la page 102 : la volonté d'imputer une aventure impérialiste particulièrement peu recommandable à Adolf Stahl, un banquier new-yorkais, tout en soulignant inutilement que Stahl était "d'origine juive allemande". En août 1918, il publie en *Asie* un article intitulé "Sauver la Russie", pour expliquer le soutien au régime bolchévique.

[194] Tout ce qui précède figure dans le fichier décimal du département d'État américain, 861.00/969.

Si l'on met de côté la question de savoir pourquoi un simple citoyen serait porteur de traités secrets russes et la question du contenu de ces traités secrets (probablement une première version des documents dits de Sisson), on peut au moins en déduire que le secrétaire exécutif de l'AIC s'est rendu de Petrograd à Stockholm à la fin de 1917 et qu'il devait en effet être un citoyen privilégié et influent pour avoir accès aux traités secrets.[195]

Quelques mois plus tard, le 1er juillet 1918, Sands écrivit au secrétaire au Trésor McAdoo pour lui suggérer de créer une commission pour "l'assistance économique à la Russie". Il insistait sur le fait que puisqu'il serait difficile pour une commission gouvernementale de "fournir le mécanisme" d'une telle assistance, "il semble donc nécessaire de faire appel aux intérêts financiers, commerciaux et industriels des États-Unis pour fournir un tel mécanisme sous le contrôle du commissaire en chef ou de tout autre fonctionnaire choisi par le président à cette fin".[196] En d'autres termes, Sands avait manifestement l'intention que toute exploitation commerciale de la Russie bolchévique inclue le 120 Broadway.

LA BANQUE DE RÉSERVE FÉDÉRALE DE NEW YORK

Le mémorandum de constitution de la Banque de Réserve Fédérale de New York a été déposé le 18 mai 1914. Elle prévoyait trois administrateurs de classe A représentant les banques membres du district, trois administrateurs de classe B représentant le commerce, l'agriculture et l'industrie, et trois administrateurs de classe C représentant le Conseil de la Réserve Fédérale. Les premiers administrateurs ont été élus en 1914 ; ils ont procédé à la mise en place d'un programme énergique. Au cours de la première année d'organisation, la Banque de la Réserve Fédérale de New York a tenu pas moins de 50 réunions.

De notre point de vue, ce qui est intéressant, c'est l'association entre, d'une part, les directeurs de la Banque de Réserve Fédérale (dans le district de New York) et de l'American International Corporation et, d'autre part, la Russie soviétique émergente.

---

[195] L'auteur ne peut s'abstenir de comparer le traitement des chercheurs universitaires. En 1973, par exemple, l'auteur s'est encore vu refuser l'accès à certains dossiers du Département d'État datant de 1919.

[196] Fichier décimal du Département d'État américain, 861.51/333.

En 1917, les trois directeurs de classe A étaient Franklin D. Locke, William Woodward et Robert H. Treman. William Woodward était administrateur de l'American International Corporation (120 Broadway) et de la Hanover National Bank, contrôlée par Rockefeller. Ni Locke ni Treman n'entrent dans notre histoire. Les trois directeurs de classe B en 1917 étaient William Boyce Thompson, Henry R. Towne et Leslie R. Palmer. Nous avons déjà noté l'importante contribution en espèces de William B. Thompson à la cause bolchévique. Henry R. Towne était président du conseil d'administration du Plan Morris de New York, situé au 120 Broadway ; son siège fut ensuite occupé par Charles A. Stone de l'American International Corporation (120 Broadway) et de Stone & Webster (120 Broadway). Leslie R. Palmer n'entre pas dans notre histoire. Les trois réalisateurs de classe C étaient Pierre Jay, W. L. Saunders et George Foster Peabody. On ne sait rien de Pierre Jay, si ce n'est que son bureau était au 120 Broadway et qu'il ne semblait important qu'en tant que propriétaire de la Brearley School, Ltd. William Lawrence Saunders était également directeur de l'American International Corporation ; il a ouvertement avoué, comme nous l'avons vu, des sympathies pro-bolchéviques, les révélant dans une lettre au président Woodrow Wilson. George Foster Peabody était un socialiste actif.

En bref, sur les neuf directeurs de la Banque de la Réserve Fédérale de New York, quatre étaient physiquement installés au 120 Broadway et deux étaient alors liés à l'American International Corporation. Et au moins quatre membres du conseil d'administration de l'AIC ont été à un moment ou à un autre directeurs de la FRB de New York. Nous pourrions qualifier tout cela d'important, mais nous ne considérons pas nécessairement qu'il s'agit d'un élément primordial.

L'ALLIANCE INDUSTRIELLE AMÉRICANO-RUSSE

La proposition de William Franklin Sands de créer une commission économique pour la Russie n'a pas été adoptée. Au lieu de cela, un véhicule privé a été mis en place pour exploiter les marchés russes et le soutien accordé auparavant aux bolcheviks. Un groupe d'industriels du 120 Broadway a formé le Syndicat Industriel Américano-russe Inc. pour développer et favoriser ces opportunités. Le soutien financier de la nouvelle entreprise provient des frères Guggenheim, 120 Broadway, précédemment associés à William Boyce Thompson (fonderie et raffinage américains contrôlés par Guggenheim, et les sociétés de cuivre de Kennecott et de l'Utah) ; de Harry F. Sinclair, président de la Sinclair Gulf Corp, également 120 Broadway ; et de James G. White de la J. G.

White Engineering Corp, 43 Exchange Place - l'adresse du syndicat industriel américano-russe.

À l'automne 1919, l'ambassade des États-Unis à Londres a envoyé un câble à Washington au sujet de MM. Lubovitch et Rossi "représentant le syndicat industriel américano-russe Incorporated Quelle est la réputation et l'attitude du ministère à l'égard du syndicat et des individus ?[197]

À ce câble, le fonctionnaire du Département d'État Basil Miles, ancien associé de Sands, a répondu :

> ... Les hommes mentionnés ainsi que leur société sont de bonne réputation et sont soutenus financièrement par les intérêts de White, Sinclair et Guggenheim dans le but de faciliter des relations d'affaires avec la Russie.[198]

On peut donc conclure que les intérêts de Wall Street avaient des idées bien précises sur la manière dont le nouveau marché russe allait être exploité. L'assistance et les conseils offerts au nom des bolcheviks par les parties intéressées à Washington et ailleurs ne devaient pas rester lettre morte.

JOHN REED : LE RÉVOLUTIONNAIRE DE L'ESTABLISHMENT

Outre l'influence d'American International au sein du Département d'État, il existe une relation intime - que l'AIC a elle-même appelée "contrôle" - avec un bolchévique connu : John Reed. Reed était un auteur prolifique et très lu de l'époque de la Première Guerre mondiale, qui a contribué au magazine *Masses* d'orientation bolchévique et à la revue *Metropolitan*, contrôlée par Morgan[199]. Le livre de Reed sur la révolution bolchévique, *Ten Days That Shook the World*, comporte une introduction de Nikolaï Lénine, et est devenu le travail de Reed le plus connu et le plus lu. Aujourd'hui, le livre se lit comme un commentaire superficiel des événements actuels, est entrecoupé de proclamations et de décrets

---

[197] Fichier décimal du Département d'État américain, 861.516 84, 2 septembre 1919.

[198] Ibid.

[199] Les autres contributeurs au journal *Masses* mentionnés dans ce livre sont le journaliste Robert Minor, président du Comité de la marionnette de l'information publique américaine, George Creel, Carl Sandburg, poète et historien, et Boardman Robinson, artiste.

bolchéviques, et est imprégné de cette ferveur mystique qui, comme le savent les bolchéviques, suscitera des sympathisants étrangers. Après la révolution, Reed est devenu un membre américain du comité exécutif de la Troisième Internationale. Il est mort du typhus en Russie en 1920.

La question cruciale qui se présente ici ne concerne pas le ténor pro-bolchevik connu Reed et ses activités, mais la manière dont Reed disposait de toute la confiance de Lénine ("Voici un livre que je voudrais voir publié à des millions d'exemplaires et traduit dans toutes les langues", commentait Lénine dans *Ten Days*), qui était membre de la Troisième Internationale, et qui possédait un laissez-passer du Comité militaire révolutionnaire (N° 955, émis le 16 novembre 1917) lui permettant d'entrer à tout moment à l'Institut Smolny (le quartier général de la révolution) en tant que représentant de la "presse socialiste américaine", était aussi - malgré cela - une marionnette sous le "contrôle" des intérêts financiers de Morgan par le biais de l'American International Corporation. Il existe des preuves documentaires de cette apparente contradiction (voir ci-dessous et annexe 3).

Complétons l'arrière-plan. Des articles pour le *Metropolitan* et *Masses* ont permis à John Reed de toucher un large public pour ses reportages sur les révolutions bolchéviques mexicaine et russe. Le biographe de Reed, Granville Hicks, a suggéré, dans *John Reed*, qu'il "était... le porte-parole des bolcheviks aux États-Unis". D'autre part, le soutien financier de Reed de 1913 à 1918 est venu en grande partie du *Metropolitan* - propriété de Harry Payne Whitney, un directeur du Guaranty Trust, une institution citée dans chaque chapitre de ce livre - et aussi du banquier privé et marchand new-yorkais Eugène Boissevain, qui a canalisé les fonds vers Reed à la fois directement et par le biais du journal pro-bolchéviques *Masses*. En d'autres termes, le soutien financier de John Reed est venu de deux éléments supposés concurrents dans le spectre politique. Ces fonds étaient destinés à l'écriture et peuvent être classés comme suit : paiements du *Metropolitan* à partir de 1913 pour des articles ; paiements de *Masses* à partir de 1913, dont les revenus provenaient au moins en partie d'Eugène Boissevain. Une troisième catégorie doit être mentionnée : Reed a reçu quelques paiements mineurs et apparemment sans lien avec le commissaire de la Croix-Rouge Raymond Robins à Petrograd. Il a vraisemblablement aussi reçu des sommes moins importantes pour des articles écrits pour d'autres revues, et des droits d'auteur sur des livres ; mais aucune preuve n'a été trouvée concernant le montant de ces paiements.

JOHN REED ET LE MAGAZINE *METROPOLITAN*

Le *Metropolitan* a soutenu les causes de l'establishment contemporain, notamment la préparation à la guerre. Le magazine appartenait à Harry Payne Whitney (1872-1930), qui a fondé la Navy League et était associé dans la firme J.P. Morgan. À la fin des années 1890, Whitney est devenu directeur de l'American Smelting and Refining et de la Guggenheim Exploration. À la mort de son père en 1908, il devient directeur de nombreuses autres sociétés, dont la Guaranty Trust Company. Reed a commencé à écrire pour le *Metropolitan* en juillet 1913 et a contribué à une demi-douzaine d'articles sur les révolutions mexicaines : "Avec Villa au Mexique", "Les causes derrière la révolution mexicaine", "Si nous entrons au Mexique", "Avec Villa en marche", etc. Reed a sympathisé avec le révolutionnaire Pancho Villa. Vous vous souvenez du lien entre le Guaranty Trust et les fournitures de munitions à Villa.

En tout état de cause, *Metropolitan* était la principale source de revenus de Reed. Selon le biographe Granville Hicks, "L'argent signifiait principalement du travail pour le *Metropolitan* et accessoirement des articles et des histoires pour d'autres magazines rémunérateurs". Mais le fait d'être employé par le *Metropolitan* n'empêchait pas Reed d'écrire des articles critiques à l'égard des intérêts de Morgan et Rockefeller. L'un de ces articles, "Prendre la République à la gorge" *(Masses,* juillet 1916), retraçait les relations entre les industries de munitions, le lobby de la préparation à la sécurité nationale, les directions interdépendantes des intérêts de Morgan et Rockefeller, "et montrait qu'elles dominaient à la fois les sociétés de préparation et la toute nouvelle American International Corporation, organisée pour l'exploitation des pays en voie de développement".[200]

En 1915, John Reed a été arrêté en Russie par les autorités tsaristes, et le *Metropolitan* est intervenu auprès du Département d'État en faveur de Reed. Le 21 juin 1915, H. J. Whigham écrit au secrétaire d'État Robert Lansing pour l'informer que John Reed et Boardman Robinson (également arrêté et collaborateur de *Masses)* étaient en Russie "avec une commande du magazine *Metropolitan* pour écrire des articles et faire des illustrations dans le domaine oriental de la guerre". Whigham a souligné qu'aucun d'eux n'avait "le désir ou l'autorité d'interférer avec les opérations d'une quelconque puissance belligérante". La lettre de Whigham continue :

> Si M. Reed a porté des lettres de recommandation de Bucarest à des personnes en Galice d'un état d'esprit anti-russe, je suis sûr que cela a été

---

[200] Granville Hicks, *John Reed, 1887-1920* (New York : Macmillan, 1936), p. 215.

fait innocemment avec la simple intention de rencontrer le plus de gens possible...

Whigham fait remarquer au secrétaire Lansing que John Reed était connu à la Maison-Blanche et avait apporté "une certaine assistance" à l'administration sur les affaires mexicaines ; il conclut : "Nous avons la plus haute estime pour les grandes qualités de Reed en tant qu'écrivain et penseur et nous sommes très inquiets pour sa sécurité."[201] La lettre de Whigham ne provient pas, notons-le, d'un journal de l'establishment en faveur d'un écrivain bolchévique ; elle provient d'un journal de l'establishment en faveur d'un écrivain bolchévique pour *Masses* et autres feuilles révolutionnaires similaires, un écrivain qui a également été l'auteur d'attaques tranchantes ("L'éthique involontaire du grand capital : une fable pour pessimistes", par exemple) sur les mêmes intérêts Morgan qui possédaient *Metropolitan*.

La preuve du financement par le banquier privé Boissevain est incontestable. Le 23 février 1918, la légation américaine à Christiania, en Norvège, envoie un câble à Washington au nom de John Reed pour qu'il soit remis au chef du parti socialiste, Morris Hillquit. Le câble précisait en partie "Dites à Boissevain qu'il peut compter sur lui, mais avec précaution." Une note confidentielle de Basil Miles dans les dossiers du Département d'État, datée du 3 avril 1918, déclare : "Si Reed rentre à la maison, autant qu'il ait de l'argent. Je comprends que les alternatives sont l'expulsion par la Norvège ou une expulsion dans les formes. Si c'est le cas, cette dernière semble préférable". Cette note de protection est suivie d'un télégramme daté du 1er avril 1918, et à nouveau de la légation américaine à Christiania : "John Reed demande d'urgence à Eugène Boissevain, 29 Williams Street, New York, de virer 300,00$ au bénéfice de la légation.[202] Ce télégramme a été relayé à Eugène Boissevain par le Département d'État le 3 avril 1918.

Reed a apparemment reçu ses fonds et est arrivé sain et sauf aux États-Unis. Le document suivant dans les dossiers du Département d'État est une lettre de John Reed à William Franklin Sands, datée du 4 juin 1918 et écrite depuis Croton On Hudson, New York. Dans cette lettre, Reed affirme qu'il a rédigé un mémorandum pour le Département d'État, et appelle Sands à user de son influence pour obtenir la restitution des documents ramenés de Russie. Reed conclut : "Pardonnez-moi de vous

---

[201] Fichier décimal du département d'État américain, 860d.1121 R 25/4.

[202] Ibid, 360d.1121/R25/18. Selon Granville Hicks dans *John Reed*, "Masses ne pouvait pas payer ses dépenses [Reed]. Finalement, des amis du magazine, notamment Eugene Boissevain, ont réuni l'argent" (p. 249).

déranger, mais je ne sais pas vers qui me tourner, et je ne peux pas me permettre un autre voyage à Washington". Par la suite, Frank Polk, secrétaire d'État par intérim, a reçu une lettre de Sands concernant la restitution des papiers de John Reed. La lettre de Sands, datée du 5 juin 1918, provenant du 120 Broadway, est ici reproduite dans son intégralité ; elle contient des déclarations très explicites sur le contrôle exercé par Reed :

120 BROADWAY NEW YORK

5 juin 1918

Mon cher M. Polk :

Je prends la liberté de vous faire parvenir un appel de John ("Jack") Reed pour l'aider, si possible, à obtenir la restitution des papiers qu'il a apportés de Russie dans le pays.

J'ai eu une conversation avec M. Reed à son arrivée, au cours de laquelle il a esquissé certaines tentatives du gouvernement soviétique pour amorcer un développement constructif, et a exprimé le désir de mettre à la disposition de notre gouvernement toutes les observations qu'il avait faites ou les informations qu'il avait obtenues grâce à sa relation avec Léon Trotzky. Je lui ai suggéré de rédiger un mémorandum à ce sujet pour vous, et j'ai promis de téléphoner à Washington pour vous demander de lui accorder un entretien à cette fin. Il a ramené avec lui une masse de documents qui lui ont été retirés pour être examinés et, à ce sujet, il souhaitait également parler à une personne en position d'autorité, afin d'offrir volontairement au gouvernement les informations qu'ils pourraient contenir et de demander la restitution de ceux dont il a besoin pour son travail dans les journaux et les magazines.

Je ne pense pas que M. Reed soit un "bolchevik" ou un "anarchiste dangereux", comme je l'ai entendu dire. C'est un journaliste à sensation, sans aucun doute, mais c'est tout. Il ne cherche pas à embarrasser notre gouvernement, et pour cette raison a refusé la "protection" qui lui a été offerte par Trotzky, si j'ai bien compris, lorsqu'il est retourné à New York pour faire face à l'accusation portée contre lui dans le procès intenté à "Masses". Cependant, il est apprécié des bolchéviques de Petrograd et, par conséquent, tout ce que notre police peut faire qui ressemble à de la "persécution" sera ressenti à Petrograd, ce que je considère comme indésirable, car inutile. *Il peut être manipulé et contrôlé bien mieux par d'autres moyens que par la police.*

Je n'ai pas vu le mémorandum qu'il a remis à M. Bullitt - je *voulais qu'il me laisse le voir d'abord et peut-être le modifier*, mais il n'a pas eu l'occasion de le faire.

J'espère que vous ne me considérerez pas comme un intrus dans cette affaire ou comme un intervenant dans des affaires qui ne me concernent pas. Je pense qu'il est sage de ne pas offenser les dirigeants bolchéviques tant que cela ne sera pas nécessaire - si cela devait devenir nécessaire - et il n'est pas sage de considérer chacun comme un personnage suspect, voire dangereux, qui a eu des relations amicales avec les bolchéviques en Russie. *Je pense qu'il est préférable de tenter d'utiliser de telles personnes à nos propres fins dans le développement de notre politique envers la Russie, si cela est possible.* La conférence que Reed a été empêché par la police de donner à Philadelphie (il a perdu son sang-froid, est entré en conflit avec la police et a été arrêté) est la seule conférence sur la Russie que j'aurais payé pour entendre, si je n'avais pas déjà vu ses notes sur le sujet. Elle portait sur un sujet qui pourrait bien être un point de contact avec le gouvernement soviétique, à partir duquel on pourrait commencer un travail constructif !

Ne pouvons-nous pas l'utiliser, au lieu de l'aigrir et d'en faire un ennemi ? Il n'est pas bien équilibré, mais il est, sauf erreur de ma part, *susceptible d'être guidé discrètement et pourrait être très utile.*

Bien à vous, William Franklin Sands

L'honorable Frank Lyon Polk

Conseiller pour le Département d'État Washington, D.C.

WFS:AO pièce jointe[203]

L'importance de ce document démontre la réalité de l'intervention directe d'un officier (secrétaire exécutif) de l'American International Corporation au nom d'un bolchévique connu. Réfléchissez à quelques déclarations de Sands à propos de Reed : "Il peut être manipulé et contrôlé bien mieux par d'autres moyens que par la police" ; et, "Ne pouvons-nous pas l'utiliser, au lieu de l'aigrir et d'en faire un ennemi ? ... il est, à moins que je ne me trompe beaucoup, susceptible de recevoir des conseils discrets et pourrait être très utile". De toute évidence, l'American International Corporation considérait John Reed comme un agent ou un agent potentiel qui pouvait être, et avait probablement déjà été, placé sous son contrôle. Le fait que Sands ait été en mesure de demander l'édition d'un mémorandum de Reed (pour Bullitt) suggère qu'un certain degré de contrôle avait déjà été établi.

Notez ensuite l'attitude potentiellement hostile de Sands à l'égard des bolcheviks - et son intention à peine voilée de les provoquer : "Je pense qu'il est sage de ne pas offenser les dirigeants bolchéviques à moins et *jusqu'à ce qu'il soit nécessaire de le faire* - si cela devait devenir nécessaire..." (italique ajouté).

---

[203] Fichier décimal du Département d'État américain, 360. D. II21.R/20/221/2, /R25 (John Reed). La lettre a été transférée par M. Polk aux archives du Département d'État le 2 mai 1935. Tous les italiques ont été ajoutés.

Il s'agit d'une lettre extraordinaire au nom d'un agent soviétique, émanant d'un citoyen américain privé dont le Département d'État avait sollicité et continuait de demander les conseils.

Un mémorandum ultérieur, daté du 19 mars 1920, dans les dossiers de l'État, fait état de l'arrestation de John Reed par les autorités finlandaises à Abo, et de la possession par Reed de passeports anglais, américains et allemands. Reed, voyageant sous le pseudonyme de Casgormlich, transportait des diamants, une importante somme d'argent, de la littérature de propagande soviétique et des films. Le 21 avril 1920, la légation américaine à Helsingfors envoie un câble au Département d'État :

> Je transmets par la prochaine valise les copies certifiées des lettres d'Emma Goldman, Trotsky, Lénine et Sirola trouvées en possession de Reed. Le ministère des Affaires étrangères a promis de fournir un compte rendu complet de la procédure judiciaire.

Une fois de plus, Sands est intervenu : "Je connaissais personnellement M. Reed.[204]" Et, comme en 1915, le magazine *Metropolitan* est également venu au secours de Reed. Le 15 avril 1920, H. J. Whigham écrit à Bainbridge Colby au Département d'État : "J'ai entendu dire que John Reed risquait d'être exécuté en Finlande. J'espère que le Département d'État pourra prendre des mesures immédiates pour qu'il soit jugé comme il se doit. Demande une action rapide et urgente".[205] Ceci s'ajoutait à un télégramme du 13 avril 1920 de Harry Hopkins, qui était destiné à la célébrité sous le président Roosevelt :

> Comprendre que le Département d'État a des informations sur Jack Reed arrêté par la Finlande, sera exécuté. Un de ses amis, ainsi que les vôtres et sa femme, vous demandent instamment de prendre rapidement des mesures pour empêcher l'exécution et obtenir la libération de Jack Reed. Sommes sûrs de pouvoir compter sur votre intervention immédiate et efficace.[206]

John Reed a ensuite été libéré par les autorités finlandaises.

Ce récit paradoxal sur l'intervention en faveur d'un agent soviétique peut avoir plusieurs explications. Une hypothèse qui correspond à

---

[204] Ibid, 360d.1121 R 25/72.

[205] Ibid.

[206] Elle a été adressée à Bainbridge Colby, ibid, 360d.1121 R 25/30. Une autre lettre, datée du 14 avril 1920 et adressée au secrétaire d'État depuis le 100 Broadway, New York, était de W. Bourke Cochrane ; elle plaidait également pour la libération de John Reed.

d'autres preuves concernant Wall Street et la révolution bolchévique est que John Reed était en fait un agent des intérêts de Morgan - peut-être seulement à moitié conscient de son double rôle - que ses écrits anticapitalistes entretenaient le précieux mythe selon lequel tous les capitalistes sont en guerre perpétuelle avec tous les révolutionnaires socialistes. Carroll Quigley, comme nous l'avons déjà noté, a rapporté que les intérêts Morgan soutenaient financièrement les organisations révolutionnaires nationales et les écrits anticapitalistes.[207] Et nous avons présenté dans ce chapitre des preuves documentaires irréfutables que les intérêts de Morgan exerçaient également le contrôle d'un agent soviétique, intercédant en son nom et, plus important encore, intervenant généralement en faveur des intérêts soviétiques auprès du gouvernement américain. Ces activités étaient centrées à une seule adresse : 120 Broadway, New York City.

---

[207] Quigley, op. cit.

CHAPITRE IX

LE GUARANTY TRUST S'INSTALLE EN RUSSIE

> *Le gouvernement soviétique souhaite que la Guarantee Trust Company devienne l'agent fiscal aux États-Unis pour toutes les opérations soviétiques et envisage l'achat de l'Eestibank par les Américains en vue de lier complètement les fortunes soviétiques aux intérêts financiers américains.*
>
> William H. Coombs, sous les ordres de l'ambassade des États-Unis à Londres, le 1er juin 1920 (fichier décimal du département d'État américain, 861.51/752). ("Eestibank" était une banque estonienne)

En 1918, les Soviétiques ont été confrontés à un ensemble ahurissant de problèmes internes et externes. Ils n'occupaient qu'une fraction de la Russie. Pour maîtriser le reste, ils avaient besoin d'armes étrangères, de nourriture importée, de soutien financier extérieur, de reconnaissance diplomatique et - surtout - de commerce extérieur. Pour obtenir la reconnaissance diplomatique et le commerce extérieur, les Soviétiques avaient d'abord besoin d'une représentation à l'étranger, et la représentation nécessitait à son tour un financement en or ou en devises étrangères. Comme nous l'avons déjà vu, la première étape a été d'établir le Bureau soviétique à New York sous la direction de Ludwig Martens. En même temps, des efforts ont été faits pour transférer des fonds aux États-Unis et en Europe pour l'achat de biens nécessaires. Ensuite, une influence a été exercée aux États-Unis pour obtenir la reconnaissance ou les licences d'exportation nécessaires pour expédier des marchandises en Russie.

Les banquiers et les avocats de New York ont apporté une aide importante - et parfois cruciale - pour chacune de ces tâches. Lorsque le professeur George V. Lomonossoff, l'expert technique russe du Bureau soviétique, a eu besoin de transférer des fonds de l'agent soviétique principal en Scandinavie, un éminent avocat de Wall Street est venu à son aide - en utilisant les canaux officiels du Département d'État et le secrétaire d'État en exercice comme intermédiaire. Lorsque l'or a dû être transféré aux États-Unis, ce sont American International Corporation, Kuhn, Loeb & Co. et Guaranty Trust qui ont demandé les facilités et ont utilisé leur influence à Washington pour faciliter le processus. Et lorsqu'il s'agit de reconnaissance, nous trouvons des entreprises américaines qui supplient le Congrès et le public d'approuver le régime soviétique.

De peur que le lecteur ne déduise - trop hâtivement - de ces affirmations que Wall Street était effectivement teintée de rouge, ou que des drapeaux rouges flottaient dans la rue (voir le dessin en début d'ouvrage), nous présentons également dans un chapitre ultérieur des preuves que la firme J.P. Morgan a financé l'amiral Kolchak en Sibérie. Alexandre Kolchak combattait les bolcheviks, pour installer sa propre marque de régime autoritaire. La firme a également contribué à l'organisation anticommuniste d'United Americans.

WALL STREET VIENT EN AIDE AU PROFESSEUR LOMONOSSOFF

Le cas du professeur Lomonossoff est une histoire détaillée de l'aide apportée par Wall Street au premier régime soviétique. À la fin de 1918, George V. Lomonossoff, membre du Bureau soviétique à New York et plus tard premier commissaire soviétique des chemins de fer, s'est retrouvé bloqué aux États-Unis sans fonds. À cette époque, les fonds bolchéviques se voyaient refuser l'entrée aux États-Unis ; en effet, il n'y avait aucune reconnaissance officielle du régime. Lomonossoff a fait l'objet d'une lettre du 24 octobre 1918 du ministère américain de la Justice au Département d'État.[208] Cette lettre faisait référence aux attributs bolchéviques de Lomonossoff et à ses discours pro-bolchéviques. L'enquêteur concluait : "Le professeur Lomonossoff n'est pas un bolchévique, bien que ses discours constituent un soutien sans équivoque à la cause bolchévique". Pourtant, Lomonossoff a réussi à tirer les ficelles au plus haut niveau de l'administration pour faire transférer 25 000 dollars de l'Union soviétique par l'intermédiaire d'un agent d'espionnage soviétique en Scandinavie (qui sera lui-même plus tard l'assistant confidentiel du préfet Schley, un vice-président de la Chase

---

[208] Fichier décimal du département d'État américain, 861.00/3094.

Bank). Tout cela avec l'aide d'un membre d'un éminent cabinet d'avocats de Wall Street ![209]

Les preuves sont présentées en détail parce que les détails eux-mêmes mettent en évidence la relation étroite entre certains intérêts qui, jusqu'à présent, étaient considérés comme des ennemis acharnés. La première indication du problème de Lomonossoff est une lettre datée du 7 janvier 1919, adressée par Thomas L. Chadbourne de Chadbourne, Babbitt & Wall of 14 Wall Street (même adresse que celle de William Boyce Thompson) à Frank Polk, secrétaire d'État par intérim. Notez la salutation amicale et la référence occasionnelle à Michael Gruzenberg, alias Alexander Gumberg, agent soviétique en chef en Scandinavie et plus tard assistant de Lomonossoff :

> Cher Frank : Vous avez eu la gentillesse de me dire que si je pouvais vous informer de l'état des 25 000 dollars de fonds personnels appartenant à M. et Mme Lomonossoff, vous mettriez en route les mécanismes nécessaires pour les obtenir ici pour eux.
>
> J'ai communiqué avec M. Lomonossoff à ce sujet, et il me dit que M. Michael Gruzenberg, qui s'est rendu en Russie pour M. Lomonossoff avant les difficultés entre l'ambassadeur Bakhmeteff et M. Lomonossoff, lui a transmis les informations concernant cet argent par l'intermédiaire de trois Russes récemment arrivés de Suède, et M. Lomonossoff pense que l'argent est détenu à l'ambassade de Russie à Stockholm, Milmskilnad Gaten 37. Si l'enquête du Département d'État devait révéler que ce n'est pas l'endroit où l'argent est déposé, l'ambassade russe à Stockholm pourrait alors donner l'adresse exacte de M. Gruzenberg, qui pourrait lui fournir les informations appropriées concernant cet argent. M. Lomonossoff ne reçoit pas de lettres de M. Gruzenberg, bien qu'il soit informé qu'elles ont été écrites : aucune de ses lettres à M. Gruzenberg n'a été remise, il en est également informé. Pour cette raison, il est impossible d'être plus précis que je ne l'ai été, mais j'espère que quelque chose pourra être fait pour soulager son embarras et celui de sa femme par manque de fonds, et il n'a besoin que d'un peu d'aide pour obtenir cet argent qui leur appartient pour les aider de ce côté-ci de l'eau.
>
> Je vous remercie d'avance pour tout ce que vous pouvez faire et je vous prie de rester, comme toujours,
>
> Bien à vous, Thomas L. Chadbourne.

En 1919, à l'époque où cette lettre a été écrite, Chadbourne était un homme à un dollar par an à Washington, conseiller et directeur du War

---

[209] Cette section est tirée de la *propagande américaine*, du Sénat, de la Russie, des auditions devant une sous-commission de la Commission des relations étrangères, 66e Cong., 2d sess. 1920.

Trade Board américain, et directeur de l'U.S. Russian Bureau Inc, une société-écran officielle du gouvernement américain. Auparavant, en 1915, Chadbourne avait organisé la Midvale Steel and Ordnance pour tirer profit des affaires en temps de guerre. En 1916, il est devenu président du Comité des finances démocrates, puis directeur de Wright Aeronautical et de Mack Trucks.

La raison pour laquelle Lomonossoff ne recevait pas de lettres de Gruzenberg est qu'elles étaient, selon toute probabilité, interceptées par l'un des nombreux gouvernements qui s'intéressent de près aux activités de ce dernier.

Le 11 janvier 1919, Frank Polk a câblé la légation américaine à Stockholm :

> Le ministère reçoit des informations selon lesquelles 25 000$, des fonds personnels de... Veuillez vous renseigner auprès de la légation russe, de manière informelle et personnelle, pour savoir si ces fonds sont détenus de cette manière. Dans le cas contraire, vérifiez l'adresse de M. Michael Gruzenberg, qui serait en possession d'informations à ce sujet. Département non concerné officiellement, se contentant d'entreprendre des enquêtes au nom d'un ancien fonctionnaire russe dans ce pays.

> Polk, par intérim

Dans cette lettre, Polk semble ignorer les connexions bolchéviques de Lomonossoff, et le qualifie d'"ancien fonctionnaire russe dans ce pays". Quoi qu'il en soit, Polk a reçu dans les trois jours une réponse de Morris à la légation américaine à Stockholm :

> 14 janvier, 15 heures 3492. Votre n° 1443 du 12 janvier, 15 heures.

> Somme de 25 000$ de l'ancien président de la commission russe des moyens de communication aux États-Unis non connue de la légation russe ; on ne peut pas non plus obtenir l'adresse de M. Michael Gruzenberg.

> Morris

Apparemment, Frank Polk a ensuite écrit à Chadbourne (la lettre n'est pas incluse dans la source) et a indiqué que l'État ne pouvait trouver ni Lomonossoff ni Michael Gruzenberg. Chadbourne a répondu le 21 janvier 1919 :

> Cher Frank : Merci beaucoup pour votre lettre du 17 janvier. Je crois savoir qu'il existe deux légations russes en Suède, l'une soviétique et l'autre Kerensky, et je suppose que votre enquête a été dirigée vers la légation soviétique, puisque c'est l'adresse que je vous ai donnée dans ma lettre, à savoir Milmskilnad Gaten 37, Stockholm.

L'adresse de Michael Gruzenberg est la suivante : Holmenkollen Sanitarium, Christiania, Norvège, et je pense que la légation soviétique pourrait tout savoir sur les fonds par l'intermédiaire de M. Gruzenberg si elle communique avec lui.

Je vous remercie d'avoir pris cette peine et vous assure de ma profonde reconnaissance,

Bien à vous, Thomas L. Chadbourne

Il convient de noter qu'un avocat de Wall Street avait l'adresse de M. Gruzenberg, principal agent bolchévique en Scandinavie, à une époque où le secrétaire d'État par intérim et la légation américaine de Stockholm n'avaient aucune trace de cette adresse ; la légation n'a pas pu non plus la retrouver. Chadbourne a également présumé que les Soviétiques étaient le gouvernement officiel de la Russie, bien que ce gouvernement ne soit pas reconnu par les États-Unis, et la position officielle du gouvernement de Chadbourne au sein du War Trade Board exigerait qu'il le sache.

Frank Polk a ensuite câblé la légation américaine à Christiania, en Norvège, avec l'adresse de Michael Gruzenberg. On ignore si Polk savait qu'il transmettait l'adresse d'un agent d'espionnage, mais son message était le suivant

À la légation américaine, Christiania. Le 25 janvier 1919. On rapporte que Michael Gruzenberg se trouve au sanatorium de Holmenkollen. Est-il possible de le localiser et de savoir s'il a des informations concernant la disposition d'un fonds de 25 000 dollars appartenant à l'ancien président de la mission russe des moyens de communication aux États-Unis, le professeur Lomonossoff.

Polk, par intérim

Le représentant américain (Schmedeman) à Christiania connaissait bien Gruzenberg. En effet, le nom avait figuré dans des rapports de Schmedeman à Washington concernant les activités pro-soviétiques de Gruzenberg en Norvège. Schmedeman a répondu :

29 janvier, 20 heures 1543. Important. Votre télégramme du 25 janvier, n° 650.

Avant de partir aujourd'hui pour la Russie, Michael Gruzenberg a informé notre attaché naval que lorsqu'il était en Russie il y a quelques mois, il avait reçu, à la demande de Lomonossoff, 25 000 dollars de l'Institut Expérimental Ferroviaire Russe, dont le professeur Lomonossoff était président. Gruzenberg affirme qu'aujourd'hui il a envoyé un télégramme à l'avocat de Lomonossoff à New York, Morris Hillquitt [sic], pour lui dire que lui, Gruzenberg, est en possession de l'argent, et qu'avant de le transmettre, il attend de nouvelles instructions des États-Unis, demandant dans le télégramme que Lomonossoff se fasse remboursser ses frais de subsistance et ceux de sa famille par Hillquitt en attendant la réception de l'argent.[210]

Comme le ministre Morris se rendait à Stockholm dans le même train que M. Gruzenberg, ce dernier a déclaré qu'il donnerait des conseils supplémentaires à M. Morris à ce sujet.

Schmedeman

Le ministre américain s'est rendu avec M. Gruzenberg à Stockholm où il a reçu le câble suivant de Polk :

> Il est rapporté par légation à Christiania que Michael Gruzenberg, a pour le professeur G. Lomonossoff, la... somme de 25 000$, reçue de l'Institut expérimental des chemins de fer russes. Si vous pouvez le faire sans être impliqué avec les autorités bolchéviques, le département sera heureux pour vous de faciliter le transfert de cet argent au Prof. Lomonossoff dans ce pays. Merci de bien vouloir répondre.

Polk, par intérim

Ce câble donna des résultats, car le 5 février 1919, Frank Polk écrivit à Chadbourne au sujet d'un "dangereux agitateur bolchévique", Gruzenberg :

> Mon cher Tom : J'ai un télégramme de Christiania indiquant que Michael Gruzenberg a les 25 000 dollars du professeur Lomonossoff, qu'il les a reçus de l'Institut expérimental des chemins de fer russes et qu'il a envoyé un câble à Morris Hillquitt [sic], à New York, pour qu'il fournisse au professeur Lomonossoff de l'argent pour ses frais de subsistance jusqu'à ce que le fonds en question puisse lui être transmis. Comme Gruzenberg vient d'être expulsé de Norvège en tant que dangereux agitateur bolchévique, il a peut-être eu des difficultés à télégraphier depuis ce pays. Je crois savoir qu'il est maintenant parti à Christiania, et bien que cela soit quelque peu en dehors de la ligne de conduite du ministère, je serai heureux, si vous le souhaitez, de voir si je peux demander à M. Gruzenberg de remettre l'argent au professeur Lomonossoff de Stockholm, et j'y télégraphie à notre ministre pour savoir si cela peut être fait.

Très sincèrement vôtre, Frank L. Polk

Le télégramme de Christiania mentionné dans la lettre de Polk se lit comme suit :

> 3 février, 18 heures, 3580. Important. Le 12 janvier, le numéro 1443, 10 000 dollars ont été déposés à Stockholm à mon ordre pour être

---

[210] Morris Hillquit était l'intermédiaire entre le banquier new-yorkais Eugène Boissevain et John Reed à Petrograd.

transmis au professeur Lomonossoff par Michael Gruzenberg, un des anciens représentants des bolcheviks en Norvège. Avant d'accepter cet argent, je l'ai informé que je communiquerais avec vous et que je demanderais si vous souhaitez que cet argent soit transmis à Lomonossoff. Je demande donc des instructions quant à ma ligne de conduite.

Morris

Par la suite, Morris, à Stockholm, a demandé des instructions pour l'élimination d'une traite de 10 000 dollars déposée dans une banque de Stockholm. Sa phrase "[ceci] a été mon seul lien avec l'affaire" suggère que Morris était conscient que les Soviétiques pouvaient, et probablement allaient, réclamer ce transfert monétaire officiellement accéléré, puisque cette action impliquait l'approbation par les États-Unis de tels transferts monétaires. Jusqu'alors, les Soviétiques avaient été obligés de faire entrer clandestinement de l'argent aux États-Unis.

16 heures, 12 février 3610, Routine.

En ce qui concerne mon numéro 3580 du 3 février, 18 heures, et votre numéro 1501 du 8 février, 19 heures. Je ne sais pas si vous souhaitez que je transfère par votre intermédiaire les 10 000 dollars mentionnés par le professeur Lomonossoff. Le fait que Gruzenberg m'ait informé qu'il avait déposé cet argent à l'ordre de Lomonossoff dans une banque de Stockholm et qu'il ait informé la banque que cette traite pourrait être envoyée en Amérique par mon intermédiaire, à condition que je l'ordonne, a été mon seul lien avec l'affaire. Veuillez me donner vos instructions.

Morris

Suit une série de lettres sur le transfert des 10 000 dollars du bureau de l'A.B. Nordisk Resebureau à Thomas L. Chadbourne au 520 Park Avenue, New York, par l'intermédiaire du Département d'État. La première lettre contient des instructions de Polk, sur les modalités du transfert ; la deuxième, de Morris à Polk, contient 10 000 dollars ; la troisième, de Morris à A/B Nordisk Resebureau, demande une traite ; la quatrième est une réponse de la banque avec un chèque ; et la cinquième est l'accusé de réception.

Votre 12 février, 16 heures, n° 3610.

L'argent peut être transmis directement à Thomas L. Chadbourne, 520 Park Avenue, New York City,

Polk, par intérim

* * * * *

Dispatch, n° 1600, 6 mars 1919 :

L'Honorable Secrétaire d'État, Washington

Monsieur : Me référant à mon télégramme, n° 3610 du 12 février, et à la réponse du ministère, n° 1524 du 19 février, concernant la somme de 10 000 dollars pour le professeur Lomonossoff, j'ai l'honneur de vous faire parvenir ci-joint une copie d'une lettre que j'ai adressée le 25 février à A. B. Nordisk Resebureau, les banquiers auprès desquels cet argent a été déposé ; une copie de la réponse de A. B. Nordisk Resebureau, datée du 26 février ; et une copie de ma lettre à A. B. Nordisk Resebureau, datée du 27 février.

Il ressort de cette correspondance que la banque souhaitait que cet argent soit transmis au professeur Lomonossoff. Je leur ai cependant expliqué, comme on le verra dans ma lettre du 27 février, que j'avais reçu l'autorisation de le transmettre directement à M. Thomas L. Chadbourne, 520 Park Avenue, New York City. Je joins également à la présente une enveloppe adressée à M. Chadbourne, dans laquelle sont joints une lettre à son intention ainsi qu'un chèque de 10 000 dollars émis par la National City Bank of New York.

J'ai l'honneur d'être, monsieur, votre serviteur obéissant,

Ira N. Morris

* * * * *

A. B. Nordisk Reserbureau,

No. 4 Vestra Tradgardsgatan, Stockholm.

Messieurs : Dès réception de votre lettre du 30 janvier, indiquant que vous aviez reçu 10 000 dollars à verser au professeur G. V. Lomonossoff, à ma demande, j'ai immédiatement télégraphié à mon gouvernement pour lui demander s'il souhaitait que cet argent soit transmis au professeur Lomonossoff. Je reçois aujourd'hui une réponse m'autorisant à transmettre l'argent directement à M. Thomas L. Chadbourne, à l'ordre du professeur Lomonossoff. Je serai heureux de la transmettre conformément aux instructions de mon gouvernement.

Je le suis, messieurs,

Très sincèrement, à vous, Ira N. Morris

* * * * *

M. I. N. Morris,

Ministre américain, Stockholm

Marché conclu, Monsieur : Nous vous prions d'accuser réception de votre faveur d'hier concernant le paiement de 10 000 dollars - au professeur G. V. Lomonossoff, et nous avons par la présente le plaisir d'inclure un chèque dudit montant à l'ordre du professeur G. V. Lomonossoff, que nous croyons comprendre que vous avez l'amabilité de transmettre à ce monsieur. Nous serons heureux d'avoir votre reçu pour ce montant, mais nous vous prions de bien vouloir rester,

Bien à vous, respectueusement,

A. B. Nordisk Reserbureau

E. Molin

* * * * *

A. B. Nordisk Resebureau, Stockholm

Messieurs : Je vous prie d'accuser réception de votre lettre du 26 février, accompagnée d'un chèque de 10 000 dollars à l'ordre du professeur G. V. Lomonossoff. Comme je vous l'ai indiqué dans ma lettre du 25 février, j'ai été autorisé à faire parvenir ce chèque à M. Thomas L. Chadbourne, 520 Park Avenue, New York City, et je le ferai parvenir à ce monsieur dans les prochains jours, sauf indication contraire de votre part.

Très sincèrement, à vous, Ira N. Morris

Suit alors un mémorandum interne du Département d'État et l'accusé de réception de Chadbourne :

M. Phillips à M. Chadbourne, le 3 avril 1919.

Monsieur le Président : Se référant à une correspondance antérieure concernant une remise de dix mille dollars de A. B. Norsdisk Resebureau au professeur G. V. Lomonossoff, dont vous avez demandé la transmission par l'intermédiaire de la légation américaine à Stockholm, le ministère vous informe qu'il a reçu une dépêche du ministre américain à Stockholm en date du 6 mars 1919, portant sur la lettre ci-jointe qui vous est adressée, accompagnée d'un chèque du montant visé, tiré à l'ordre du professeur Lomonossoff.

Je suis, monsieur, votre serviteur obéissant

William Phillips, secrétaire d'État par intérim.

Pièce jointe : lettre cachetée adressée à M. Thomas L. Chadbourne, accompagnée de 1 600 exemplaires de la Suède.

* * * * *

Réponse de M. Chadbourne, 5 avril 1919.

Monsieur, je vous prie d'accuser réception de votre lettre du 3 avril, à laquelle est jointe une lettre qui m'est adressée et qui contient un chèque de 10 000 dollars tiré à l'ordre du professeur Lomonossoff, chèque que je dois remettre aujourd'hui.

Je vous prie de rester, avec beaucoup de respect,

Très sincèrement, le vôtre, Thomas L. Chadbourne

Par la suite, la légation de Stockholm s'est enquise de l'adresse de Lomonossoff aux États-Unis et a été informée par le département d'État que "pour autant que le département sache, le professeur George V. Lomonossoff peut être joint aux soins de M. Thomas L. Chadbourne, 520 Park Avenue, New York City".

Il est évident que le Département d'État, pour des raisons soit d'amitié personnelle entre Polk et Chadbourne, soit d'influence politique, a senti qu'il devait se joindre à eux et servir de collecteur de fonds pour un agent bolchévique - tout juste expulsé de Norvège. Mais pourquoi un cabinet d'avocats de l'establishment prestigieux s'intéresserait-il de si près à la santé et au bien-être d'un émissaire bolchévique ? Peut-être un rapport contemporain du Département d'État en donne-t-il la réponse :

> Martens, le représentant bolchévique, et le professeur Lomonossoff comptent sur le fait que Bullitt et son parti feront un rapport favorable à la mission et au président concernant les conditions en Russie soviétique et que, sur la base de ce rapport, le gouvernement des États-Unis sera favorable à l'idée de traiter avec le gouvernement soviétique comme le propose Martens. Le 29 mars 1919.[211]

TOUTES LES CONDITIONS SONT RÉUNIES POUR L'EXPLOITATION COMMERCIALE DE LA RUSSIE

C'est l'exploitation commerciale de la Russie qui excite Wall Street, et Wall Street n'a pas perdu de temps pour préparer son programme. Le 1ᵉʳ mai 1918 - une date propice pour les révolutionnaires rouges - la Ligue américaine d'Aide et de Coopération avec la Russie fut créée, et son programme approuvé lors d'une conférence tenue dans le Senate Office Building, à Washington, D.C. Les dirigeants et le comité exécutif de la ligue représentaient quelques factions superficiellement dissemblables. Son président était le Dr. Frank J. Goodnow, président de l'université Johns Hopkins. Les vice-présidents étaient les toujours actifs William Boyce Thompson, Oscar S. Straus, James Duncan et Frederick C. Howe, qui a écrit *Confessions of a Monopolist,* le livre détaillants les instructions par lesquelles les monopoles pouvaient contrôler la société. Le trésorier était George P. Whalen, vice-président de la Vacuum Oil Company. Le Congrès était représenté par le sénateur William Edgar Borah et le sénateur John Sharp Williams, de la commission sénatoriale des relations étrangères ; le sénateur William N. Calder et le sénateur Robert L. Owen, président de la commission bancaire et monétaire. Les membres de la

---

[211] Fichier décimal du département d'État américain, 861.00/4214a.

Chambre étaient Henry R. Cooper et Henry D. Flood, président de la commission des affaires étrangères de la Chambre. Les entreprises américaines étaient représentées par Henry Ford, Charles A. Coffin, président du conseil d'administration de la General Electric Company, et M. A. Oudin, alors directeur étranger de la General Electric. George P. Whalen représentait la Vacuum Oil Company, et Daniel Willard était président de la Baltimore & Ohio Railroad. L'élément le plus ouvertement révolutionnaire était représenté par Mme Raymond Robins, dont le nom s'est révélé plus tard être bien en vue dans les dossiers du Bureau soviétique et lors des audiences de la Commission Lusk ; Henry L. Slobodine, décrit comme un "éminent socialiste patriote" ; et Lincoln Steffens, un communiste national de renom.

En d'autres termes, il s'agissait d'un comité exécutif hybride ; il représentait des éléments révolutionnaires nationaux, le Congrès des États-Unis et des intérêts financiers très impliqués dans les affaires russes.

Le comité exécutif a approuvé un programme qui mettait l'accent sur la création d'une division russe officielle au sein du gouvernement américain "dirigée par des hommes forts". Cette division s'assurerait le concours d'universités, d'organisations scientifiques et d'autres institutions pour étudier la "question russe", coordonnerait et unirait les organisations au sein des États-Unis "pour la sauvegarde de la Russie", mettrait en place un "comité spécial de renseignement pour l'enquête sur la question russe" et, de manière générale, étudierait et enquêterait elle-même sur ce qui était considéré comme la "question russe". Le comité exécutif a ensuite adopté une résolution soutenant le message du président Woodrow Wilson au congrès soviétique à Moscou et la ligue a confirmé son propre soutien à la nouvelle Russie soviétique.

Quelques semaines plus tard, le 20 mai 1918, Frank J. Goodnow et Herbert A. Carpenter, représentant la ligue, font appel au secrétaire d'État adjoint William Phillips et lui font comprendre la nécessité de créer une "division officielle du gouvernement russe pour coordonner toutes les questions russes". Ils m'ont demandé [écrit Phillips] s'ils devaient aborder cette question avec le président".[212]

Phillips en fit directement rapport au secrétaire d'État et, le lendemain, écrivit à Charles R. Crane à New York pour lui demander son avis sur la Ligue américaine d'aide et de coopération avec la Russie. Phillips a demandé à Crane : "Je voudrais vraiment avoir votre avis sur la façon dont nous devrions traiter la ligue... Nous ne voulons pas semer

---

[212] Ibid, 861.00/1938.

le trouble en refusant de coopérer avec eux. D'un autre côté, c'est un comité homosexuel et je ne comprends pas bien."[213]

Début juin, le Département d'État a reçu une lettre de William Franklin Sands, de l'American International Corporation, adressée au secrétaire d'État Robert Lansing. Sands proposait que les États-Unis nomment un administrateur en Russie plutôt qu'une commission, et estimait que "la suggestion d'une force militaire alliée en Russie à l'heure actuelle me semble très dangereuse".[214] Sands a souligné la possibilité de commerce avec la Russie et que cette possibilité pourrait être avancée "par un administrateur bien choisi jouissant de la pleine confiance du gouvernement" ; il a indiqué que "M. Hoover" pourrait jouer ce rôle.[215] La lettre a été transmise à Phillips par Basil Miles, un ancien associé de Sands, avec l'expression : "Je pense que le secrétaire trouverait utile de la lire".

Au début du mois de juin, le War Trade Board, subordonné au Département d'État, a adopté une résolution, et un comité du conseil comprenant Thomas L. Chadbourne (un contact du professeur Lomonossoff), Clarence M. Woolley et John Foster Dulles a soumis un mémorandum au Département d'État, demandant instamment l'examen des moyens "d'instaurer des relations commerciales plus étroites et plus amicales entre les États-Unis et la Russie". Le conseil a recommandé une mission en Russie et a rouvert la question de savoir si celle-ci devait résulter d'une invitation du gouvernement soviétique.

Puis, le 10 juin, M. A. Oudin, directeur étranger de la General Electric Company, a exprimé son point de vue sur la Russie et s'est clairement prononcé en faveur d'un "plan constructif d'assistance économique" de la Russie.[216] En août 1918, Cyrus M. McCormick de International Harvester écrivit à Basil Miles au Département d'État et loua le programme du président pour la Russie, que McCormick considérait comme "une occasion en or".[217]

Par conséquent, nous trouvons au milieu de l'année 1918 un effort concerté d'une partie des entreprises américaines - manifestement prête

---

[213] Ibid.

[214] Ibid, 861.00/2003.

[215] Ibid.

[216] Ibid, 861.00/2002.

[217] Ibid.

à ouvrir le commerce - pour tirer profit de sa propre position privilégiée vis-à-vis des Soviétiques.

L'ALLEMAGNE ET LES ÉTATS-UNIS SE BATTENT POUR FAIRE DES AFFAIRES EN RUSSIE

En 1918, cette assistance au régime bolchévique embryonnaire était justifiée par la volonté de vaincre l'Allemagne et d'empêcher l'exploitation de la Russie par l'Allemagne. Ce fut l'argument utilisé par W. B. Thompson et Raymond Robins pour envoyer des révolutionnaires bolchéviques et des équipes de propagande en Allemagne en 1918. Cet argument a également été utilisé par Thompson en 1917 lors d'une conférence avec le Premier ministre Lloyd George sur l'obtention du soutien britannique au régime bolchévique naissant. En juin 1918, l'ambassadeur Francis et son équipe sont revenus de Russie et ont exhorté le président Wilson "à reconnaître et à aider le gouvernement soviétique de Russie".[218] Ces rapports faits par le personnel de l'ambassade au Département d'État ont été divulgués à la presse et largement imprimés. On prétendait surtout qu'un retard dans la reconnaissance de l'Union soviétique aiderait l'Allemagne "et contribuerait au plan allemand pour favoriser la réaction et la contre-révolution".[219] Des statistiques exagérées ont été citées pour appuyer la proposition - par exemple, que le gouvernement soviétique représentait quatre-vingt-dix pour cent du peuple russe "et que les dix pour cent restants sont l'ancienne classe propriétaire et dirigeante... Naturellement, ils sont mécontents".[220] Un ancien fonctionnaire américain aurait déclaré : "Si nous ne faisons rien - c'est-à-dire si nous laissons les choses dériver - nous contribuons à affaiblir le gouvernement soviétique russe. Et cela fait le jeu de l'Allemagne.[221]" Il a donc été recommandé qu'"une commission armée de crédits et de bons conseils commerciaux pourrait être d'une grande aide".

Entre-temps, la situation économique était devenue critique en Russie et le Parti communiste et ses planificateurs ont compris qu'il était

---

[218] Ibid, M 316-18-1306.

[219] Ibid.

[220] Ibid.

[221] Ibid.

inévitable d'embrasser le capitalisme. Lénine a cristallisé cette prise de conscience devant le dixième congrès du parti communiste russe :

> Sans l'aide du capital, il nous sera impossible de conserver le pouvoir prolétarien dans un pays incroyablement ruiné où la paysannerie, elle aussi ruinée, constitue l'écrasante majorité - et, bien sûr, pour cette aide, le capital nous exterminera à cent pour cent. C'est ce que nous devons comprendre. Donc, soit ce type de relations économiques, soit rien[222]

Ensuite, Léon Trotsky aurait déclaré : "Ce dont nous avons besoin ici, c'est d'un organisateur comme Bernard M. Baruch".[223]

La prise de conscience par les Soviétiques de l'imminence de son effondrement économique suggère que les entreprises américaines et allemandes ont été attirées par la possibilité d'exploiter le marché russe pour les marchandises nécessaires ; les Allemands, en fait, ont commencé très tôt en 1918. Les premiers accords conclus par le Bureau soviétique à New York indiquent que le soutien financier et moral apporté par les Américains aux Bolcheviks a porté ses fruits sous la forme de contrats.

La plus grosse commande en 1919-20 a été passée à Morris & Co, les abattoirs de Chicago, pour cinquante millions de livres de produits alimentaires, d'une valeur d'environ 10 millions de dollars. La famille Morris était apparentée à la famille Swift. Helen Swift, plus tard liée au Abraham Lincoln Center "Unity", était mariée à Edward Morris et était également le frère de Harold H. Swift, un "major" de la mission de la Croix-Rouge de Thompson en Russie en 1917.

CONTRATS CONCLUS EN 1919 PAR LE BUREAU SOVIÉTIQUE AVEC LES ENTREPRISES AMÉRICAINES

Date du contrat	Entreprise	Biens vendus	Valeur
7 juillet 1919	Milwaukee Shaper Co.*	Machines	$45,071
30 juillet 1919	Kempsmith Mfg. Co.*	Machines	$97,470
10 mai 1919	F. Mayer Boot & Shoe*	Boots	$1,201,250
Août 1919	Steel Sole Shoe & Co.*	Boots	$58,750

---

[222] V. 1. Lénine, Rapport au dixième congrès du parti communiste russe (bolchévique), 15 mars 1921.

[223] William Reswick, *I Dreamt Revolution* (Chicago : Henry Regnery, 1952), p. 78.

23 juillet 1919	Eline Berlow, N.Y.	Boots	$3,000,000
24 juillet 1919	Fischmann & Co.	Vêtements	$3,000,000
29 septembre 1919	Weinberg & Posner	Machines	$3,000,000
27 octobre 1919	LeHigh Machine Co.	Presses d'imprimerie	$4,500,000
22 janvier 1920	Morris & Co. Chicago	50 millions de livres de produits alimentaires	$10,000,000

*Plus tard, par l'intermédiaire de la société Bobroff Foreign Trade and Engineering Co. de Milwaukee.

SOURCE : États-Unis, Sénat, *Propagande russe*, auditions devant une sous-commission de la commission des relations étrangères, 66e cong., 2e sess. 1920, p. 71.

Ludwig Martens était auparavant vice-président de Weinberg & Posner, situé au 120 Broadway, New York City, et cette entreprise a reçu une commande de 3 millions de dollars.

L'OR SOVIÉTIQUE ET LES BANQUES AMÉRICAINES

L'or était le seul moyen pratique par lequel l'Union soviétique pouvait payer ses achats à l'étranger et les banquiers internationaux étaient tout à fait disposés à faciliter les expéditions d'or soviétique. Les exportations d'or russe, principalement des pièces d'or impériales, ont commencé au début de 1920, vers la Norvège et la Suède. Elles étaient transbordées en Hollande et en Allemagne pour d'autres destinations mondiales, y compris les États-Unis.

En août 1920, une cargaison de pièces d'or russes a été reçue à la Den Norske Handelsbank en Norvège comme garantie de paiement de 3000 tonnes de charbon par la Niels Juul and Company aux États-Unis pour le compte du gouvernement soviétique. Ces pièces ont été transférées à la Norges Bank pour y être conservées. Les pièces ont été examinées et pesées, il a été constaté qu'elles avaient été frappées avant le déclenchement de la guerre en 1914, et qu'il s'agissait donc de véritables pièces de monnaie impériales russes.[224]

Peu après ce premier épisode, la Robert Dollar Company de San Francisco a reçu sur son compte de Stockholm des lingots d'or, évalués à trente-neuf millions de couronnes suédoises ; l'or "portait le cachet de l'ancien gouvernement du tsar de Russie". L'agent de la Dollar Company à Stockholm a demandé à la société American Express des facilités pour expédier l'or aux États-Unis. American Express a refusé de s'occuper de l'envoi. Robert Dollar, il convient de noter, était un directeur de l'American International Company ; l'AIC était donc liée à la première tentative d'expédition d'or directement vers l'Amérique.[225]

Simultanément, il a été rapporté que trois navires avaient quitté Reval sur la mer Baltique avec de l'or soviétique destiné aux États-Unis. Le S.S. *Gauthod a* chargé 216 boîtes d'or sous la supervision du professeur Lomonossoff - qui retourne maintenant aux États-Unis. Le S.S. *Carl Line* a chargé 216 boîtes d'or sous la supervision de trois agents russes. Le S.S. *Ruheleva* était chargé de 108 boîtes d'or. Chaque boîte contenait trois caniches d'or d'une valeur de soixante mille roubles d'or chacune. Le tout a été suivi d'une expédition sur le S.S. *Wheeling Mold.*

Kuhn, Loeb & Company, agissant apparemment au nom de la Guaranty Trust Company, s'est alors renseigné auprès du Département d'État sur l'attitude officielle à l'égard de la réception de l'or soviétique. Dans un rapport, le département a exprimé son inquiétude, car si l'or était refusé, "il reviendrait probablement au ministère de la Guerre, ce qui entraînerait une responsabilité gouvernementale directe et un embarras accru".[226] Le rapport, rédigé par Merle Smith en conférence avec Kelley et Gilbert, soutient que, à moins que le possesseur n'ait une connaissance précise en la matière, il serait impossible de refuser l'acceptation. Il est prévu de demander aux États-Unis de faire fondre l'or dans le bureau d'analyse, et il est alors décidé de télégraphier à Kuhn, Loeb & Company qu'aucune restriction ne sera imposée à l'importation de l'or soviétique aux États-Unis.

L'or est arrivé au New York Assay Office et a été déposé non pas par Kuhn, Loeb & Company - mais par la Guaranty Trust Company de New York. La Guaranty Trust s'est alors renseignée auprès du Conseil de la Réserve Fédérale, qui à son tour s'est renseigné auprès du Trésor

---

[224] Fichier décimal du département d'État américain, 861.51/815.

[225] Ibid, 861.51/836.

[226] Ibid, 861.51,/837, 4 octobre 1920.

américain, concernant l'acceptation et le paiement. Le surintendant du New York Assay Office a informé le Trésor que les quelque sept millions de dollars d'or ne portaient aucune marque d'identification et que "les barres déposées ont déjà été fondues dans des barres de monnaie américaine". Le Trésor a suggéré que le Conseil de la Réserve Fédérale détermine si la Guaranty Trust Company avait agi "pour son propre compte ou pour le compte d'un tiers en présentant l'or", et en particulier "si un transfert de crédit ou une opération de change a résulté ou non de l'importation ou du dépôt de l'or".[227]

Le 10 novembre 1920, A. Breton, un vice-président du Guaranty Trust, écrivit au secrétaire adjoint Gilbert du département du Trésor pour se plaindre que Guaranty n'avait pas reçu du bureau d'analyse l'avance immédiate habituelle contre les dépôts de "métal jaune laissé avec eux pour la réduction". La lettre indique que Guaranty Trust avait reçu des assurances satisfaisantes que les barres étaient le produit de la fonte de pièces françaises et belges, bien qu'elle ait acheté le métal en Hollande. La lettre demande au Trésor d'accélérer le paiement de l'or. En réponse, le Trésor a fait valoir qu'il "n'achète pas l'or soumis à la Monnaie des États-Unis ou aux bureaux d'analyse dont on sait ou on soupçonne qu'il est d'origine soviétique", et compte tenu des ventes d'or soviétique connues en Hollande, l'or soumis par la Guaranty Trust Company a été considéré comme un "cas douteux, avec des suggestions d'origine soviétique". Elle a suggéré que la Guaranty Trust Company pouvait retirer l'or du bureau d'analyse à tout moment, ou qu'elle pouvait "présenter au Trésor, à la Banque de Réserve Fédérale de New York ou au Département d'État les preuves supplémentaires nécessaires pour laver l'or de tout soupçon d'origine soviétique".[228]

Il n'y a pas de dossier concernant le règlement final de cette affaire, mais on peut supposer que la Guaranty Trust Company a été payée pour l'envoi. Il est évident que ce dépôt d'or devait mettre en œuvre l'accord fiscal conclu au milieu des années 1920 entre la Guaranty Trust et le gouvernement soviétique, en vertu duquel la société est devenue l'agent soviétique aux États-Unis (voir l'épigraphe de ce chapitre).

Il a été déterminé plus tard que l'or soviétique était également envoyé à la Monnaie suédoise. La Monnaie suédoise "fait fondre l'or russe, le teste et appose le timbre de la Monnaie suédoise à la demande des banques suédoises ou d'autres sujets suédois qui détiennent l'or".[229] Et

---

[227] Ibid, 861.51/837, 24 octobre 1920.

[228] Ibid, 861.51/853, 11 novembre 1920.

[229] Ibid, 316-119, 1132.

au même moment, Olof Aschberg, chef de la Svenska Ekonomie A/B (l'intermédiaire soviétique et filiale de Guaranty Trust), offrait "des quantités illimitées d'or russe" par l'intermédiaire de banques suédoises.[230]

En bref, nous pouvons relier American International Corporation, l'influent professeur Lomonossoff, Guaranty Trust et Olof Aschberg (que nous avons déjà identifié) aux premières tentatives d'importation d'or soviétique aux États-Unis.

MAX MAY DE GUARANTY TRUST DEVIENT DIRECTEUR DE RUSKOMBANK

L'intérêt de Guaranty Trust pour la Russie soviétique a été renouvelé en 1920 sous la forme d'une lettre de Henry C. Emery, directeur adjoint du département des affaires étrangères de Guaranty Trust, à De Witt C. Poole au département d'État. La lettre est datée du 21 janvier 1920, quelques semaines avant qu'Allen Walker, le directeur du ministère des Affaires étrangères, ne participe activement à la formation de la virulente organisation anti-soviétique United Americans (voir page 165). Emery posait de nombreuses questions sur la base juridique du gouvernement soviétique et du secteur bancaire en Russie et demandait si le gouvernement soviétique était le gouvernement de facto en Russie.[231] "Révolte avant 1922 planifiée par les Rouges", affirmaient les Américains Unis en 1920, mais Guaranty Trust avait entamé des négociations avec ces mêmes Rouges et agissait en tant qu'agent soviétique aux États-Unis au milieu de l'année 1920.

En janvier 1922, le secrétaire au commerce Herbert Hoover, est intervenu auprès du Département d'État pour un programme de Guaranty Trust visant à établir des relations d'échange avec la "Nouvelle Banque d'État à Moscou". Ce projet, écrivait Herbert Hoover, "ne serait pas critiquable si l'on stipulait que toutes les sommes entrant en leur possession devaient être utilisées pour l'achat de marchandises civiles aux États-Unis" ; et après avoir affirmé que ces relations semblaient être conformes à la politique générale, Hoover ajoutait : "Il pourrait être avantageux d'organiser ces transactions de manière à ce que nous sachions ce qu'est le mouvement au lieu des opérations désintégrées

---

[230] Ibid, 316-119-785. Ce rapport contient davantage de données sur les transferts d'or russe par d'autres pays et intermédiaires. Voir aussi 316-119-846.

[231] Ibid, 861.516/86.

actuelles". Bien sûr, de telles "opérations désintégrées" sont conformes aux opérations d'un marché libre, mais cette approche a été rejetée par Herbert Hoover qui a préféré canaliser l'échange par des sources spécifiées et contrôlables à New York. Le secrétaire d'État Charles E. Hughes a exprimé son aversion pour le système Hoover-Guaranty Trust, qui, selon lui, pouvait être considéré comme une reconnaissance de facto des Soviétiques alors que les crédits étrangers acquis pouvaient être utilisés au détriment des États-Unis. Une réponse sans engagement a été envoyée par l'État à Guaranty Trust. Cependant, Guaranty va de l'avant (avec le soutien d'Herbert Hoover), participe à la formation de la première banque internationale soviétique, et Max May de Guaranty Trust devient chef du département des affaires étrangères de la nouvelle Ruskombank.

CHAPITRE X

J.P. MORGAN DONNE UN COUP DE MAIN À L'ENNEMI

> *Je ne m'assiérais pas pour déjeuner avec un Morgan - sauf peut-être pour apprendre quelque chose sur ses motivations et ses attitudes.*
>
> William E. Dodd, *Journal de l'ambassadeur Dodd, 1933-1938*

Notre histoire a jusqu'à présent tourné autour d'une seule grande maison financière - la Guaranty Trust Company, le plus grand trust financier des États-Unis et contrôlée par la firme J.P. Morgan. Guaranty Trust a utilisé Olof Aschberg, le banquier bolchévique, comme intermédiaire en Russie avant et après la révolution. Guaranty était un bailleur de fonds de Ludwig Martens et de son bureau soviétique, les premiers représentants soviétiques aux États-Unis. Et au milieu des années 1920, Guaranty était l'agent fiscal soviétique aux États-Unis ; les premières expéditions d'or soviétiques aux États-Unis remontaient également à Guaranty Trust.

Cette activité pro-bolchévique a un revers surprenant : Guaranty Trust est l'un des fondateurs de United Americans, une organisation antisoviétique virulente qui menaçait bruyamment l'invasion rouge en 1922, affirmait que 20 millions de dollars de fonds soviétiques étaient en route pour financer la révolution rouge, et prévoyait la panique dans les rues et la famine massive à New York. Cette duplicité soulève, bien sûr, de sérieuses questions sur les intentions de Guaranty Trust et de ses directeurs. Le fait de traiter avec les Soviétiques, voire de les soutenir, peut s'expliquer par une avidité apolitique ou simplement par le souci du profit. D'autre part, la diffusion d'une propagande destinée à créer la peur et la panique tout en encourageant les conditions qui engendrent la peur et la panique est un problème beaucoup plus grave. Elle suggère une dépravation morale totale. Examinons d'abord de plus près les Américains unis anticommunistes.

Les Américains Unis pour combattre le communisme[232]

En 1920, l'organisation United Americans a été fondée. Elle était limitée aux citoyens des États-Unis et prévue pour cinq millions de membres, "dont le seul but serait de combattre les enseignements des socialistes, des communistes, de l'I.W.W., des organisations russes et des syndicats paysans radicaux".

En d'autres termes, les Américains unis devaient combattre toutes les institutions et tous les groupes considérés comme anticapitalistes.

Les officiers de l'organisation préliminaire mise en place pour construire les États-Unis étaient Allen Walker de la Guaranty Trust Company ; Daniel Willard, président de la Baltimore & Ohio Railroad ; H. H. Westinghouse, de la Westinghouse Air Brake Company ; et Otto H. Kahn, de Kuhn, Loeb & Company et American International Corporation. Ces pontes de Wall Street étaient soutenus par divers présidents d'université, dont Newton W. Gilbert (ancien gouverneur des Philippines). De toute évidence, les Américains Unis étaient, à première vue, exactement le type d'organisation que les capitalistes de l'establishment devaient financer et rejoindre. Sa formation n'aurait pas dû apporter de grande surprise.

D'autre part, comme nous l'avons déjà vu, ces financiers étaient également très impliqués dans le soutien au nouveau régime soviétique en Russie - bien que ce soutien se soit fait en coulisses, enregistré uniquement dans les dossiers du gouvernement, et n'ait pas été rendu public pendant 50 ans. Dans le cadre de United Americans, Walker, Willard, Westinghouse et Kahn jouaient un double jeu. Otto H. Kahn, l'un des fondateurs de l'organisation anticommuniste, a été rapporté par le socialiste britannique J. H. Thomas comme ayant son "visage vers la lumière". Kahn a écrit la préface du livre de Thomas. En 1924, Otto Kahn s'adressa à la Ligue pour la démocratie industrielle et professa des objectifs communs avec ce groupe socialiste militant (voir page 49). La Baltimore & Ohio Railroad (l'employeur de Willard) a participé activement au développement de la Russie dans les années 1920. Westinghouse en 1920, l'année de la fondation de United Americans, exploitait une usine en Russie qui avait été exemptée de la nationalisation. Et le rôle de Guaranty Trust a déjà été minutieusement décrit.

---

[232] *New York Times*, 21 juin 1919.

UNITED AMERICANS DÉVOILE DES "RÉVÉLATIONS SURPRENANTES" SUR LES ROUGES

En mars 1920, le *New York Times* a fait la une d'un reportage détaillé sur l'invasion des États-Unis par les Rouges en l'espace de deux ans, une invasion qui devait être financée par 20 millions de dollars de fonds soviétiques "obtenus par le meurtre et le vol de la noblesse russe".[233]

Il a été révélé que les Américains avaient fait une enquête sur les "activités radicales" aux États-Unis, et ce dans le cadre de son rôle d'organisation formée pour "préserver la Constitution des États-Unis avec la forme représentative de gouvernement et le droit de possession individuelle que prévoit la Constitution".

En outre, l'enquête, a-t-on proclamé, a reçu le soutien du conseil d'administration, "notamment d'Otto H. Kahn, d'Allen Walker de la Guaranty Trust Company, de Daniel Willard" et d'autres. Le sondage affirmait que :

> les dirigeants gauchistes sont persuadés d'effectuer une révolution dans les deux ans, que le début doit être fait à New York avec une grève générale, que les dirigeants rouges ont prédit beaucoup d'effusions de sang et que le gouvernement soviétique russe a contribué à hauteur de 20 000 000$ au mouvement radical américain.

Les cargaisons d'or soviétiques destinées au Guaranty Trust au milieu des années 1920 (540 boîtes de trois caniches chacune) valaient environ 15 000 000$ (à 20$ l'once troy), et d'autres cargaisons d'or par l'intermédiaire de Robert Dollar et Olof Aschberg ont porté le total à très près de 20 millions de dollars. Les informations sur l'or soviétique destinées au mouvement radical ont été qualifiées de "tout à fait fiables" et ont été "remises au gouvernement". Les Rouges, affirmait-on, prévoyaient d'affamer New York pour qu'elle se soumette dans les quatre jours :

> En attendant, les Rouges comptent sur une panique financière dans les prochaines semaines pour faire avancer leur cause. Une telle panique provoquerait la détresse des ouvriers et les rendrait ainsi plus susceptibles d'adhérer à la doctrine de la révolution.

Le rapport des Américains a grossièrement surestimé le nombre de radicaux aux États-Unis, en avançant d'abord des chiffres comme deux ou cinq millions, puis en se contentant de 3 465 000 membres dans quatre organisations radicales. Le rapport conclut en soulignant la possibilité

---

[233] Ibid, 28 mars 1920.

d'une effusion de sang et cite "Skaczewski, président de l'Association internationale de l'édition, sinon le Parti communiste, [qui] s'est vanté que... le moment était venu où les communistes allaient détruire complètement la forme actuelle de la société".

En bref, les Américains ont publié un rapport sans preuves à l'appui, destiné à faire paniquer l'homme de la rue : le point important est bien sûr que c'est le même groupe qui était chargé de protéger et de subventionner, voire d'aider, les Soviétiques pour qu'ils puissent entreprendre ces mêmes plans.

CONCLUSIONS CONCERNANT UNITED AMERICANS

S'agit-il d'un cas où la main droite ne sait pas ce que fait la main gauche ? Probablement pas. Nous parlons de chefs d'entreprise, d'entreprises éminemment performantes d'ailleurs. Donc, United Americans était probablement une ruse pour détourner l'attention du public - et des autorités - des efforts souterrains déployés pour pénétrer le marché russe.

United Americans est le seul exemple documenté connu de cet écrivain d'une organisation qui aide le régime soviétique et qui est également au premier plan de l'opposition aux Soviétiques. Il ne s'agit nullement d'une ligne de conduite incohérente, et les recherches futures devraient au moins se concentrer sur les aspects suivants :

> (a) Existe-t-il d'autres exemples de doubles allégeances commis par des groupes influents généralement connus sous le nom d'établissement ?
>
> (b) Ces exemples peuvent-ils être étendus à d'autres domaines ? Par exemple, existe-t-il des preuves que des conflits du travail ont été provoqués par ces groupes ?
>
> (c) Quel est le but ultime de ces tactiques d'encadrement dialectique ? Peuvent-elles être liées à l'axiome marxiste : la thèse contre l'antithèse permet la synthèse ? C'est une énigme de savoir pourquoi le mouvement marxiste attaquerait le capitalisme de front si son objectif était un monde communiste et s'il acceptait vraiment la dialectique. Si l'objectif est un monde communiste - c'est-à-dire si le communisme est la synthèse souhaitée - et que le capitalisme est la thèse, alors quelque chose d'autre que le capitalisme ou le communisme doit être l'antithèse. Le capitalisme pourrait-il donc être la thèse et le communisme l'antithèse, l'objectif des groupes révolutionnaires et de leurs

partisans étant de synthétiser ces deux systèmes en un système mondial non encore décrit ?

MORGAN ET ROCKEFELLER AIDENT KOLCHAK

Parallèlement à ces efforts pour aider le Bureau soviétique et les Américains unis, la firme J.P. Morgan, qui contrôlait le Guaranty Trust, apportait une aide financière à l'un des principaux opposants des bolcheviks, l'amiral Alexandre Kolchak en Sibérie. Le 23 juin 1919, le membre du Congrès Mason a présenté la résolution 132 de la Chambre des Représentants donnant instruction au Département d'État "de faire une enquête sur tous et sur chacun des rapports de presse" accusant les détenteurs d'obligations russes d'avoir usé de leur influence pour obtenir le "maintien des troupes américaines en Russie" afin d'assurer le paiement continu des intérêts sur les obligations russes. Selon une note de dossier de Basil Miles, un associé de William F. Sands, le membre du Congrès Mason a accusé certaines banques de tenter d'obtenir la reconnaissance de l'amiral Kolchak en Sibérie pour obtenir le paiement d'anciennes obligations russes.

Puis en août 1919, le secrétaire d'État, Robert Lansing, reçut de la National City Bank of New York, influencée par le Rockefeller, une lettre demandant un commentaire officiel sur un projet de prêt de 5 millions de dollars à l'amiral Kolchak ; et de J.P. Morgan & Co. et d'autres banquiers, une autre lettre demandant l'avis du ministère concernant un projet de prêt supplémentaire de 10 millions de livres sterling à Kolchak par un consortium de banquiers britanniques et américains.[234]

Le secrétaire Lansing informa les banquiers que les États-Unis n'avaient pas reconnu Kolchak et que, bien que prêt à lui apporter son aide, "le ministère ne pensait pas pouvoir assumer la responsabilité d'encourager de telles négociations, mais que, néanmoins, il semblait n'y avoir aucune objection au prêt à condition que les banquiers le jugent opportun".[235]

Par la suite, le 30 septembre, Lansing a informé le consul général américain à Omsk que le "prêt a depuis suivi son cours normal".[236] Deux cinquièmes ont été souscrits par des banques britanniques et trois cinquièmes par des banques américaines. Les deux tiers du total devaient

---

[234] Fichier décimal du Département d'État américain, 861.51/649.

[235] Ibid, 861.51/675

[236] Ibid, 861.51/656

être dépensés en Grande-Bretagne et aux États-Unis et le tiers restant là où le gouvernement Kolchak le souhaitait. Le prêt était garanti par de l'or russe (celui de Kolchak) qui était expédié à San Francisco. Le calendrier des exportations d'or soviétiques décrit précédemment suggère que la coopération avec les Soviétiques sur les ventes d'or a été déterminée dans la foulée de l'accord de prêt d'or de Kolchak.

Les ventes d'or soviétiques et le prêt Kolchak suggèrent également que la déclaration de Carroll Quigley selon laquelle les intérêts de Morgan ont infiltré la gauche intérieure s'appliquait aussi aux mouvements révolutionnaires et contre-révolutionnaires d'outre-mer. L'été 1919 fut une période de revers militaires soviétiques en Crimée et en Ukraine et cette image négative a peut-être incité les banquiers britanniques et américains à se réconcilier avec les forces anti-bolchéviques. La raison évidente serait d'avoir un pied dans tous les camps, et donc d'être dans une position favorable pour négocier des concessions et des affaires après que la révolution ou la contre-révolution ait réussi et qu'un nouveau gouvernement se soit stabilisé. Comme l'issue d'un conflit ne peut être constatée dès le départ, l'idée est de parier sur tous les chevaux de la course à la révolution. Ainsi, une aide a été apportée d'une part aux Soviétiques et d'autre part à Kolchak - alors que le gouvernement britannique soutenait Denikin en Ukraine et que le gouvernement français est allé au secours des Polonais.

À l'automne 1919, le journal berlinois *Berliner Zeitung am Mittak* (8 et 9 octobre) a accusé la firme Morgan de financer le gouvernement de la Russie occidentale et les forces russo-allemandes dans la Baltique qui combattent les bolcheviks - tous deux alliés à Kolchak. La firme Morgan a vigoureusement nié cette accusation : "Cette firme n'a eu aucune discussion ou réunion avec le gouvernement ouest-russe ou avec quiconque prétendant le représenter, à aucun moment."[237] Mais si l'accusation de financement était inexacte, il y a des preuves de collaboration. Les documents trouvés par les services de renseignement du gouvernement letton parmi les papiers du colonel Bermondt, commandant de l'Armée Volontaire Occidentale, confirment "les relations prétendument existantes entre l'agent londonien de Kolchak et le réseau industriel allemand qui était à l'arrière de Bermondt".[238]

---

[237] Ibid, 861.51/767 - lettre de J. P. Morgan au Département d'État, 11 novembre 1919. Le financement lui-même était un canular (voir le rapport d'AP dans les dossiers du Département d'État à la suite de la lettre de Morgan).

[238] Ibid, 861.51/6172 et /6361.

En d'autres termes, nous savons que J.P. Morgan, les banquiers de Londres et de New York ont financé Kolchak. Il existe également des preuves qui relient Kolchak et son armée à d'autres armées anti-bolchéviques. Et il semble évident que les cercles industriels et bancaires allemands finançaient l'armée anti-bolchévique russe dans la Baltique. Il est évident que les fonds des banquiers n'ont pas de drapeau national.

CHAPITRE XI

L'ALLIANCE DES BANQUIERS ET DE LA RÉVOLUTION

> *Le nom de Rockefeller n'évoque pas un révolutionnaire, et mon mode de vie a favorisé une attitude prudente et circonspecte qui frise le conservatisme. Je ne suis pas connu pour soutenir des causes perdues...*
>
> John D. Rockefeller III, *La deuxième révolution américaine*
> (New York : Harper & Row. 1973)

RÉSUMÉ DES PREUVES

Les preuves déjà publiées par George Katkov, Stefan Possony et Michael Futrell a établi que le retour en Russie de Lénine et de son parti de bolcheviks exilés, suivi quelques semaines plus tard par un parti de mencheviks, a été financé et organisé par le gouvernement allemand.[239] Les fonds nécessaires ont été transférés en partie par l'intermédiaire de la Nya Banken à Stockholm, propriété d'Olof Aschberg, et le double objectif allemand était : (a) soustraire la Russie de la guerre, et (b) contrôler le marché russe de l'après-guerre.[240]

Nous sommes maintenant allés au-delà de ces preuves pour établir une relation de travail continue entre le banquier bolchévique Olof Aschberg et la Guaranty Trust Company, contrôlée par Morgan, à New York, avant, pendant et après la révolution russe. À l'époque tsariste, Aschberg était l'agent de Morgan en Russie et le négociateur des prêts

---

[239] Michael Futrell, *Northern Underground* (Londres : Faber et Faber, 1963) ; Stefan Possony, *Lénine : The Compulsive Revolutionary* (Londres : George Allen & Unwin, 1966) ; et George Katkov, "German Foreign Office Documents on Financial Support to the Bolsheviks in 1917", *International Affairs 32* (Royal Institute of International Affairs, 1956).

[240] Ibid. et surtout Katkov.

russes aux États-Unis ; en 1917, Aschberg était l'intermédiaire financier des révolutionnaires ; et après la révolution, Aschberg est devenu directeur de Ruskombank, la première banque internationale soviétique, tandis que Max May, un vice-président de la Guaranty Trust contrôlée par Morgan, est devenu directeur et chef du département des affaires étrangères de Ruskom-bank. Nous avons présenté des preuves documentaires d'une relation de travail continue entre la Guaranty Trust Company et les Bolcheviks. Les directeurs de Guaranty Trust en 1917 sont énumérés à l'annexe 1.

De plus, il existe des preuves de transferts de fonds de banquiers de Wall Street vers des activités révolutionnaires internationales. Par exemple, il y a la déclaration (étayée par un télégramme) de William Boyce Thompson - un directeur de la Federal Reserve Bank of New York, un actionnaire important de la Chase Bank contrôlée par Rockefeller et un associé financier des Guggenheim et des Morgan - selon laquelle il (Thompson) a contribué à la révolution bolchévique à hauteur d'un million de dollars à des fins de propagande. Un autre exemple est celui de John Reed, le membre américain du comité exécutif de la Troisième Internationale, qui a été financé et soutenu par Eugène Boissevain, un banquier privé de New York, et qui était employé par le magazine *Metropolitan* de Harry Payne Whitney. Whitney était à l'époque directeur de Guaranty Trust. Nous avons également établi que Ludwig Martens, le premier "ambassadeur" soviétique aux États-Unis, était (selon le chef des services secrets britanniques Sir Basil Thompson) soutenu par des fonds de la Guaranty Trust Company. En retraçant le financement de Trotsky aux États-Unis, nous sommes arrivés à des sources allemandes, encore à identifier, à New York. Bien que nous ne connaissions pas les sources allemandes précises des fonds de Trotsky, nous savons que Von Pavenstedt, le principal responsable de l'espionnage allemand aux États-Unis, était également associé principal de la société Amsinck & Co. Amsinck était la propriété de l'omniprésente American International Corporation - également contrôlée par la firme J.P. Morgan.

De plus, des entreprises de Wall Street, dont Guaranty Trust, ont été impliquées dans les activités révolutionnaires de Carranza et Villa au Mexique pendant la guerre. Nous avons également identifié des preuves documentaires concernant. le financement par un syndicat de Wall Street de la révolution menée par Sun Yat-sen de 1912 en Chine, une révolution aujourd'hui saluée par les communistes chinois comme le précurseur de la révolution de Mao en Chine. Charles B. Hill, avocat new-yorkais négociant avec Sun Yat-sen au nom de ce syndicat, était directeur de trois filiales de Westinghouse, et nous avons découvert que Charles R. Crane de Westinghouse en Russie était impliqué dans la révolution russe.

Outre la finance, nous avons identifié d'autres preuves, peut-être plus significatives, de l'implication de Wall Street dans la cause bolchévique. La mission de la Croix-Rouge américaine en Russie était une entreprise privée de William B. Thompson, qui a publiquement apporté un soutien partisan aux bolcheviks. Les documents du Cabinet de guerre britannique actuellement disponibles indiquent que la politique britannique a été détournée vers le régime de Lénine et Trotsky par l'intervention personnelle de Thompson auprès de Lloyd George en décembre 1917. Nous avons reproduit les déclarations du directeur Thompson et du vice-président William Lawrence Saunders, tous deux de la Banque de Réserve Fédérale de New York, qui étaient fortement favorables aux bolcheviks. John Reed n'était pas seulement financé par Wall Street, mais bénéficiait d'un soutien constant pour ses activités, jusqu'à l'intervention au Département d'État de William Franklin Sands, secrétaire exécutif de l'American International Corporation. Dans l'affaire de la sédition de Robert Minor, il y a de fortes indications et quelques preuves circonstancielles que le colonel Edward House est intervenu pour faire libérer Minor. L'importance de l'affaire Minor réside dans le fait que le programme de William B. Thompson pour la révolution bolchévique en Allemagne était le programme même que Minor mettait en œuvre lorsqu'il a été arrêté en Allemagne.

Certains agents internationaux, par exemple Alexander Gumberg, ont travaillé pour Wall Street et les bolcheviks. En 1917, Gumberg a été le représentant d'une entreprise américaine à Petrograd, a travaillé pour la mission de la Croix-Rouge américaine de Thompson, est devenu l'agent principal des bolcheviks en Scandinavie jusqu'à sa déportation de Norvège, puis est devenu l'assistant confidentiel du préfet Schley de la Chase Bank à New York et plus tard de Floyd Odium de la Atlas Corporation.

Cette activité au nom des bolcheviks est en grande partie issue d'une adresse unique : 120 Broadway, New York City. Les preuves de cette observation sont exposées, mais aucune raison concluante n'est donnée pour expliquer la concentration inhabituelle de l'activité à une seule adresse, si ce n'est qu'il semble s'agir de la contrepartie étrangère de l'affirmation de Carroll Quigley selon laquelle J.P. Morgan a infiltré la gauche nationale. Morgan a également infiltré la gauche internationale.

La Banque de Réserve Fédérale de New York se trouve au 120 Broadway. Le véhicule de cette activité pro-bolchévique était l'American International Corporation - au 120 Broadway. Les vues de l'AIC sur le régime bolchévique ont été questionnées par le secrétaire d'État Robert Lansing quelques semaines seulement après le début de la révolution, et Sands, secrétaire exécutif de l'AIC, pouvait à peine contenir son enthousiasme pour la cause bolchévique. Ludwig Martens, le premier ambassadeur soviétique, avait été vice-président de Weinberg & Posner, qui était également situé au 120-Broadway. La Guaranty Trust Company était à côté, au 140 Broadway, mais la Guaranty Securities Co. était au 120 Broadway. En 1917, Hunt, Hill & Betts se trouvait au 120 Broadway, et Charles B. Hill de cette société était le négociateur dans les affaires de Sun Yat-sen. La société John MacGregor Grant, financée par Olof Aschberg en Suède et Guaranty Trust aux États-Unis, et qui figurait sur la liste noire des services de renseignements militaires, était située au 120 Broadway. Les Guggenheim et le cœur exécutif de General Electric (également intéressé par American International) se trouvaient au 120 Broadway. Il n'est donc pas surprenant que le Bankers Club se trouvât également au 120 Broadway, au dernier étage (le trente-quatrième).

Il est significatif que le soutien aux bolcheviks n'ait pas cessé avec la consolidation de la révolution ; par conséquent, ce soutien ne peut pas s'expliquer entièrement par la guerre avec l'Allemagne. Le syndicat américano-russe formé en 1918 pour obtenir des concessions en Russie était soutenu par les intérêts de White, Guggenheim et Sinclair. Les directeurs des sociétés contrôlées par ces trois financiers étaient Thomas W. Lamont (Guaranty Trust), William Boyce Thompson (Banque de la Réserve Fédérale) et Harry Payne Whitney (Guaranty Trust), l'employeur de John Reed. Cela suggère fortement que le syndicat a été formé pour tirer profit du soutien apporté à la cause bolchévique pendant la période révolutionnaire. Et puis nous avons découvert que Guaranty Trust a soutenu financièrement le Bureau soviétique à New York en 1919.

Le premier signal vraiment concret que le soutien politique et financier précédent portait ses fruits est apparu en 1923 lorsque les Soviétiques ont créé leur première banque internationale, Ruskombank. L'associé de Morgan, Olof Aschberg, est devenu le directeur nominal de cette banque soviétique ; Max May, un vice-président de Guaranty Trust, est devenu directeur de Ruskom-bank, et la Ruskombank a rapidement nommé la Guaranty Trust Company comme agent américain.

L'EXPLICATION DE L'ALLIANCE CONTRE NATURE

Quel motif explique cette coalition de capitalistes et de bolcheviks ?

La Russie était alors - et est aujourd'hui - le plus grand marché inexploité du monde. En outre, la Russie, à l'époque comme aujourd'hui, constituait la plus grande menace concurrentielle potentielle pour la suprématie industrielle et financière américaine. (Un coup d'œil sur une carte du monde suffit pour mettre en évidence la différence géographique entre la vaste étendue terrestre de la Russie et celle plus petite des États-Unis). Wall Street avait des frissons lorsqu'il visualisait la Russie comme un deuxième super géant industriel américain.

Mais pourquoi permettre à la Russie de devenir un concurrent et un défi à la suprématie américaine ? À la fin du XIXe siècle, Morgan/Rockefeller et Guggenheim avaient démontré leurs tendances monopolistiques. Dans *Railroads and Regulation 1877-1916*, Gabriel Kolko a montré comment les propriétaires des chemins de fer, et non les agriculteurs, voulaient que l'État contrôle les chemins de fer afin de préserver leur monopole et d'abolir la concurrence. L'explication la plus simple de nos preuves est donc qu'un syndicat de financiers de Wall Street a élargi l'horizon de leurs ambitions monopolistiques et a facilité les opérations à l'échelle mondiale. *Le gigantesque marché russe devait être converti en un marché captif et en une colonie technique exploitée par quelques financiers américains puissants et les sociétés qu'ils contrôlaient.* Ce que l'Interstate Commerce Commission et la Federal Trade Commission, sous la houlette de l'industrie américaine, pouvaient réaliser pour cette industrie dans le pays, un gouvernement socialiste planifié pouvait le réaliser à l'étranger - avec le soutien et les incitations appropriés de Wall Street et de Washington, D.C.

Enfin, de peur que cette explication ne semble trop radicale, rappelez-vous que c'est Trotsky qui a nommé les généraux tsaristes pour consolider l'Armée rouge ; que c'est Trotsky qui a appelé les officiers américains à contrôler la Russie révolutionnaire et à intervenir en faveur des Soviétiques ; que c'est Trotsky qui a écrasé d'abord l'élément libertaire dans la révolution russe, puis les ouvriers et les paysans ; et que l'histoire écrite ignore totalement l'Armée verte de 700 000 hommes composée d'ex-bolcheviks, furieux de la trahison de la révolution, qui a combattu les Blancs *et* les Rouges. En d'autres termes, nous suggérons que la révolution bolchévique était une alliance de statistiques : des révolutionnaires étatiques et des financiers étatiques alignés contre les véritables éléments révolutionnaires libertaires en Russie.[241]

---

[241] Voir aussi Voline (V.M. Eichenbaum), *Nineteen-Seventeen: The Russian Revolution Betrayed* (New York : Libertarian Book Club, n.d.).

La question qui se pose maintenant aux lecteurs est la suivante : ces banquiers étaient-ils aussi des bolcheviks secrets ? Non, bien sûr que non. Les financiers étaient sans idéologie. Ce serait une erreur d'interprétation de supposer que l'aide aux bolcheviks était motivée par l'idéologie, au sens strict du terme. Les financiers étaient motivés par le pouvoir et ont donc aidé tout instrument politique qui leur permettrait d'accéder au pouvoir : Trotsky, Lénine, le tsar, Kolchak, Dénikine - tous ont reçu une aide, plus ou moins. Tous, c'est-à-dire, sauf ceux qui voulaient une société individualiste vraiment libre.

L'aide n'a pas non plus été limitée aux Bolcheviks étatiques et aux contre-Bolcheviks étatiques. John P. Diggins, dans *Mussolini and fascism: The View from America*,[242] a noté à propos de Thomas Lamont du Guaranty Trust que de tous les chefs d'entreprise américains, celui qui a le plus vigoureusement soutenu la cause du fascisme était Thomas W. Lamont. Chef du puissant réseau bancaire J.P. Morgan, Lamont a été en quelque sorte un consultant en affaires pour le gouvernement de l'Italie fasciste.

Lamont a obtenu un prêt de 100 millions de dollars pour Mussolini en 1926, à un moment particulièrement crucial pour le dictateur italien. On peut aussi se rappeler que le directeur de Guaranty Trust était le père de Corliss Lamont, un communiste national. Cette approche impartiale des deux systèmes totalitaires, le communisme et le fascisme, ne s'est pas limitée à la famille Lamont. Par exemple, Otto Kahn, directeur de l'American International Corporation et de Kuhn, Loeb & Co, était convaincu que "les capitaux américains investis en Italie trouveront sécurité, encouragement, opportunité et récompense".[243] C'est ce même Otto Kahn qui, en 1924, a déclaré à la Ligue socialiste de la démocratie industrielle que ses objectifs étaient les mêmes que les siens. Ils ne différaient - selon Otto Kahn - que sur les moyens d'atteindre ces objectifs.

Ivy Lee, l'homme des relations publiques de Rockefeller, a fait des déclarations similaires, et a été responsable de la vente du régime soviétique au public américain crédule à la fin des années 1920. Nous avons également observé que Basil Miles, responsable du bureau russe au département d'État et ancien associé de William Franklin Sands, était décidément utile aux hommes d'affaires qui défendaient les causes bolchéviques ; mais en 1923, le même Miles a écrit un article profasciste,

---

[242] Princeton, N.J. : Princeton University Press, 1972.

[243] Ibid, p. 149.

"Les chemises noires de l'Italie et les affaires".[244] "Le succès des fascistes est une expression de la jeunesse italienne", écrivait Miles tout en glorifiant le mouvement fasciste et en applaudissant son estime pour le monde des affaires américain.

LE PLAN MARBURG

Le plan Marburg, financé par le vaste héritage d'Andrew Carnegie, a été réalisé dans les premières années du XXe siècle. Il suggère une préméditation pour ce genre de schizophrénie superficielle, qui masque en fait un programme intégré d'acquisition de pouvoir : "Et si Carnegie et sa richesse illimitée, les financiers internationaux et les socialistes pouvaient s'organiser en un mouvement pour contraindre à la formation d'une ligue pour imposer la paix".[245]

Les gouvernements du monde, selon le plan de Marburg, devaient être socialisés tandis que le pouvoir ultime resterait entre les mains des financiers internationaux "pour contrôler ses conseils et faire respecter la paix [et ainsi] fournir une solution adaptée pour tous les maux politiques de l'humanité".[246]

Cette idée a été imbriquée avec d'autres éléments ayant des objectifs similaires. Lord Milner en Angleterre fournit l'exemple d'intérêts bancaires transatlantique reconnaissant les vertus et les possibilités du marxisme. Milner était un banquier, influent dans la politique britannique en temps de guerre, et pro-marxiste.[247] À New York, le club socialiste "X" a été fondé en 1903. Il comptait parmi ses membres non seulement le communiste Lincoln Steffens, le socialiste William English Walling et le banquier communiste Morris Hillquit, mais aussi John Dewey, James T. Shotwell, Charles Edward Russell et Rufus Weeks (vice-président de la New York Life Insurance Company). La réunion annuelle de l'Economic Club à l'hôtel Astor, à New York, a été marquée par la présence d'orateurs socialistes. En 1908, lorsque A. Barton Hepburn, président de la Chase National Bank, était président de l'Economic Club, l'orateur principal était Morris Hillquit, déjà cité, qui "eut l'occasion de

---

[244] *Nation's Business*, février 1923, p. 22-23.

[245] Jennings C. Wise, *Woodrow Wilson: Disciple of Revolution* (New York : Paisley Press, 1938), p.45.

[246] Ibid, p.46.

[247] Voir p. 89.

prêcher le socialisme à une assemblée qui représentait la richesse et les intérêts financiers".[248]

De ces germes improbables est né le mouvement internationaliste moderne, qui comprenait non seulement les financiers Carnegie, Paul Warburg, Otto Kahn, Bernard Baruch et Herbert Hoover, mais aussi la Fondation Carnegie et son excroissance de l'*International Conciliation*. Les administrateurs de Carnegie étaient, comme nous l'avons vu, des membres importants du conseil d'administration de l'American International Corporation. En 1910, Carnegie a fait don de 10 millions de dollars pour fonder la Carnegie Endowment for International Peace, et parmi les membres du conseil d'administration figuraient Elihu Root (Mission Root en Russie, 1917), Cleveland H. Dodge (un bailleur de fonds du président Wilson), George W. Perkins (partenaire de Morgan), G. J. Balch (AIC et Amsinck), R. F. Herrick (AIC), H. W. Pritchett (AIC) et d'autres personnalités de Wall Street. Woodrow Wilson a subi la puissante influence de ce groupe d'internationalistes, dont il était d'ailleurs financièrement redevable. Comme l'a écrit Jennings C. Wise, "Les historiens ne doivent jamais oublier que Woodrow Wilson... a permis à Leon Trotsky d'entrer en Russie avec un passeport américain."[249]

Mais Léon Trotsky s'est également déclaré internationaliste. Nous avons remarqué avec un certain intérêt ses relations d'internationaliste de haut niveau, ou du moins ses amis, au Canada. Trotsky n'était alors ni pro-russe, ni pro-allié, ni pro-allemand, comme beaucoup ont essayé de le faire croire. Trotsky était *pour la* révolution mondiale, *pour la* dictature mondiale ; il était, en un mot, un internationaliste.[250] Les bolchéviques et les banquiers ont alors ce point commun important : l'internationalisme. La révolution et la finance internationale ne sont pas du tout contradictoires si le résultat de la révolution est d'établir une autorité plus centralisée. La finance internationale préfère traiter avec les gouvernements centraux. La dernière chose que la communauté bancaire souhaite est une libre économie et un pouvoir décentralisé, car ces éléments amoindrissent leur pouvoir.

Il s'agit donc d'une explication qui correspond aux preuves. Cette poignée de banquiers et de promoteurs n'était ni bolchévique, ni

---

[248] Morris Hillquit, *Loose Leaves from a Busy Life* (New York : Macmillan, 1934), p. 81.

[249] Wise, op. cit. p. 647

[250] Leon Trotsky, *The Bolsheviki and World Peace* (New York : Boni & Liveright, 1918).

communiste, ni socialiste, ni démocrate, ni même américaine. Ces hommes voulaient avant tout des marchés, de préférence des marchés internationaux captifs - et un monopole du marché mondial captif comme but ultime. Ils voulaient des marchés qui pouvaient être exploités de manière monopolistique sans craindre la concurrence des Russes, des Allemands ou de quiconque - y compris les hommes d'affaires américains en dehors du cercle des initiés. Ce groupe fermé était apolitique et amoral. En 1917, il avait un objectif unique : la consolidation d'un marché captif en Russie, le tout présenté sous couvert d'une ligue pour faire respecter la paix et protégé intellectuellement par celle-ci.

Wall Street a en effet atteint son objectif. Les entreprises américaines contrôlées par ce syndicat devaient plus tard poursuivre la construction de l'Union soviétique, et sont aujourd'hui en bonne voie pour faire entrer le complexe militaro-industriel soviétique dans l'ère de l'informatique.

Aujourd'hui, l'objectif est toujours d'actualité. John D. Rockefeller l'explique dans son livre *The Second American Revolution*, dont la première page comporte une étoile à cinq branches.[251] Le livre contient un plaidoyer nu pour l'humanisme, c'est-à-dire un plaidoyer selon lequel notre première priorité est de travailler pour les autres. En d'autres termes, un plaidoyer pour le collectivisme. L'humanisme, c'est le collectivisme. Il est remarquable que les Rockefeller, qui ont promu cette idée humaniste pendant un siècle, n'aient pas cédé leur PROPRE patrimoine à d'autres... Il est vraisemblablement implicite dans leur recommandation que nous devons tous travailler pour les Rockefeller. Le livre de Rockefeller promeut le collectivisme sous les apparences d'un "conservatisme prudent" et du "bien public". Il s'agit en fait d'un plaidoyer pour la poursuite du soutien antérieur de Morgan-Rockefeller aux entreprises collectivistes et à la subversion massive des droits individuels.

En bref, le bien public a été, et est encore aujourd'hui, utilisé comme un moyen et une excuse pour s'agrandir par un cercle élitiste qui plaide pour la paix mondiale et la décence humaine. Mais tant que le lecteur regardera l'histoire du monde en termes d'un conflit marxiste inexorable entre le capitalisme et le communisme, les objectifs d'une telle alliance entre la finance internationale et la révolution internationale resteront insaisissables. Il en sera de même pour l'absurdité de la promotion du bien public par ces pillards. Si ces alliances échappent encore au lecteur,

---

[251] En mai 1973, la Chase Manhattan Bank (dont le président est David Rockefeller) ouvre un bureau à Moscou, au 1 Karl Marx Square. Le bureau de New York est situé au 1 Chase Manhattan Plaza.

alors il devrait réfléchir au fait évident que ces mêmes intérêts et promoteurs internationaux sont toujours prêts à déterminer ce que d'autres personnes devraient faire, mais qu'ils ne sont manifestement pas disposés à être les premiers à renoncer à leur propre richesse et à leur propre pouvoir. Leurs bouches sont ouvertes, leurs poches sont fermées.

Cette technique, utilisée par les monopolistes pour escroquer la société, a été exposée au début du XXe siècle par Frederick C. Howe dans *The Confessions of a Monopolist*.[252] D'abord, dit Howe, la politique est une partie nécessaire des affaires. Pour contrôler les industries, il est nécessaire de contrôler le Congrès et les régulateurs et donc de faire travailler la société pour vous, le monopoliste. Ainsi, selon Howe, les deux principes d'un monopolisateur qui réussit sont : "Premièrement, laissez la société travailler pour vous ; et deuxièmement, faites de la politique une affaire comme les autres".[253] Ce sont, selon Howe, les "règles de base du big business".

Y a-t-il des preuves que cet objectif magnifiquement ambitieux était également connu du Congrès et du monde universitaire ? Il est certain que la possibilité était connue et rendue publique. En témoigne par exemple le témoignage d'Albert Rhys Williams, un commentateur avisé de la révolution, devant la commission Overman du Sénat :

> ... il est probablement vrai que sous le gouvernement soviétique, la vie industrielle se développera peut-être beaucoup plus lentement que sous le système capitaliste habituel. Mais pourquoi un grand pays industriel comme l'Amérique souhaiterait-il la création et la concurrence conséquente d'un autre grand rival industriel ? Les intérêts de l'Amérique à cet égard ne sont-ils pas conformes au rythme lent de développement que la Russie soviétique se projette ?
>
> **SÉNATEUR WOLCOTT** : Alors votre argument est qu'il serait dans l'intérêt de l'Amérique de faire réprimer la Russie ?
>
> **M. WILLIAMS** : Non réprimé...
>
> **SÉNATEUR WOLCOTT** : Vous dites. Pourquoi l'Amérique devrait-elle vouloir que la Russie devienne un concurrent industriel à ses côtés ?
>
> **M. WILLIAMS** : C'est parler d'un point de vue capitaliste. L'intérêt de l'Amérique n'est pas, je pense, d'avoir un autre grand rival industriel, comme l'Allemagne, l'Angleterre, la France et l'Italie, lancé sur le marché en concurrence. Je pense qu'un autre gouvernement que le gouvernement soviétique augmenterait peut-être le rythme ou le taux de

---

[252] Chicago : Public Publishing, s.d.

[253] Ibid.

développement de la Russie, et nous aurions un autre rival. Bien sûr, il s'agit là d'un débat d'un point de vue capitaliste.

SÉNATEUR WOLCOTT : Vous présentez donc ici un argument qui, selon vous, pourrait plaire au peuple américain, à savoir que si nous reconnaissons le gouvernement soviétique de Russie tel qu'il est constitué, nous reconnaîtrons un gouvernement qui ne pourra pas nous concurrencer dans l'industrie pendant de nombreuses années ?

M. WILLIAMS : C'est un fait.

SÉNATEUR WOLCOTT : C'est un argument selon lequel, sous le gouvernement soviétique, la Russie n'est pas en mesure, depuis de nombreuses années du moins, d'approcher les rendements de l'Amérique sur le plan industriel ?

M. WILLIAMS : Absolument.[254]

Et dans cette déclaration franche d'Albert Rhys Williams se trouve l'indice fondamental de l'interprétation révisionniste de l'histoire russe au cours du dernier demi-siècle.

Wall Street, ou plutôt le complexe Morgan-Rockefeller représenté au 120 Broadway et au 14 Wall Street, souhaitait quelque chose de très proche de l'argument de Williams. Wall Street s'est battue à Washington pour les bolcheviks. Il a réussi. Le régime totalitaire soviétique a survécu. Dans les années 1930, des entreprises étrangères, principalement du groupe Morgan-Rockefeller, ont construit les plans quinquennaux. Elles ont continué à construire la Russie, économiquement et militairement.[255] D'autre part, Wall Street n'a vraisemblablement pas prévu la guerre de Corée et la guerre du Vietnam - au cours desquelles 100 000 Américains et d'innombrables alliés ont perdu la vie à cause des armements soviétiques construits avec cette même technologie américaine importée. Ce qui semblait être une politique clairvoyante, et sans doute profitable, pour un syndicat de Wall Street, est devenu un cauchemar pour des millions de personnes en dehors du cercle du pouvoir élitiste et de la classe dirigeante.

---

[254] États-Unis, Sénat, *Propagande bolchévique*, auditions devant une sous-commission de la Commission du pouvoir judiciaire, 65ᵉ Cong., pp. 679-80. Voir aussi, à la page 107, le rôle de Williams au sein du Bureau de presse de Radek.

[255] Voir Antony C. Sutton, *Western Technology and Soviet Economic Development*, 3 vols. (Stanford, Californie : Hoover Institution, 1968, 1971, 1973) ; voir aussi *National Suicide: Military Aid to the Soviet Union* (New York : Arlington House, 1973).

ANNEXE I

DIRECTEURS DES GRANDES BANQUES, ENTREPRISES ET INSTITUTIONS MENTIONNÉES DANS CE LIVRE (EN 1917-1918)

AMERICAN INTERNATIONAL CORPORATION (120 Broadway)

J. Armure Ogden	Percy A. Rockefeller
G. J. Baldwin	John D. Ryan
C. A. Cercueil	W.L. Saunders
W. E. Corey	J.A. Stillman
Robert Dollar	C.A. Stone
Pierre S. du Pont	T.N. Vail
Philip A. S. Franklin	F.A. Vanderlip
J. P. Grace	E.S. Webster
R. F. Herrick	A.H. Wiggin
Otto H. Kahn	Beckman Winthrop
H. W. Pritchett	William Woodward

CHASE NATIONAL BANK

J. N. Hill	Newcomb Carlton
A. B. Hepburn	D.C. Jackling
S. H. Miller	E.R. Tinker
C. M. Schwab	A.H. Wiggin
H. Bendicott	John J. Mitchell

Guy E. Tripp

EQUITABLE TRUST COMPANY (37-43 Wall Street)

Charles B. Alexander	Henry E. Huntington
Albert B. Boardman	Edward T. Jeffrey
Robert.C. Clowry	Otto H. Kahn
Howard E. Cole	Alvin W. Krech
Henry E. Cooper	James W. Lane
Paul D. Cravath Hunter	S. Marston
Franklin Wm. Cutcheon	Charles G. Meyer
Bertram Cutler	George Welwood Murray
Thomas de Witt Cuyler	Henry H. Pierce
Frederick W. Fuller	Winslow S. Pierce
Robert Goelet	Lyman Rhoades
Carl R. Gray	Walter C. Teagle
Charles Hayden	Henry Rogers Winthrop
Bertram G. Work	

CONSEIL CONSULTATIF FÉDÉRAL (1916)

Daniel G. Wing, Boston, District n° 1

J. P. Morgan, New York, District n° 2

Levi L. Rue, Philadelphie, District n° 3

W. S. Rowe, Cincinnati, District n° 4

J. W. Norwood, Greenville, S.C., District n° 5

C. A. Lyerly, Chattanooga, district n° 6

J. B. Forgan, Chicago, Président, District n° 7

Frank O. Watts, St. Louis, district n° 8

C. T. Jaffray, Minneapolis, District n° 9

E. F. Swinney, Kansas City, District n° 10

T. J. Record, Paris, District n° 11

Herbert Fleishhacker, San Francisco, District n° 12

FEDERAL RESERVE BANK OF NEW YORK (120 Broadway)

William Woodward (1917)
Robert H. Treman (1918)   Classe A
Franklin D. Locke (1919)

Charles A. Stone (1920)
Wm. B. Thompson (1918)   Classe B
L. R. Palmer (1919)

Pierre Jay (1917)
George F. Peabody (1919)   Classe C
William Lawrence Saunders (1920)

CONSEIL DE LA RÉSERVE FÉDÉRALE

William G. M'Adoo   Adolf C. Miller (1924)
Charles S. Hamlin (1916)   Frédéric A. Delano (1920)
Paul M. Warburg (1918)   W.P.G. Harding (1922)
John Skelton Williams

GUARANTY TRUST COMPANY (140 Broadway)

Alexander J. Hemphill (Président)
Charles H. Allen   Edgar L. Marston
A. C. Bedford Grayson   M-P Murphy
Edward J. Berwind   Charles A. Peabody
W. Murray Crane   William C. Potter

T. de Witt Cuyler
James B. Duke
Caleb C. Dula
Robert W. Goelet
Daniel Guggenheim
W. Averell Harriman
Albert H. Harris
Walter D. Hines
Augustus D. Julliard
Thomas W. Lamont
William C. Lane

John S. Runnells
Thomas F. Ryan
Charles H. Sabin
John W. Spoor
Albert Straus
Harry P. Whitney
Thomas E. Wilson
Comité de Londres :
Arthur J. Fraser (Président)
Cecil F. Parr
Robert Callander

NATIONAL CITY BANK

P. A. S. Franklin
J.P. Grace
G. H. Dodge
H. A. C. Taylor
R. S. Lovett
F. A. Vanderlip
G. H. Miniken
E. P. Swenson
Frank Trumbull
Edgar Palmer

P.A. Rockefeller
James Stillman
W. Rockefeller
J. O. Armure
J.W. Sterling
J.A. Stillman
M.T. Pyne
E.D. Bapst
J.H. Post
W.C. Procter

NATIONALBANK FÜR DEUTSCHLAND

(Comme en 1914, Hjalmar Schacht l'a intégrée en 1918)

Emil Wittenberg
Hjalmar Schacht
Martin Schiff

Hans Winterfeldt
Th Marba
Paul Koch

Franz Rintelen

SINCLAIR CONSOLIDATED OIL CORPORATION (120 Broadway)

Harry F. Sinclair	James N. Wallace
H. P. Whitney	Edward H. Clark
Wm. E. Corey	Daniel C. Jackling
Wm. B. Thompson	Albert H. Wiggin

J. G. WHITE ENGINEERING CORPORATION

James Brown	C.E. Bailey
Douglas Campbell	J.G. White
G. C. Clark, Jr.	Gano Dunn
Bayard Dominick, Jr.	E.G. Williams
A. G. Hodenpyl	A.S. Crane
T. W. Lamont	H.A. Lardner
Marion McMillan	G.H. Kinniat
J. H. Pardee	A.F. Kountz
G. H. Walbridge	R.B. Marchant
E. N. Chilson	Henry Parsons
A. N. Connett	

ANNEXE II

LA THÉORIE DE LA CONSPIRATION JUIVE DE LA RÉVOLUTION BOLCHÉVIQUE

Il existe une littérature abondante en anglais, en français et en allemand qui reflète l'argument selon lequel la révolution bolchévique est le résultat d'une "conspiration juive" ; plus précisément, une conspiration des banquiers mondiaux juifs. En général, le contrôle du monde est considéré comme l'objectif ultime ; la révolution bolchévique n'était qu'une phase d'un programme plus vaste qui est censé refléter une lutte religieuse séculaire entre le christianisme et les "forces des ténèbres".

L'argument et ses variantes peuvent être trouvés dans les endroits les plus surprenants et auprès de personnes tout à fait différentes. En février 1920, Winston Churchill a écrit un article - rarement cité aujourd'hui - pour le *London Illustrated Sunday Herald* intitulé "Sionisme contre bolchevisme". Dans cet article, Churchill concluait qu'il était "particulièrement important... que les Juifs nationaux de chaque pays qui sont loyaux à leur terre d'adoption se manifestent à chaque occasion... et prennent une part importante dans toutes les mesures visant à combattre la conspiration bolchévique". Churchill trace une ligne entre les "Juifs nationaux" et ce qu'il appelle les "Juifs internationaux". Il soutient que les "Juifs internationaux pour la plupart athées" ont certainement joué un "très grand" rôle dans la création du bolchevisme et dans l'avènement de la révolution russe. Il affirme (contrairement à la réalité) qu'à l'exception de Lénine, "la majorité" des figures de proue de la révolution étaient juives, et ajoute (également contrairement à la réalité) que dans de nombreux cas, les intérêts juifs et les lieux de culte juifs ont été exemptés par les bolcheviks de leur politique de saisie. Churchill appelle les Juifs internationaux une "sinistre confédération" issue des populations persécutées des pays où les Juifs ont été martyrisés en raison de leur race. Winston Churchill fait remonter ce mouvement à Spartacus-Weishaupt, se poursuivant avec Trotsky, Bela Kun, Rosa Luxemburg et Emma Goldman, et porte des accusations : "Cette conspiration mondiale pour le renversement de la civilisation et pour la reconstitution de la société sur la base d'un développement arrêté, d'une malveillance envieuse et d'une égalité impossible, n'a cessé de s'étendre".

Churchill soutient ensuite que ce groupe conspirateur de Spartacus-Weishaupt a été le moteur de tous les mouvements subversifs du XIXe siècle. Tout en soulignant que le sionisme et le bolchevisme sont en concurrence pour l'âme du peuple juif, Churchill (en 1920) se préoccupe du rôle du juif dans la révolution bolchévique et de l'existence d'une conspiration juive mondiale.

Autre auteur bien connu dans les années 1920, Henry Wickham Steed décrit dans le deuxième volume de son ouvrage *Through 30 Years 1892-1922* (p. 302) comment il a tenté de porter le concept de conspiration juive à l'attention du colonel Edward M. House et du président Woodrow Wilson. Un jour de mars 1919, Wickham Steed a appelé le colonel House et l'a trouvé perturbé par les récentes critiques de Steed concernant la reconnaissance des bolcheviks par les États-Unis. Steed a fait remarquer à House que Wilson serait discrédité parmi les nombreux peuples et nations d'Europe et "a insisté sur le fait que, à son insu, les principaux acteurs étaient Jacob Schiff, Warburg et d'autres financiers internationaux, qui souhaitaient avant tout soutenir les bolchéviques juifs afin de garantir un terrain pour l'exploitation allemande et juive de la Russie".[256] Selon Steed, le colonel House a plaidé pour l'établissement de relations économiques avec l'Union soviétique.

La collection de documents sur la conspiration juive la plus accablante à première vue se trouve probablement dans le fichier décimal du Département d'État (861.00/5339). Le document central est celui intitulé "Bolchevisme et judaïsme", daté du 13 novembre 1918. Le texte se présente sous la forme d'un rapport, qui indique que la révolution en Russie a été conçue "en février 1916" et "il a été constaté que les personnes et entreprises suivantes étaient engagées dans ce travail destructeur" :

(1) Jacob Schiff	Juif
(2) Kuhn, Loeb & Company	Entreprise juive
Gestion : Jacob Schiff	Juif
Felix Warburg	Juif
Otto H. Kahn	Juif

---

[256] Voir l'annexe 3 pour le rôle réel de Schiff.

Mortimer L. Schiff	Juif
Jérôme J. Hanauer	Juif
(3) Guggenheim	Juif
(4) Max Breitung	Juif
(5) Isaac Seligman	Juif

Le rapport poursuit en affirmant qu'il ne fait aucun doute que la révolution russe a été lancée et conçue par ce groupe et qu'en avril 1917

> Jacob Schiff a fait une annonce publique et c'est grâce à son influence financière que la révolution russe a été accomplie avec succès. Au printemps 1917, Jacob Schiff a commencé à financer Trotsky, un juif, dans le but d'accomplir une révolution sociale en Russie.

Le rapport contient d'autres informations diverses sur le financement de Trotsky par Max Warburg, le rôle du syndicat de Rhénanie-Westphalie et Olof Aschberg de la Nya Banken (Stockholm) avec Jivotovsky. L'auteur anonyme (en fait employé par le War Trade Board américain)[257] affirme que les liens entre ces organisations et leur financement de la révolution bolchévique montrent comment "le lien entre les multimillionnaires juifs et les prolétaires juifs a été forgé". Le rapport énumère ensuite un grand nombre de bolcheviks qui étaient également juifs, puis décrit les actions de Paul Warburg, Judas Magnes, Kuhn, Loeb & Company et Speyer & Company.

Le rapport se termine par une pique à "la juiverie internationale" et place l'argument dans le contexte d'un conflit judéo-chrétien étayé par des citations des Protocoles des Sages de Sion. Ce rapport est accompagné d'une série de câbles entre le Département d'État à Washington et l'ambassade américaine à Londres concernant les démarches à entreprendre avec ces documents :[258]

> 5399 Grande-Bretagne, TEL. 3253 13 heures ; 16 octobre 1919 Dans le dossier confidentiel Secret for Winslow de Wright. Aide financière au bolchevisme et à la révolution bolchévique en Russie de la part d'éminents Juifs américains : Jacob Schiff, Felix Warburg, Otto Kahn, Mendell Schiff, Jerome Hanauer, Max Breitung et un des Guggenheim. Document de source française en possession des autorités policières britanniques. Demande confirmation des faits.

---

[257] L'auteur anonyme était un Russe employé par le War Trade Board américain. L'un des trois directeurs de l'U.S. War Trade Board à cette époque était John Foster Dulles.

[258] Fichier décimal du département d'État américain, 861.00/5399.

* * * * *

17 octobre Grande-Bretagne TEL. 6084, midi r c-h 5399 Top secret. Wright pour Winslow. Aide financière à la révolution bolchévique en Russie de la part d'éminents Juifs d'Amérique. Pas de preuve, mais enquête. Demande aux autorités britanniques de suspendre la publication au moins jusqu'à la réception du document par le ministère des Affaires étrangères.

* * * * *

28 novembre Grande-Bretagne TEL. 6223 R 5 pro. 5399

POUR WRIGHT. Document concernant l'aide financière accordée aux bolchéviques par d'éminents juifs américains. Rapports - identifiés comme étant la traduction française d'une déclaration rédigée à l'origine en anglais par un citoyen russe en Amérique etc. Semble imprudent de donner la moindre publicité.

Il a été convenu de supprimer ce matériel et les dossiers concluent : "Je pense que nous devons étouffer le tout".

Un autre document portant la mention "Top secret" est joint à ce lot de matériel. La provenance de ce document est inconnue ; il s'agit peut-être d'un document du FBI ou du renseignement militaire. Il examine une traduction des Protocoles des réunions des Sages de Sion, et conclut :

> À cet égard, une lettre a été envoyée à M. W., à laquelle était joint un mémorandum de notre part concernant certaines informations de l'attaché militaire américain selon lesquelles les autorités britanniques avaient intercepté des lettres de divers groupes de Juifs internationaux exposant un plan de domination mondiale. Des copies de ces documents nous seront très utiles.

Cette information a apparemment été élaborée et un rapport ultérieur des services de renseignement britanniques porte l'accusation catégorique :

> RÉSUMÉ : Il est désormais clairement établi que le bolchevisme est un mouvement international contrôlé par les Juifs ; des communications sont

en cours entre les dirigeants d'Amérique, de France, de Russie et d'Angleterre en vue d'une action concertée.[259]

Toutefois, aucune des déclarations ci-dessus ne peut être étayée par des preuves empiriques solides. L'information la plus significative est contenue dans le paragraphe selon lequel les autorités britanniques possédaient "des lettres interceptées de divers groupes de Juifs internationaux exposant un projet de domination mondiale". Si de telles lettres existent effectivement, alors elles fourniraient une justification (ou pas) à une hypothèse actuellement non fondée : à savoir que la révolution bolchévique et d'autres révolutions sont l'œuvre d'une conspiration juive mondiale.

Par ailleurs, lorsque les déclarations et les affirmations ne sont pas étayées par des preuves tangibles et lorsque les tentatives de dénicher des preuves tangibles ramènent en cercle au point de départ - en particulier lorsque tout le monde cite tout le monde - nous devons rejeter l'histoire comme étant fallacieuse. *Il n'existe aucune preuve concrète que les Juifs ont été impliqués dans la révolution bolchévique parce qu'ils étaient juifs.* Il se peut en effet qu'une plus grande proportion de Juifs ait été impliquée, mais étant donné le traitement tsariste des Juifs, à quoi d'autre pouvions-nous nous attendre ? Il y avait probablement beaucoup d'Anglais ou de personnes d'origine anglaise dans la Révolution américaine qui combattaient les tuniques rouges. Et alors ? Cela fait-il de la Révolution américaine une conspiration anglaise ? La déclaration de Winston Churchill selon laquelle les Juifs ont joué un "très grand rôle" dans la Révolution bolchévique n'est étayée que par des preuves déformées. La liste des Juifs impliqués dans la révolution bolchévique doit être mise en balance avec les listes de non-Juifs impliqués dans la révolution. Lorsque cette approche scientifique est adoptée, la proportion de juifs bolchéviques étrangers impliqués tombe à moins de vingt pour cent du nombre total de révolutionnaires - et ces juifs ont pour la plupart été déportés, assassinés ou envoyés en Sibérie dans les années qui ont suivi. La Russie moderne a en fait maintenu un antisémitisme de type tsariste.

Il est significatif que des documents dans les dossiers du Département d'État confirment que le banquier d'affaires Jacob Schiff, souvent cité comme source de fonds pour la révolution bolchévique, était en fait

---

[259] Grande-Bretagne, Directorate of Intelligence, *A Monthly Review of the Progress of Revolutionary Movements Abroad*, no. 9, 16 juillet 1913 (861.99/5067).

contre le soutien au régime bolchévique.[260] Cette position, comme nous le verrons, était en contradiction directe avec la promotion des bolchéviques par Morgan-Rockefeller.

La persistance avec laquelle le mythe de la conspiration juive a été mis en avant suggère qu'il pourrait bien s'agir d'un dispositif délibéré visant à détourner l'attention des véritables problèmes et des causes réelles. Les preuves fournies dans ce livre suggèrent que les banquiers new-yorkais qui étaient également juifs ont eu des rôles relativement mineurs dans le soutien aux bolcheviks, alors que les banquiers new-yorkais qui étaient également des Gentils (Morgan, Rockefeller, Thompson) ont eu des rôles majeurs.

Quelle meilleure façon de détourner l'attention des *véritables* opérateurs que de faire usage du croque-mitaine médiéval de l'antisémitisme ?

---

[260] Voir l'annexe 3.

ANNEXE III

DOCUMENTS SÉLECTIONNÉS DANS LES ARCHIVES GOUVERNEMENTALES DES ÉTATS-UNIS ET DE LA GRANDE-BRETAGNE

Note : Certains documents comprennent plusieurs papiers qui forment un groupe apparenté.

DOCUMENT N°1 Câble de l'Ambassadeur Francis à Petrograd au Département d'État américain et lettre correspondante du Secrétaire d'État Robert Lansing au Président Woodrow Wilson (17 mars 1917)

DOCUMENT N°2 Document du Foreign Office britannique (octobre 1917) affirmant que Kerensky était à la solde du gouvernement allemand et aidait les bolcheviks

DOCUMENT N°3 Jacob Schiff de Kuhn, Loeb & Company et sa position sur les régimes Kerensky et Bolchevik (novembre 1918)

DOCUMENT N°4 Mémorandum de William Boyce Thompson, directeur de la Federal Reserve Bank of New York, au Premier ministre britannique David Lloyd George (décembre 1917)

DOCUMENT N°5 Lettre de Felix Frankfurter à l'agent soviétique Santeri Nuorteva (9 mai 1918)

DOCUMENT N°6 Personnel du Bureau soviétique, New York, 1920 ; liste tirée des dossiers du Comité Lusk de l'État de New York

DOCUMENT N°7 Lettre de la National City Bank au Trésor américain se référant à Ludwig Martens et au Dr Julius Hammer (15 avril 1919)

DOCUMENT N°8 Lettre de l'agent soviétique William (Bill) Bobroff à Kenneth Durant (3 août 1920)

DOCUMENT N°9 Mémo faisant référence à un membre de la firme J. P. Morgan et au directeur de la propagande britannique Lord Northcliffe (13 avril 1918)

DOCUMENT N°10 Mémo du Département d'État (29 mai 1922) concernant General Electric Co.

DOCUMENT N°1

Câble de l'ambassadeur Francis à Petrograd au Département d'État à Washington, D.C., daté du 14 mars 1917, et relatant la première étape de la Révolution russe (861.00/273).

Petrograd 14 mars 1917, 15ᵉ anniversaire, 2h30 du matin.

Secrétaire d'État, Washington

> 1287. Impossible d'envoyer un câblogramme depuis le onze. Les révolutionnaires ont le contrôle absolu à Petrograd et font des efforts acharnés pour préserver l'ordre, ce qui réussit sauf dans de rares cas. Aucun télégramme depuis votre 1251 du 9, reçu le 11 mars. Le gouvernement provisoire s'est organisé sous l'autorité de la Douma qui a refusé d'obéir à l'ordre d'ajournement de l'empereur. Rodzianko, président de la Douma, donne des ordres sous sa propre signature. Le ministère aurait démissionné. Les ministres trouvés sont conduits devant la Douma, ainsi que de nombreux officiers russes et autres hauts fonctionnaires. La plupart sinon tous les régiments ordonnés à Petrograd ont rejoint les révolutionnaires après leur arrivée. La colonie américaine est en sécurité. Aucune connaissance de blessures sur des citoyens américains.

> FRANCIS,
>
> Ambassadeur américain

Dès réception du câble précédent, Robert Lansing, secrétaire d'État, en a mis le contenu à la disposition du président Wilson (861.00/273) :

> PERSONNEL ET CONFIDENTIEL
>
> Mon cher Monsieur le Président :
>
> Je vous joins un télégramme très important qui vient d'arriver de Petrograd, ainsi qu'une coupure de presse du New York WORLD de ce matin, dans laquelle se trouve une déclaration de Signor Scialoia, ministre sans portefeuille du cabinet italien, qui est significative au vu du rapport de M. Francis. Ma propre impression est que les Alliés sont au courant de cette affaire et je suppose qu'ils sont favorables aux révolutionnaires puisque le parti de la Cour a été, tout au long de la guerre, secrètement pro-allemand.
>
> Fidèlement à vous, ROBERT LANSING
>
> Annexe : Le président, la Maison-Blanche

COMMENTAIRE

La phrase significative de la lettre de Lansing-Wilson est la suivante : "Ma propre impression est que les Alliés sont au courant de cette affaire et je présume qu'ils sont favorables aux révolutionnaires puisque le parti de la Cour a été, tout au long de la guerre, secrètement pro-allemand". On se souviendra (chapitre deux) que l'ambassadeur Dodd a affirmé que Charles R. Crane, de Westinghouse et de la Crane Co. à New York et conseiller du président Wilson, était impliqué dans cette première révolution.

DOCUMENT N°2

Mémorandum du ministère britannique des Affaires étrangères, dossier FO 371/ 2999 (La guerre - Russie), 23 octobre 1917, n° de dossier. 3743.

DOCUMENT

Personnel (et) secret.

Des rumeurs inquiétantes nous sont parvenues de plusieurs sources, selon lesquelles Kerensky est à la solde de l'Allemagne et que lui et son gouvernement font tout leur possible pour affaiblir (et) désorganiser la Russie, afin d'arriver à une situation où il ne serait pas possible d'aller plus loin qu'une paix séparée. Estimez-vous qu'il y a un motif pour de telles insinuations et que le gouvernement, en s'abstenant de toute action efficace, permet délibérément aux éléments bolchéviques de se renforcer ?

S'il s'agissait de corruption, nous pourrions être compétitifs si l'on savait comment et par quels agents cela pourrait se faire, bien que ce ne soit pas une pensée agréable.

COMMENTAIRE

Fait référence à l'information selon laquelle Kerensky était financé par l'Allemagne.

DOCUMENT N°3

Il se compose de quatre parties :

(a) Câble de l'ambassadeur Francis, le 27 avril 1917, à Petrograd, à Washington, D.C., demandant la transmission d'un message d'éminents banquiers juifs russes à d'éminents banquiers juifs de New York et demandant leur souscription au Kerensky Liberty Loan (861.51/139).

(b) Réponse de Louis Marshall (10 mai 1917) représentant les Juifs américains ; il décline l'invitation tout en exprimant son soutien à l'American Liberty Loan (861.51/143).

(c) Lettre de Jacob Schiff de Kuhn, Loeb (25 novembre 1918) au Département d'État (M. Polk) relayant un message du banquier juif russe Kamenka appelant à l'aide des Alliés *contre* les Bolcheviks ("parce que le gouvernement bolchévique ne représente pas le peuple russe").

(d) Câble de Kamenka relayé par Jacob Schiff.

DOCUMENTS

(a) Secrétaire d'État à Washington.

1229, vingt-septième.

Veuillez remettre les documents suivants à Jacob Schiff, au juge Brandies [sic], *au* professeur Gottheil, à Oscar Strauss [sic], au rabbin Wise, à Louis Marshall et à Morgenthau :

"Nous, les Juifs russes, avons toujours cru que la libération de la Russie signifiait aussi notre libération. Étant profondément dévoués à notre pays, nous avons implicitement fait confiance au gouvernement provisoire. Nous savons que la puissance économique illimitée de la Russie et ses immenses ressources naturelles et l'émancipation que nous avons obtenue nous permettront de participer au développement du pays. Nous croyons fermement que la fin victorieuse de la guerre grâce à l'aide de nos alliés et des États-Unis est proche.

Le gouvernement temporaire émet maintenant un nouveau prêt public et nous estimons que notre prêt de soutien au devoir national est hautement vital pour la guerre et la liberté. Nous sommes sûrs que la Russie dispose d'un pouvoir inébranlable de crédit public et qu'elle supportera facilement une charge financière nécessaire. Nous avons formé un comité spécial de juifs russes pour le prêt de soutien, composé de représentants des milieux financiers, industriels et commerciaux et d'hommes publics de premier plan.

Nous vous informons ici et nous demandons à nos frères au-delà des mers de soutenir la liberté de la Russie qui est devenue une affaire d'humanité et de civilisation mondiale. Nous vous suggérons de former un comité spécial et de nous informer des mesures que vous pouvez prendre pour soutenir le prêt de liberté du comité juif. Boris Kamenka, Président, Baron Alexander Gunzburg, Henry Silosberg".

FRANCIS

* * * * *

(b) Monsieur le Secrétaire :

Après avoir rapporté à nos associés le résultat de l'entretien que vous avez bien voulu accorder à M. Morgenthau, à M. Straus et à moi-même, concernant l'opportunité de demander des souscriptions au prêt de la liberté russe, comme cela est demandé dans le télégramme du baron de Gunzbourg et de MM. Kamenka et Silosberg de Petrograd, que vous nous avez récemment communiqué, nous avons conclu d'agir strictement sur vos conseils. Il y a quelques jours, nous avons promis à nos amis de Petrograd une réponse rapide à leur appel à l'aide. Nous vous serions donc très reconnaissants de bien vouloir nous faire parvenir le télégramme suivant, à condition que vous en approuviez les termes :

"*Boris Kamenka,*

Banque Don Azov, Petrograd.

Notre département d'État, que nous avons consulté, considère que toute tentative actuelle de garantir des souscriptions publiques ici pour tout prêt étranger est déconseillée ; la concentration de tous les efforts pour le succès des prêts de guerre américains étant essentielle, ce qui permet à notre gouvernement de fournir des fonds à ses alliés à des taux d'intérêt plus bas que ce qui serait possible autrement. Nos énergies pour aider la cause russe le plus efficacement possible doivent donc nécessairement être dirigées vers l'encouragement des souscriptions au Liberty Loan américain. Schiff, Marshall, Straus, Morgenthau, Wise, Gonheil".

Vous êtes bien entendu libre d'apporter à la phraséologie de ce câblogramme suggéré toute modification que vous jugerez souhaitable et qui indiquera que notre incapacité à répondre directement à la demande qui nous a été faite est due à notre souci de rendre nos activités plus efficaces.

Puis-je vous demander de m'envoyer une copie du câblogramme tel qu'il a été transmis, avec un relevé des coûts afin que le ministère puisse être remboursé rapidement.

Je suis, avec le plus grand respect, fidèlement vôtre, [sgd.] Louis Marshall. Le secrétaire d'État de Washington, D.C.

* * * * *

(c) Cher M. Polk :

Permettez-moi de vous envoyer une copie d'un télégramme reçu ce matin et qui, pour des raisons de régularité, devrait, je pense, être porté à la connaissance du secrétaire d'État ou de vous-même, pour toute considération que l'on pourrait juger utile de lui accorder.

M. Kamenka, l'expéditeur de ce télégramme, est l'un des hommes les plus influents de Russie et a été, me dit-on, conseiller financier du gouvernement du Prince Lvoff et du gouvernement Kerensky. Il est président de la Banque de Commerce de l'Azov Don de Petrograd, l'une des plus importantes institutions financières de Russie, mais a dû, vraisemblablement, quitter la Russie avec l'avènement de Lénine et de ses "camarades".

Permettez-moi de profiter de cette occasion pour vous saluer sincèrement, vous et Mme Polk, et pour exprimer l'espoir que vous êtes à nouveau en parfaite forme et que Mme Polk et les enfants sont en bonne santé.

Fidèlement à vous, Jacob H. Schiff

M. Frank L. Polk Conseiller du Département d'État de Washington, D.C.

MM-Encl. [Daté du 25 novembre 1918]

* * * * *

(d) Traduction :

Le triomphe complet de la liberté et du droit me fournit une nouvelle occasion de vous répéter ma profonde admiration pour la noble nation américaine. J'espère voir maintenant des progrès rapides de la part des Alliés pour aider la Russie à rétablir l'ordre. J'attire également votre attention sur l'urgente nécessité de remplacer en Ukraine les troupes ennemies au moment même de leur retraite afin d'éviter la dévastation bolchévique. Une intervention amicale des Alliés serait partout accueillie avec enthousiasme et considérée comme une action démocratique, car le gouvernement bolchévique ne représente pas le peuple russe. Je vous ai écrit le 19 septembre. Salutations cordiales.

Kamenka

COMMENTAIRE

C'est une série importante, car elle réfute l'histoire d'une conspiration bancaire juive derrière la révolution bolchévique. Il est clair que Jacob Schiff de Kuhn, Loeb n'était pas intéressé à soutenir le prêt de la liberté de Kerensky et Schiff s'est donné la peine d'attirer l'attention du Département d'État sur les plaidoyers de Kamenka pour une intervention alliée contre les Bolcheviks. De toute évidence, Schiff et son collègue banquier Kamenka, contrairement à J.P. Morgan et John D. Rockefeller, étaient aussi mécontents des bolcheviks qu'ils l'avaient été des tsars.

DOCUMENT N°4

Description

Mémorandum de William Boyce Thompson (directeur de la Federal Reserve Bank of New York) à Lloyd George (Premier ministre de Grande-Bretagne), décembre 1917.

PREMIÈREMENT :

La situation russe est perdue et la Russie est entièrement ouverte à l'exploitation allemande sans opposition, à moins qu'un revirement radical de politique ne soit immédiatement entrepris par les Alliés.

DEUXIÈMEMENT :

En raison de leur diplomatie à courte vue, les Alliés n'ont rien accompli de bénéfique depuis la Révolution, et ont fait beaucoup de tort à leurs propres intérêts.

TROISIÈMEMENT :

Les représentants alliés à Petrograd n'ont pas compris avec sympathie le désir du peuple russe d'atteindre la démocratie. Nos représentants ont d'abord été officiellement liés au régime du tsar. Naturellement, ils ont été influencés par cet environnement.

QUATRIÈMEMENT :

D'autre part, les Allemands ont mené une propagande qui les a sans doute aidés matériellement à détruire le gouvernement, à démanteler l'armée et à anéantir le commerce et l'industrie. Si cela continue sans opposition, cela peut aboutir à l'exploitation complète du grand pays par l'Allemagne contre les Alliés.

CINQUIÈMEMENT :

Je fonde mon opinion sur une étude minutieuse et intime de la situation tant à l'extérieur qu'à l'intérieur des cercles officiels, lors de mon séjour à Petrograd entre le 7 août et le 29 novembre 1917.

SIXIÈMEMEMENT :

"Que peut-on faire pour améliorer la situation des Alliés en Russie" ?

Le personnel diplomatique, tant britannique qu'américain, devrait être transformé en homme d'esprit démocratique et capable de soutenir les aspirations démocratiques.

Il faudrait mettre en place un comité non officiel puissant, dont le siège serait à Petrograd, pour fonctionner en quelque sorte en arrière-plan, dont l'influence en matière de politique serait reconnue et acceptée par les responsables DIPLOMATIQUES, CONSULAIRES et MILITAIRES des Alliés. Ce comité devrait être composé d'un personnel tel qu'il soit possible de lui confier de larges pouvoirs discrétionnaires. Il entreprendrait vraisemblablement des travaux par divers canaux dont la nature deviendra évidente au fur et à mesure de l'avancement de la tâche. Il viserait à répondre à toutes les nouvelles conditions qui pourraient se présenter.

SEPTIÈMEMENT :

Il est maintenant impossible de définir complètement le champ d'action de ce nouveau comité allié. Je peux peut-être aider à mieux comprendre son utilité et son service éventuels en faisant brièvement référence au travail que j'ai commencé et qui est maintenant entre les mains de Raymond Robins, qui est bien connu du colonel Buchan - un travail qui, à l'avenir, devra sans aucun doute être quelque peu modifié et complété afin de répondre à de nouvelles conditions. Mon travail a été effectué principalement par un "Comité d'éducation civique" russe aidé par Madame Breshkovsky, la grand-mère de la Révolution. Elle était assistée par le Dr David Soskice, le secrétaire privé du Premier ministre de l'époque, M. Kerensky (aujourd'hui de Londres), par Nicolas Basil Tchaïkovski, qui fut un temps président de la Société coopérative des paysans, et par d'autres révolutionnaires sociaux importants qui constituaient l'élément salvateur de la démocratie entre l'extrême "droite" de la classe officielle et propriétaire, et l'extrême "gauche" incarnant les éléments les plus radicaux des partis socialistes. L'objectif de cette commission, tel qu'il est énoncé dans un message télégraphique de Mme Breshkovsky au président Wilson, peut être déduit de cette citation : "Une éducation généralisée est nécessaire pour faire de la Russie une démocratie ordonnée. Nous prévoyons d'apporter cette éducation au soldat dans le camp, à l'ouvrier dans l'usine, au paysan dans le village". Ceux qui ont participé à ce travail se sont rendu compte que pendant des siècles, les masses avaient été sous la coupe de l'autocratie qui leur avait donné non pas une protection, mais une oppression ; qu'une forme de gouvernement démocratique en Russie ne pouvait être maintenue que PAR LA DESTRUCTION DE L'ARMÉE ALLEMANDE ; PAR LA VICTOIRE SUR L'AUTOCRATIE ALLEMANDE. La Russie libre, non préparée à de grandes responsabilités gouvernementales, sans éducation ni formation, pouvait-elle espérer cohabiter longtemps avec l'Allemagne impériale, son voisin immédiat ? Certainement pas. La Russie démocratique deviendrait rapidement le plus grand butin de guerre que le monde ait jamais connu.

Le Comité a conçu un centre éducatif dans chaque régiment de l'armée russe, sous forme de Clubs de soldats. Ces clubs furent organisés aussi rapidement que possible, et des conférenciers furent employés pour s'adresser aux soldats. Les conférenciers étaient en réalité des enseignants, et il faut rappeler qu'il y a 90% des soldats de Russie qui ne savent ni lire ni écrire. Au moment de l'épidémie bolchévique, beaucoup de ces conférenciers étaient sur le terrain, faisant bonne impression et obtenant d'excellents résultats. Ils étaient 250 dans la seule ville de Moscou. Le Comité a envisagé d'avoir au moins 5000 de ces conférenciers. Nous avions en cours de publication de nombreux journaux de la classe "A B C", imprimant du matériel dans le style le plus simple, et nous en aidions une centaine d'autres. Ces journaux portaient l'appel au patriotisme, à l'unité et à la coordination dans les foyers des ouvriers et des paysans.

Après le renversement du dernier gouvernement Kerensky, nous avons aidé matériellement à la diffusion de la littérature bolchévique, en la distribuant par des agents et des avions à l'armée allemande. Si la suggestion est recevable, il serait bon de se demander s'il ne serait pas souhaitable que cette même littérature bolchévique soit envoyée en Allemagne et en Autriche à travers les fronts occidental et italien.

HUITIÈMEMENT :

La présence d'un petit nombre de troupes alliées à Petrograd aurait certainement fait beaucoup pour empêcher le renversement du gouvernement Kerensky en novembre. Je voudrais suggérer à votre considération, si les conditions actuelles se maintiennent, la concentration de tous les employés des gouvernements britannique et français à Petrograd, et si la nécessité s'en fait sentir, elle pourrait être transformée en une force assez efficace. Il serait peut-être même souhaitable de verser une petite somme à une force russe. Il existe également un grand nombre de volontaires recrutés en Russie, dont beaucoup font partie de l'intelligentzia du "Centre", et qui ont fait un travail splendide dans les tranchées. Ils pourraient être aidés comme il se doit.

NEUVIÈMEMENT :

Si vous demandez un programme supplémentaire, je dois dire qu'il est impossible de le donner maintenant. Je crois qu'un travail intelligent et courageux empêchera encore l'Allemagne d'occuper le terrain à elle seule et d'exploiter ainsi la Russie aux dépens des Alliés. Il y aura de nombreuses façons de rendre ce service, qui deviendront évidentes au fur et à mesure de l'avancement des travaux.

COMMENTAIRE

Suite à ce mémorandum, le cabinet de guerre britannique a changé sa politique en faveur d'un bolchevisme tiède. Notez que Thompson admet avoir distribué de la littérature bolchévique par ses agents. La confusion sur la date à laquelle Thompson a quitté la Russie (il déclare le 29 novembre dans ce document) est dissipée par les papiers de Pirnie à la Hoover Institution. Il y a eu plusieurs changements de plans de voyage et Thompson était toujours en Russie au début du mois de décembre. Le mémorandum a probablement été rédigé à Petrograd fin novembre.

DOCUMENT N°5

DESCRIPTION

Lettre du 9 mai 1918 de Felix Frankfurter (alors assistant spécial du secrétaire à la Guerre) à Santeri Nuorteva (alias Alexander Nyberg), agent bolchévique aux États-Unis. Inscrit comme document n° 1544 dans les dossiers du Comité Lusk, New York :

DOCUMENT

WASHINGTON DEPARTEMENT DE GUERRE 9 mai 1918

Mon cher M. Nhorteva [sic] :

Merci beaucoup pour votre lettre du 4. Je savais que vous comprendriez le caractère purement amical et totalement non officiel de notre entretien, et j'apprécie les mesures rapides que vous avez prises pour corriger votre lettre à Sirola*. Soyez assuré que rien ne s'est passé qui diminue mon intérêt pour les questions que vous présentez. Bien au contraire. Je suis très intéressé par** les considérations que vous avancez et par le point de vue que vous défendez. Les questions*** en jeu sont des intérêts qui signifient beaucoup pour le monde entier. Pour y répondre de manière adéquate, nous avons besoin de toutes les connaissances et de toute la sagesse que nous pouvons obtenir****.

Cordialement vôtre, Felix Frankfurter
Santeri Nuorteva, Esq.

* Yrjo Sirola était un bolchévique et commissaire en Finlande.

** Texte original, "continuellement reconnaissant envers vous".

*** Texte original, "intérêts".

**** Texte original ajouté "ces jours-ci".

COMMENTAIRE

Cette lettre de Frankfurter a été écrite à Nuorteva/Nyberg, un agent bolchévique aux États-Unis, à une époque où Frankfurter occupait un poste officiel d'assistant spécial du secrétaire à la guerre Baker au ministère de la guerre. Apparemment, Nyberg était prêt à modifier une lettre adressée au commissaire "Sirola" selon les instructions de Frankfurter. Le Comité Lusk a acquis le projet original de Francfort, y compris les modifications de Francfort, et non la lettre reçue par Nyberg.

LE BUREAU SOVIÉTIQUE EN 1920

Position	Nom	Citoyenneté	Né	Ancien emploi
Représentant de l'URSS	Ludwig C.A.K. MARTENS	Allemand	Russie	V-P de Weinberg & Posner Engineering (120 Broadway)
Directeur de bureau	Gregory WEINSTEIN	Russe	Russie	Journaliste
Secrétaire	Santeri NUORTEVA	En finnois	Russie	Journaliste
Secrétaire adjoint	Kenneth DURANT	ÉTATS-UNIS	ÉTATS-UNIS	(1) Comité américain de l'information publique (2) Ancien assistant du colonel House

Secrétaire particulier de NUORTEVA	Dorothy KEEN	ÉTATS-UNIS	ÉTATS-UNIS	Lycée
Traducteur	Mary MODELL	Russe	Russie	L'école en Russie
Commis au dossier	Alexander COLEMAN	ÉTATS-UNIS	ÉTATS-UNIS	Lycée
Téléphoniste	Blanche ABUSHEVITZ	Russe	Russie	Lycée
Préposé au bureau	Nestor KUNTZEVICH	Russe	Russie	—
Expert militaire	Lieutenant-colonel Boris Tagueeff Roustam BEK	Russe	Russie	Critique militaire sur le *Daily Express* (Londres)

Département commercial

Directeur	A. HELLER	Russe	ÉTATS-UNIS	International Oxygen Company
Secrétaire	Ella TUCH	Russe	ÉTATS-UNIS	Les entreprises américaines
Greffier	Rose HOLLAND	ÉTATS-UNIS	ÉTATS-UNIS	Ligue scolaire Gary
Greffier	Henrietta MEEROWICH	Russe	Russie	Travailleur social
Greffier	Rose BYERS	Russe	Russie	École
Statisticien	Vladimir OLCHOVSKY	Russe	Russie	Armée russe

Département de l'information

Directeur	Evans CLARK	ÉTATS-UNIS	ÉTATS-UNIS	Université de Princeton
Greffier	Nora G. SMITHMAN	ÉTATS-UNIS	ÉTATS-UNIS	Expédition Ford pour la paix
Steno	Etta FOX	ÉTATS-UNIS	ÉTATS-UNIS	Conseil du commerce de guerre

—	Wilfred R. HUMPHRIES	ROYAUME-UNI	—	UNIS	Croix-Rouge américaine

Département technique

Directeur	Arthur ADAMS	Russe	ÉTATS-UNIS	—

Département de l'éducation

Directeur	William MALISSOFF	Russe	ÉTATS-UNIS	Université de Columbia

Département médical

Directeur	Leo A. HUEBSCH	Russe	ÉTATS-UNIS	Médecin
	D. H. DUBROWSKY	Russe	ÉTATS-UNIS	Médecin

Département juridique

Directeur	Morris HILLQUIT	En lituanien	—	—
	Avocat retenu :			
	Charles RECHT			
	Dudley Field MALONE			
	George Cordon BATTLE			

Département de l'économie et des statistiques

Directeur	Isaac A. HOURWICH	Russe	ÉTATS-UNIS	Bureau américain du recensement
	Eva JOFFE	Russe	ÉTATS-UNIS	Commission nationale sur le travail des enfants
Steno	Elizabeth	Russe	ÉTATS-	Étudiant

Rédaction de la Russie soviétique

Rédacteur en chef	Jacob w. HARTMANN	ÉTATS-UNIS	ÉTATS-UNIS	Collège de la ville de New York	
Steno	Ray TROTSKY	Russe	Russie	Étudiant	
Traducteur	Théodore BRESLAUER	Russe	Russie	—	
Greffier	Vaste IVANOFF	Russe	Russie	—	
Greffier	David OLDFIELD	Russe	Russie	—	
Traducteur	J. BLANKSTEIN	Russe	Russie	—	

SOURCE : États-Unis, Chambre, *Conditions en Russie* (Commission des affaires étrangères), 66ᵉ Cong., 3ᵉ sess. (Washington, D.C., 1921). Voir également la liste britannique dans le fichier décimal du département d'État américain, 316-22-656, qui porte également le nom de Julius Hammer.

DOCUMENT N°7

DESCRIPTION

Lettre de la National City Bank of New York au Trésor américain, 15 avril 1919, concernant Ludwig Martens et son associé, le Dr Julius Hammer (316-118).

DOCUMENT

La Banque nationale de la ville de New York

New York, le 15 avril 1919

Honorable Joel Rathbone,

Secrétaire adjoint au Trésor Washington, D.C.

Cher M. Rathbone :

Je vous prie de bien vouloir nous remettre ci-joint des photographies de deux documents que nous avons reçus ce matin par courrier recommandé d'un M. L. Martens qui prétend être le représentant aux États-Unis de la République socialiste fédérative soviétique de Russie, et en présence d'un Dr Julius Hammer pour le directeur par intérim du département financier.

Vous verrez dans ces documents qu'il nous est demandé de verser tous les fonds en dépôt chez nous au nom de M. Boris Bakhmeteff, prétendu ambassadeur de Russie aux États-Unis, ou au nom de toute personne, comité ou mission censé agir au nom du gouvernement russe sous la subordination de M. Bakhmeteff ou directement.

Nous serions très heureux de recevoir de votre part tout conseil ou instruction que vous pourriez nous donner à ce sujet.

Avec tout le respect que je vous dois, J. H. Carter, vice-président.

JHC:M Pièce jointe

COMMENTAIRES

L'importance de cette lettre est liée à l'association de longue date (1917-1974) de la famille Hammer avec les Soviétiques.

DOCUMENT N°8

DESCRIPTION

Lettre datée du 3 août 1920 du courrier soviétique "Bill" Bobroff à Kenneth Durant, ancien aide du Colonel House. Extrait de Bobroff par le ministère américain de la justice.

DOCUMENT

Bureau d'enquête du ministère de la justice,

15 Park Row, New York City, N. Y., 10 août 1920

Directeur du bureau d'enquête

Département de la justice des États-Unis, Washington, D.C.

Cher Monsieur : Confirmant la conversation téléphonique avec M. Ruch aujourd'hui, je vous transmets ci-joint des documents originaux provenant des effets de B. L. Bobroll, du navire à vapeur *Frederick VIII*.

La lettre adressée à M. Kenneth Durant, signée par Bill, datée du 3 août 1920, ainsi que la traduction de "Pravda", 1er juillet 1920, signée par Trotzki, et des copies de télégrammes ont été trouvées à l'intérieur de l'enveloppe bleue adressée à M. Kenneth Durant, 228 South Nineteenth Street, Philadelphia, Pa. Cette enveloppe bleue était à son tour scellée à l'intérieur de l'enveloppe blanche jointe.

La plupart des effets de M. Bobroff consistaient en catalogues de machines, spécifications, correspondance concernant l'expédition de divers équipements, etc. vers les ports russes. M. Bobroff a été interrogé de près par l'agent Davis et les autorités douanières, et un rapport détaillé sera envoyé à Washington.

Bien sincèrement à vous,

G. F. Lamb, surintendant de division

LETTRE À KENNETH DURANT

Cher Kenneth : Merci pour votre lettre de bienvenue. Je me suis senti très isolé et enfermé, un sentiment qui a été fortement accentué par les expériences récentes. J'ai été bouleversé par l'incapacité à imposer une attitude différente à l'égard du Bureau et à vous faire parvenir des fonds d'une manière ou d'une autre. Vous envoyer 5000 dollars par câble, comme cela a été fait la semaine dernière, n'est qu'une triste plaisanterie. J'espère que la proposition de vendre de l'or en Amérique, à propos de laquelle nous avons câblé récemment, sera bientôt trouvée réalisable. Hier, nous avons câblé en vous demandant si vous pouviez vendre 5.000.000 de roubles à un minimum de 45 cents, le taux actuel du marché étant de 51,44 cents. Cela rapporterait au moins 2.225.000 dollars. L'entreprise a actuellement besoin de 2 000 000$ pour payer la société Niels Juul & Co. à Christiania, pour la première partie du transport de charbon d'Amérique vers Vardoe, Mourmansk et Arkhangelsk. Le premier navire s'approche de Vardoe et le second a quitté New York vers le 28 juillet. Au total, la société Niels Juul & Co, ou plutôt la Norges' Bank, du Christiania, détiennent sur leur compte et le nôtre 11 000 000 de roubles d'or, qu'ils ont eux-mêmes apportés de Reval au Christiania, en garantie de notre commande de charbon et du tonnage nécessaire, mais les offres d'achat de cet or qu'ils ont pu obtenir jusqu'à présent sont très médiocres, la meilleure étant de 575 dollars par kilo, alors que le taux offert par la Monnaie américaine ou le Département du Trésor est actuellement de 644,42 dollars, et compte tenu de l'importance de la somme en jeu, il serait dommage de la laisser occasionner de trop lourde perte. J'espère qu'avant d'en arriver là, vous aurez pu réaliser la vente, et en même temps obtenir un quart de million de dollars ou plus pour le bureau. Si nous ne pouvons pas, d'une manière ou d'une autre, payer les 2 000 000$ de Christiania, qui étaient dus il y a quatre jours, dans un délai très court, Niels Juul & Co. aura le droit de vendre notre or qu'elle détient maintenant au meilleur prix possible à l'époque, qui, comme indiqué plus haut, est assez bas.

Nous ne savons pas encore comment se déroulent les négociations canadiennes. Nous croyons savoir que Nuorteva a remis les ficelles à Shoen lorsque l'arrestation de N. semblait imminente. Nous ne savons pas encore où se trouve Nuorteva. Nous pensons qu'après son retour forcé en Angleterre depuis Esbjerg, au Danemark, Sir Basil Thomson l'a fait embarquer à bord d'un navire à vapeur pour Reval, mais nous n'avons pas encore eu de nouvelles de Reval qu'il était arrivé là-bas, et nous aurions certainement des nouvelles de Goukovski ou de N. lui-même. Humphries a vu Nuorteva à Esbjerg, et est lui-même en difficulté avec la police danoise à cause de cela. Tous ses liens sont recherchés ; son passeport lui a été retiré : il s'est présenté deux fois à l'examen et il semble qu'il aura de la chance s'il échappe à la déportation. Il y a deux semaines, Nuorteva est arrivé à Esbjerg, à 300 miles d'ici, mais n'ayant pas de visa danois, les autorités danoises lui ont refusé le droit de débarquer et il a été transféré sur un bateau à vapeur qui devait appareiller à 8 heures le lendemain matin. En déposant 200 couronnes, il a pu bénéficier d'une permission de débarquement de quelques heures. Voulant obtenir Copenhague par télégramme interurbain et n'ayant pratiquement plus d'argent, il mit une fois de plus en gage sa montre en or pour 25 couronnes, prenant ainsi contact avec Humphries qui, en une demi-heure, sauta à bord du train de nuit, dormit par terre et arriva à Esbjerg à 7h30. Humphries a trouvé le Nuorteva, a obtenu la permission du capitaine de monter à bord, a eu 20 minutes avec N., puis a dû aller à terre et le bateau a pris la mer. Humphries a ensuite été invité au bureau de police par deux hommes en civil, qui avaient observé la procédure. Il a été interrogé de près, son adresse a été prise, puis relâché, et cette nuit-là, il a pris le train pour rentrer à Copenhague. Il envoya des télégrammes à Ewer, du *Daily Herald*, Shoen, et à Kliskho, au 128 New Bond Street, les pressant d'être sûrs et de rencontrer le bateau de Nuorteva, afin que N. ne puisse plus être emporté, mais on ne sait pas encore ce qui s'est passé. Le gouvernement britannique a vigoureusement nié qu'il avait l'intention de l'envoyer en Finlande. Moscou a menacé d'exercer des représailles s'il lui arrivait quelque chose. Entre-temps, l'enquête sur H. a commencé. La police l'a convoqué à son hôtel, lui a demandé de se rendre au quartier général (mais il n'a pas été arrêté), et nous croyons savoir que son cas est maintenant devant le ministre de la Justice. Quelle que soit l'issue finale, Humphries commente la courtoisie raisonnable dont il a fait preuve, en la comparant à la férocité des raids des Rouges en Amérique.

Il a découvert qu'au quartier général des détectives, on connaissait certaines de ses lettres et télégrammes.

J'ai été intéressé par votre commentaire favorable sur l'interview de Krassin de Tobenken (vous ne mentionnez pas celle de Litvinoff), car j'ai dû me battre comme un démon avec L. pour obtenir les opportunités pour Tobenken. Par l'intermédiaire de T. qui est arrivé avec une lettre de Nuorteva, comme l'a fait également Arthur Ruhl, L. a brusquement refusé en moins d'une minute la demande que T. faisait pour entrer en Russie, ne prendrait guère le temps de l'entendre, disant qu'il était impossible de permettre à deux correspondants du même journal d'entrer en Russie. Il a donné un visa au Ruhl, en grande partie à cause d'une promesse faite l'été dernier au Ruhl par L. Ruhl est ensuite parti à Reval, là pour attendre la permission que L. avait câblée en demandant à Moscou de donner. Tobenken, un homme nerveux, presque brisé à cause de son refus, est resté ici. Je me suis rendu compte de l'erreur que le jugement rapide avait commise et j'ai commencé à le faire changer. Pour faire court, je l'ai amené à Reval avec une lettre de L à Goukovsky. Entre-temps, Moscou a refusé Ruhl, malgré le visé de L. L. était furieux de l'affront fait à son visé, et insistait pour qu'il soit honoré. Ce fut le cas, et le Ruhl se prépara à partir. Soudain, Moscou fit savoir au Ruhl qu'il révoquait l'autorisation et à Litvinoff que des informations étaient parvenues à Moscou selon lesquelles le Ruhl était au service du Département d'État. Au moment où nous écrivons ces lignes, Tobenken et Ruhl sont tous deux à Reval, bloqués.

J'ai parlé ce matin à L. du bateau qui part demain et du courrier B. disponible, je lui ai demandé s'il avait quelque chose à écrire à Martens, je lui ai proposé de le prendre en sténo pour lui, mais non, il a dit qu'il n'avait rien à écrire et que je pourrais peut-être envoyer des doubles de nos récents télégrammes à Martens.

Kameneff est passé par ici sur un destroyer britannique en route pour Londres, et ne s'est pas arrêté du tout ici, et Krassin est parti directement de Stockholm. Des négociations, alliées et polonaises, et de la situation générale, vous en savez autant que nous ici. Les négociations de L avec les Italiens ont finalement abouti à l'établissement d'une représentation mutuelle. Notre représentant, Vorovsky, s'est déjà rendu en Italie et leur représentant, M. Gravina, est en route pour la Russie. Nous venons d'envoyer deux chargements de blé russe en Italie depuis Odessa.

Transmettez mes salutations aux personnes de votre entourage que je connais. Avec tous mes vœux de réussite.

Bien à vous, Bill

Le lot de lettres que vous avez envoyé - 5 Cranbourne Road, Charlton cum Hardy, Manchester, n'est pas encore arrivé.

La recommandation de L. à Moscou, depuis que M. a demandé à s'installer au Canada, est que M. y soit nommé, et que N., après avoir passé quelques semaines à Moscou pour faire connaissance, soit nommé représentant en Amérique.

L. critique vivement le bureau pour avoir donné trop facilement des visées et des recommandations. Il a manifestement été surpris et furieux lorsque B. est arrivé ici avec des contrats obtenus à Moscou sur la base de lettres que lui avait données M. Le message ultérieur de M. n'est manifestement pas parvenu à Moscou. Je ne sais pas ce que L. a l'intention de faire à ce sujet. Je suggérerais que M. chiffre sa recommandation à L. dans cette affaire. L. n'aurait rien à voir avec B. ici. Une situation gênante pourrait se créer.

L. a également mis en avant la recommandation de Rabinoff.

Deux enveloppes, M. Kenneth Durant, 228 South Nineteenth Street, Philadelphie, Pennsylvanie, États-Unis.

SOURCE : Fichier décimal du Département d'État américain, 316-119-458/64.

NOTE : IDENTIFICATION DES PERSONNES

William (Bill) L. BOBROFF : Courrier et agent soviétique. Dirigeait la Bobroff Foreign Trading and Engineering Company de Milwaukee. Invente le système de vote utilisé dans la législature du Wisconsin.

Kenneth DURANT : Aide au colonel House ; voir le texte.

SHOEN : employé de la société International Oxygen Co. qui appartient à Heller, un éminent financier et communiste.

EWER : Agent soviétique, reporter au *Daily Herald de Londres*.

KLISHKO : agent soviétique en Scandinavie

NUORTEVA Aussi connu sous le nom d'Alexander Nyberg, premier représentant soviétique aux États-Unis ; voir le texte.

Sir Basil THOMPSON : Chef des services de renseignements britanniques

"L" : LITVINOFF.

"H" : Wilfred Humphries, associé à Martens et Litvinoff, membre de la Croix-Rouge en Russie.

KRASSIN : Commissaire bolchévique au commerce et au travail, ancien chef de Siemens-Schukert en Russie.

COMMENTAIRES

Cette lettre suggère l'existence de liens étroits entre Bobroff et Durant.

DOCUMENT N°9

DESCRIPTION

Mémorandum faisant référence à une demande de Davison (partenaire de Morgan) à Thomas Thacher (avocat de Wall Street associé aux Morgans) et transmis à Dwight Morrow (partenaire de Morgan), 13 avril 1918.

DOCUMENT

L'hôtel Berkeley, Londres

13 avril 1918.

L'honorable Walter H. Page,

Ambassadeur américain en Angleterre, Londres.

Cher Monsieur :

Il y a quelques jours, j'ai reçu une demande de M. H. P. Davison, président du Conseil de guerre de la Croix-Rouge américaine, de s'entretenir avec Lord Northcliffe au sujet de la situation en Russie, puis de se rendre à Paris pour d'autres conférences. En raison de la maladie de Lord Northcliffe, je n'ai pas pu m'entretenir avec lui, mais je pars avec M. Dwight W. Morrow, qui séjourne actuellement à l'hôtel Berkeley, pour un mémorandum sur la situation que M. Morrow soumettra à Lord Northcliffe à son retour à Londres.

Pour votre information et celle du Service, je vous joins, ci-joint, une copie du mémorandum.

Respectueusement à vous,

Thomas D. Thacher.

COMMENTAIRE

Lord Northcliffe vient d'être nommé directeur de la propagande. Ceci est intéressant à la lumière du fait que William B. Thompson subventionne la propagande bolchévique et de ses liens avec les intérêts de Morgan-Rockefeller.

DOCUMENT N°10

DESCRIPTION

Ce document est un mémorandum de D.C. Poole, Division des affaires russes du Département d'État, au secrétaire d'État concernant une conversation avec M. M. Oudin de General Electric.

DOCUMENT

29 mai 1922

Monsieur le Secrétaire :

M. Oudin, de la General Electric Company, m'a informé ce matin que sa société estime que le moment approche pour entamer des conversations avec Krassin concernant une reprise des affaires en Russie. Je lui ai dit que le ministère estime que la voie à suivre par les entreprises américaines dans cette affaire est une question de jugement commercial et que le ministère n'interviendra certainement pas pour empêcher une entreprise américaine de reprendre ses activités en Russie sur toute base que l'entreprise jugerait praticable.

Il a déclaré que des négociations sont actuellement en cours entre la General Electric Company et l'Allgemeine Elektrizitats Gesellschaft pour une reprise de l'accord de travail qu'ils avaient avant la guerre. Il s'attend à ce que l'accord qui sera conclu comprenne une disposition relative à la coopération de la Russie.

Respectueusement, DCP D.C. Poole

COMMENTAIRE

Il s'agit d'un document important dans la mesure où il concerne la reprise prochaine des relations avec la Russie par une importante société américaine. Il illustre le fait que l'initiative est venue de la société, et non du Département d'État, et qu'aucune considération n'a été donnée à l'effet du transfert de technologie de General Electric à un ennemi autoproclamé. Cet accord avec GE était la première étape d'une série de transferts techniques majeurs qui ont directement entraîné la mort de 100 000 Américains et d'innombrables alliés.

BIBLIOGRAPHIE SÉLECTIVE

SOURCES NON PUBLIÉES

Les archives de Franklin D. Roosevelt à Hyde Park, New York

SOURCES PUBLIÉES

Archer, Jules. *The Plot to Seize the White House*, (New York : Hawthorn Books, 1973)

Baruch, Bernard M., Baruch, *The Public Years*, (New York : Holt, Rinehart and Winston, 1960)

Bennett, Edward W., *Germany and the Diplomacy of the Financial Crisis, 1931*, (Cambridge : Harvard University Press, 1962)

Bremer, Howard, *Franklin Delano Roosevelt, 1882-1945*, (New York ; Oceana Publications, Inc., 1971),

Burton, David H., *Theodore Roosevelt*, (New York : Twayne Publishers, Inc., 1972)

Davis, Kenneth S., *FDR, The Beckoning of Destiny 1882-1928, A History*, (New York : G. P. Putnam's Sons, 1971)

Dilling, Elizabeth, *The Roosevelt Red Record and Its Background*, (Illinois : par l'auteur, 1936)

Farley, James A., *Behind the Ballots, The Personal History of a Politician*, (New York ; Harcourt, Brace and Company, 1938)

Filene, Edward A., *Successful Living in this Machine Age*, (New York : Simon and Schuster, 1932)

Filene, Edward A., *The Way Out, A Forecast of Coming Changes in American Business and Industry*, (New York : Doubleday, Page & Company, 1924)

Flynn, John T., *The Roosevelt myth*, (New York : *The* Devin-Adair Company, 1948)

Freedman, Max, *Roosevelt and Frankfurter, Their Correspondence- 1928-1945*, (Boston, Toronto : Little, Brown and Company, 1967)

Freidel, Frank, *Franklin D. Roosevelt, The Ordeal*, (Boston : Little, Brown and Company, 1952)

Hanfstaengl, Ernst, *Unheard Witness*, (New York : J.B. Lippincott Company, 1957)

Haskell, H.J., *The New Deal in Old Rome, How Government in the Ancient World Tried to Deal with Modern Problems* (New York : Alfred A. Knopf, 1947.)

Hoover, Herbert C., *Memoirs. The Great Depression, 1929-1941*, (New York : Macmillan Company, 1952), Vol. 3.

Howe, Frederic C., *The Confessions of a Monopolist*, (Chicago ; The Public Publishing Company, 1906)

Hughes, T.W., *Forty years of Roosevelt*, (1944...T.W. Hughes)

Ickes, Harold L., administrateur, *National Planning Board Federal Emergency Administration of Public Works*, (Washington, D.C. Government Printing Office, 1934). Rapport final 1933-34.

Johnson, Hugh S., *The Blue Eagle from Egg to Earth*, (New York : Doubleday, Doran & Company, Inc., 1935)

Josephson, Emanuel M., *Roosevelt's Communist Manifesto*. Incorporant une réimpression de *Science of Government Founded on Natural Law*, par Clinton Roosevelt, (New York : Chedney Press, 1955)

Kahn, Otto H., *Of Many Things*, (New York : Boni & Liveright, 1926)

Kolko, Gabriel, *The Triumph of Conservatism, A reinterpretation of American History*, (Londres : Collier-Macmillan Limited, 1963)

Kuczynski, Robert P., *Bankers' Profits from German Loans*, (Washington, D.C. : The Brookings Institution, 1932)

Laidler, Harry W., *Concentration of Control in American Industry*, (New York : Thomas Y. Crowell Company, 1931)

Lane, Rose Wilder, *The Making of Herbert Hoover*, (New York : The Century Co., 1920)

Leuchtenburg, William E., *Franklin D. Roosevelt and the New Deal 1932-1940*, (New York, Evanston, et Londres : Harper & Row, 1963)

Moley, Raymond, *The First New Deal* (New York : Harcourt Brace & World, Inc., n.d.)

Nixon, Edgar B., rédacteur, *Franklin D. Roosevelt and Foreign Affairs*, (Cambridge : The Belknap Press of Harvard University Press, 1969), Volume I : janvier 1933-février 1934. Bibliothèque Franklin D. Roosevelt. Hyde Park, New York.

Overacker, Louise, *Money in Elections*, (New York : The Macmillan Company, 1932)

Pecora, Ferdinand, *Wall Street Under Oath, The Story of our Modern Money Changers*, (New York : Augustus M. Kelley Publishers, 1968)

Peel, Roy V., et Donnelly, Thomas C., *The 1928 Campaign An Analysis*, (New York : Richard R. Smith, Inc., 1931)

Roos, Charles Frederick, *NRA Economic Planning*, (Bloomington, Indiana : The Principia Press, Inc., 1937)

Roosevelt, Elliott and Brough, James, *An Untold Story, The Roosevelts of Hyde Park*, (New York : G.P. Putnam's Sons, 1973)

Roosevelt, Franklin D., *The Public Papers and Addresses of Franklin D. Roosevelt*, (New York : Random House, 1938), Volume One.

Roosevelt, Franklin D., *The Public Papers and Addresses of Franklin D. Roosevelt*, (New York : Random House, 1938), Vol. 4.

Schlesinger, Arthur M., Jr, *The Age of Roosevelt, The Crisis of the Old Order 1919- 1933*, (Boston : Houghton Mifflin Company, 1957)

Seldes, George, *One Thousand Americans*, (New York : Boni & Gaer, 1947).

Spivak, John L. *A Man in His Time*, (New York : Horizon Press, 1967)

Stiles, Leia, *The Man Behind Roosevelt, The Story of Louis McHenry Howe*, (New York : The World Publishing Company, 1954)

Congrès des États-Unis, Chambre des représentants. Commission spéciale sur les activités américaines. *Enquête sur les activités de propagande nazie et enquête sur certaines autres activités de propagande*. 29 décembre 1934. (73e Congrès, 2e session. Audiences n° 73-D. C.-6). (Washington, Government Printing Office ; 1935)

Congrès des États-Unis, Sénat. Commission spéciale chargée d'enquêter sur les activités de lobbying. *Liste des contributions*. Rapport en vertu des Résolutions 165 et 184. (74e Congrès, 2e session). Washington, Government Printing Office, 1936)

Congrès des États-Unis. Sénat. Auditions devant une sous-commission de la commission des affaires militaires. *Mobilisation scientifique et technique*. 30 mars 1943. (78e Congrès, 1ère session. S. 702). Première partie. (Washington, Government Printing Office, 1943)

Congrès des États-Unis. Chambre des Représentants. Comité spécial sur les activités américaines (1934) *Investigation of Nazi and other propaganda*, (74e Congrès, 1ère session. Rapport n° 153) (Washington, Government Printing Office)

Congrès des États-Unis. Sénat, auditions devant la commission des finances. *Reprise industrielle nationale*. S. 1712 et H.R. 5755, 22, 26, 29, 31 mai et 1er juin 1933. (73e Congrès, 1ère session) (Washington, Government Printing Office, 1933)

Congrès des États-Unis. Sénat. Comité spécial chargé d'enquêter sur les dépenses de la campagne présidentielle. *Dépenses de la campagne présidentielle*. Rapport en vertu de la résolution 234, 25 février (jour civil, 28 février), 1929. (70e Congrès, 2e session. Rapport du Sénat 2024). (Washington, Government Printing Office, 1929)

Warren, Harris, Gaylord, *Herbert Hoover and the Great Depression*, (New York : Oxford University Press, 1959)

Wolfskill, George, *The Revolt of the Conservatives, A History of The American Liberty League 1934-1940*, (Boston : Houghton Mifflin Company, 1962)

Déjà parus

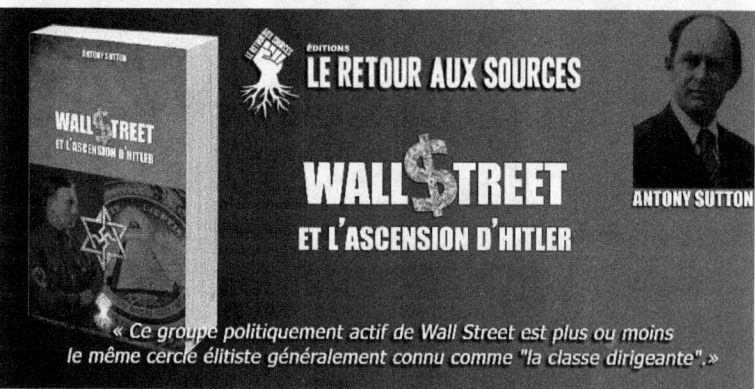

Déjà parus

DÉJÀ PARUS

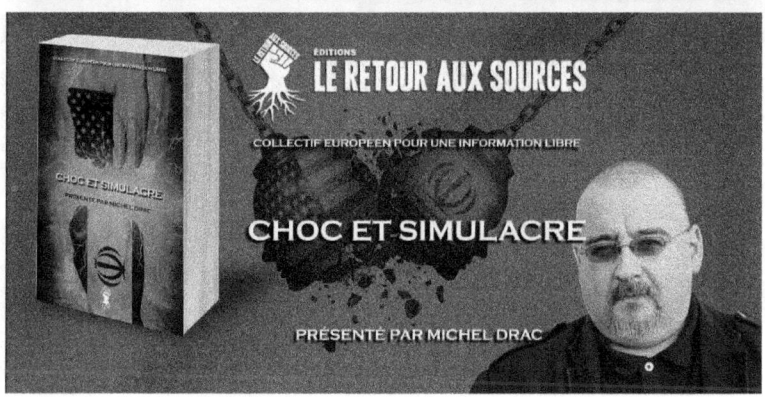

Déjà parus

Déjà parus

Jean Michel Vernochet, le très informé, met en lumière tous les complots

Le Pays réel habillé de jaune, est en guerre contre un système qui le tue...

La guerre idéologique du XXIème siècle, après avoir opposé capitalisme et collectivisme, fait aujourd'hui se confronter le globalisme, soit la République universelle, aux Nations et aux traditions...

DÉJÀ PARUS

Les guerres actuelles sont des conflits de normalisation destinés à fondre les peuples, les identités et les souverainetés, dans le grand chaudron du mondialisme apatride, déraciné et nomade....

La social-démocratie, matrice toujours féconde, parturiente d'une humanité déchue...

L'incroyable histoire de l'engagé volontaire qui captura à lui seul 1180 prisonniers !

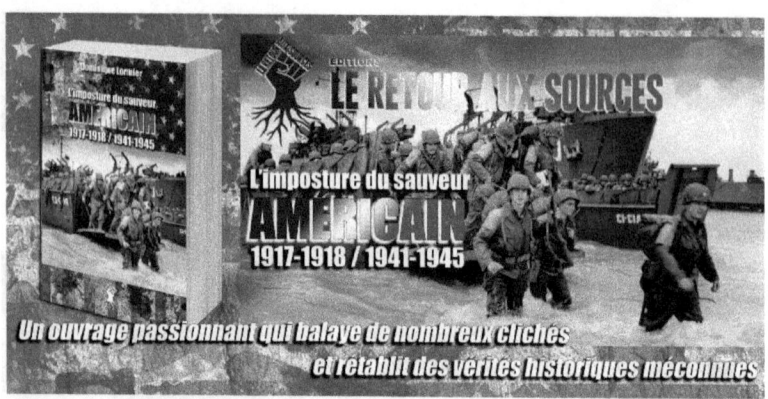
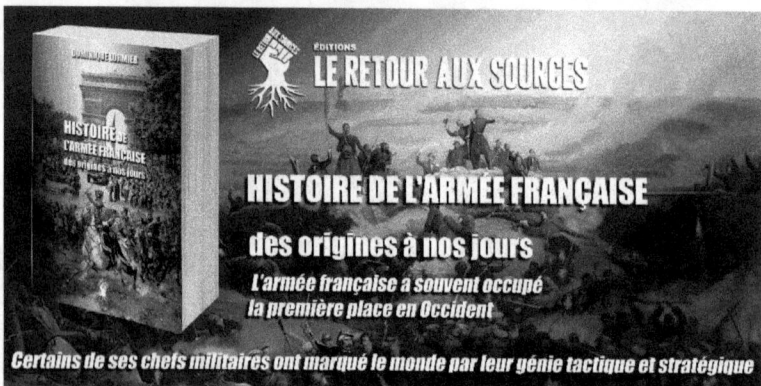

DÉJÀ PARUS

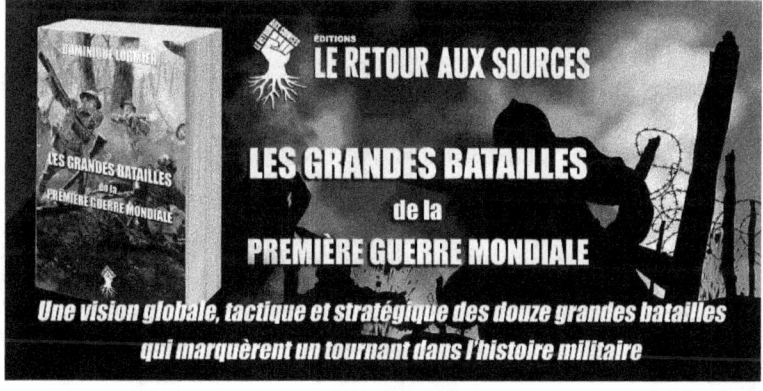

Déjà parus

www.leretourauxsources.com

www.ingramcontent.com/pod-product-compliance
Lightning Source LLC
Chambersburg PA
CBHW050140170426
43197CB00011B/1906